Gottfried Scholz

Österreichische Musik der Gegenwart
— Eine Anthologie —

Gottfried Scholz

Austrian Contemporary Music
— An Anthology —

ÖSTERREICHISCHE MUSIK DER GEGENWART

AUSTRIAN CONTEMPORARY MUSIC

ANALYSEN AUSGEWÄHLTER WERKE VON

Luna Alcalay / Cesar Bresgen / Friedrich Cerha / Thomas Christian David / Andrzej Dobrowolski / Helmut Eder / Gottfried von Einem / Iván Eröd / Hans Gál / Heinrich Gattermeyer / Heinz Karl Gruber / Roman Haubenstock-Ramati / Dieter Kaufmann / Ernst Krenek / Augustin Kubizek / Anestis Logothetis / Thomas Pernes / Kurt Rapf / Marcel Rubin / Gerhard Schedl / Karl Schiske / Robert Schollum / Kurt Schwertsik / Jenö Takács / Alfred Uhl / Erich Urbanner / Egon Wellesz

DEUTSCH / ENGLISH

2 CDs

EINE

ANTHOLOGIE

ZUR
SCHALLPLATTENREIHE
DES
ÖSTERREICHISCHEN
MUSIKRATES

VON

GOTTFRIED SCHOLZ

09 652 DOBLINGER

Titelentwurf: Heinz Moser / Mira Valenta
Satz und Druck: Doblinger Wien
Ins Englische übertragen von Eugene Hartzell

CD-Produktion: Polygram Ges.m.b.H.
Auswahl und Zusammenstellung der Tonbeispiele: Gottfried Scholz

Mit Förderung

austro mechana der Austro Mechana, Gesellschaft zur Wahrnehmung mechanisch-musikalischer Urheberrechte Ges.m.b.H.

des Bundesministeriums für Wissenschaft und Forschung

*Gedruckt auf chlorfrei gebleichtem,
umweltschonendem Naturpapier
– unser Beitrag zum Umweltschutz –*

ISBN 3-900 695-22-9
Verlagsnummer D. 17 985
Bestellnummer 09 652

VORWORT

Dieses Buch wendet sich an Schüler, Musikstudenten und Lehrer, aber auch an Interessenten der Neuen Musik. Es will dazu beitragen, die stilistische Mannigfaltigkeit der österreichischen Musik unserer Zeit aufzuzeigen. Damit setzt es bewußt einen Kontrapunkt zu vielen Publikationen über die Musik des 20. Jahrhunderts, welche den österreichischen Anteil nach Schönberg, Berg, Webern vernachlässigen.

Die englische Übersetzung des Textes möge mithelfen, das Interesse an österreichischen Werken der Gegenwart im internationalen Bereich zu vertiefen.

Die Schallplattenreihe „Österreichische Musik der Gegenwart“, herausgegeben vom Österreichischen Musikrat mit Unterstützung von ORF, Austro Mechana, Bundesministerium für Unterricht und Kunst, AKM und Creditanstalt, umfaßte bis 1990 30 Produktionen auf Langspielplatten. Sie wird mit Einspielungen auf CD fortgesetzt. Diese Reihe trägt wesentlich dazu bei, die Kenntnis des österreichischen Musikschaffens unserer Zeit zu verbreitern. Die Anthologie bringt nun den Notentext je eines der Werke von insgesamt 27 österreichischen Komponisten, welche in dieser Plattenreihe aufscheinen, in Ausschnitten und mit einem Kommentar versehen.

Die Beschäftigung mit dem Notentext soll dazu anregen, musikalische Aussagen am Material selbst zu studieren. Im Gegensatz zur „ideologischen“ Zuordnung von Werken, im Unterschied zur Erörterung des WOFÜR soll hier das WIE eine Beantwortung suchen.

Die Anthologie enthält Beispiele für Tonalität und Atonalität, Zwölfton- und serielle Technik, Aleatorik und elektronische Musik, etc. Das Mitlesen in der Partitur oder im Klavierauszug wird das Hörerlebnis verstärken und die musikalischen Kenntnisse vertiefen.

Um ein Werk von jedem der in der Plattenreihe vertretenen Komponisten in diese Anthologie aufzunehmen, mußte eine Selektion und eine Beschränkung auf Werkausschnitte vorgenommen werden. Die Leitgedanken dazu waren verschiedene: Bedeutung des Beispiels für Personal- oder Werkstil, kraftvolle Aussage des Stückes, leichte Lesbarkeit des Notentextes (möglichst keine umfangreichen Partiturseiten oder Sätze in schnellem Tempo), interessante Behandlung von Text, Form, Instrumentation und Satzprinzipien. Die bisweilen im Einzelfall einander widersprechenden Auswahlkriterien zwangen zum Kompromiß. Aus dem Bereich der elektronischen Musik konnte nur ein Beispiel eingebracht werden, da nur eine partiturähnliche Niederschrift vorlag.

Um diese Anthologie „hörend“ studieren zu können, sind die dem Notentext entsprechenden Musikbeispiele aus der Plattenreihe auf 2 separaten CDs enthalten. Diese sind diesem Buch beigelegt. Dem Generalsekretär der AKM Herrn Manfred Brunner sowie der Austro Mechana (SKE) ist für die tatkräftige Mithilfe bei der Erstellung der CDs zu danken.

Die vollständige Plattenreihe „Österreichische Musik der Gegenwart“ ist über den Musikalienhandel oder durch die AKM (A-1031 Wien, Baumannstraße 8 -10) beziehbar.

Jedem Notenbeispiel ist ein Text vorangestellt, der drei Abschnitte aufweist: eine Kurzbiographie des Komponisten, eine Übersicht über sein Schaffen, eine Besprechung des gewählten Notentextes. Für weitere Informationen dient das „Musikhandbuch für Österreich – Österreichische Komponisten der Gegenwart” von Harald Goertz, Wien 1989, Verlag Doblinger. Spezielle, leicht greifbare Literatur (Monographien) zu einzelnen Komponisten ist angeführt. In diesem Zusammenhang sei bemerkt, daß in der Komponistenbiographie einheitlich die Bezeichnung „Musikhochschule” verwendet wird, unabhängig von der Benennung der Schule zu verschiedenen Zeiten („Akademie für Musik und darstellende Kunst“, „Konservatorium“, „Reichshochschule“). Die Abkürzung AKM bezeichnet die Staatlich genehmigte Gesellschaft der Autoren, Komponisten und Musikverleger.

Innerhalb der Werkübersicht werden nur wenige Titel genannt. Zur Ergänzung sei auch diesbezüglich auf die einschlägige Literatur verwiesen.

Die Einführung zum Notentext versucht, zwischen unverbindlichem Stil der Handprogramme und intensiver Analyse einen Mittelweg zu beschreiten. Sie konzentriert sich auf wichtige, für das spezielle Beispiel signifikante Eigenheiten der Materialstruktur des Werkausschnitts. Für das jeweilige

Gesamtwerk sei auf die ausführlichen Begleittexte zu den Schallplatten verwiesen. An einem Beispiel, Thomas Pernes, „Gleichsam eine Symphonie", wird der Entstehungsprozeß des Werkes vom Komponisten selbst geschildert – ein Blick in die Werkstatt.

Schüler und Studenten sind eingeladen, durch wiederholtes (!) Mitlesen während des Hörens ihre Partiturlesepraxis zu erweitern, sie können ihre Lesefähigkeit durch unterschiedliche Schriftbilder, Handschriften und neue Notationen vertiefen und viele unerwähnt gebliebene Details der Komposition entdecken. Sie sollen aber auch, angeregt durch das Exzerpt, zum vollständigen Werk hingeführt werden und weitere Beispiele aus dem Schaffen des betreffenden Komponisten durchstudieren. Nicht zuletzt seien sie ermuntert, im Rahmen ihrer Möglichkeiten selbst und im Klassen-Ensemble einige Abschnitte bzw. Stimmen zu spielen und zu singen.

Es ist ein Merkmal der Kompositionsgeschichte des 20. Jahrhunderts, daß allgemeingültige Formen, Benennungen, Zuordnungen zu Gattungen etc. eher vermieden werden – die Individualität der Einzelwerke steht im Vordergrund. Dennoch haben mehrere Kompositionen Gemeinsamkeiten, welche sie auch mit Werken der Vergangenheit teilen. Dies ermöglicht, auch beim Studium gewisser Strukturtypen, z.B. Textvertonung, Rondo, Konzert, variiertes Strophenlied, Fugato etc. Beispiele aus dieser Sammlung heranzuziehen und damit zu belegen, wie sich individuelle Neugestaltung und traditionsreiche Prozeduren miteinander verbinden. Eine entsprechende Liste wurde speziell für den Schulgebrauch beigefügt.

Ein besonderes Wort des Dankes sei an alle Komponisten gerichtet, mit denen ich sprechen konnte, für Ermunterung und Wohlwollen, das sie alle diesem Projekt gegenüber ausdrückten. Dank gebührt auch den Verlagen und Copyright-Inhabern für die freundliche Erlaubnis, Ausschnitte der bei ihnen verlegten Werke abzudrucken, für finanzielle Unterstützung dieses Projektes dem Bundesministerium für Wissenschaft und Forschung und der Austro Mechana sowie für technische Hilfestellung meinen Mitarbeitern am Institut für Musikanalytik der Hochschule für Musik und darstellende Kunst in Wien.

Ich hoffe, daß diese Anthologie dazu mithelfen möge, das Interesse und die Freude an der Österreichischen Musik der Gegenwart zu fördern und zu vertiefen.

G. Sch., 1990

PREFACE

This book is intended for high school pupils, music students and teachers, but also for listeners interested in new music. Its aim is to help illustrate the stylistic diversity of Austrian music of our time. Thus it deliberately acts as a counterpoint to many publications on 20th-century music, which tend to neglect Austria's share after Schönberg, Berg and Webern.

The series of records called "Österreichische Musik der Gegenwart" (Austrian Contemporary Music), issued by the Österreichischer Musikrat (Austrian Music Council) with the support of Austrian Radio, Austro Mechana, the Federal Ministry of Education and Art, AKM and Creditanstalt, comprises 30 LPs. It will be continued with new productions on CD. The series is doing a great deal to spread the knowledge of what has been – and what is being – composed in Austria in our time. In this anthology are excerpts from one work by each of the 27 Austrian composers who appear in the record series. The musical text is provided with a commentary.

It is hoped that working with the musical text will provide a stimulus for studying musical statements on the basis of the material itself. In contrast to an "ideological" attribution of works, to a discussion of the "what for", it is the "how" that is looking for an answer.

This anthology contains examples of tonality and atonality, twelve-tone and serial methods, aleatory and electronic music, etc. Reading along in the score or a piano reduction will intensify the aural experience and deepen musical knowledge.

In order to include in this anthology a work by each of the composers in the record series, the compiler had to make a selection and limit himself to excerpts. There were various guidelines: the importance of the example for the composer's personal style or the style of the work; the strength of what the piece has to say, easy readability of the musical text (if possible, no big pages of score or fast movements), interesting treatment of words, form, orchestration and compositional principles. In some cases there was a contradiction within these selection criteria and a compromise had to be reached. Only one example of electronic music could be included, since there was only one method of notation that resembled a score.

To enable you to study this anthology by listening, the musical examples corresponding to the musical text are contained on 2 CDs taken from the series of records. They are included in this book. Special thanks belongs to Mr. Manfred Brunner, Secretary General of AKM, as well as to Austro Mechana (SKE) for their active and effective support in producing the CDs.

The complete series of records "Österreichische Musik der Gegenwart" (Austrian Contemporary Music) is available through your music dealer or from the AKM (Austrian Society of Authors, Composers and Publishers, A-1031 Wien, Baumannstraße 8-10).

Every musical example is preceded by a text in three sections: brief biographical notes on the composer, a work resumé and a discussion of the selected example or examples. Further information can be obtained from "Musikhandbuch für Österreich – Österreichische Komponisten der Gegenwart" by Harald Goertz, Vienna 1989, Verlag Doblinger. Easily available special literature on individual composers (monographs) is listed. In this connection, please note that the designation "Musikhochschule" (University of Music) is used consistently in the biographical notes, whatever it may have been called at various times ("Akademie für Musik und darstellende Kunst", "Konservatorium", "Reichshochschule"). The abbreviation AKM stands for "Staatlich genehmigte Gesellschaft der Autoren, Komponisten und Musikverleger", i.e. the Austrian Society of Authors, Composers and Publishers.

In the work resumé only a few titles are mentioned; for further details, please consult the appropriate literature.

In the introduction to the musical text, an attempt is made to find a middle course between the noncommittal style of programme notes and intensive analysis. It concentrates on important features of the excerpt's structure that are significant for the example in question. For the work as a whole, the reader is advised to consult the record sleeve notes or accompanying text. In one case, Thomas Pernes's "Gleichsam eine Symphonie", the composer himself describes the genesis of the piece – a sort of peek into the workshop.

Students are invited to increase their score-reading skills by listening to the excerpts several times and following the musical text; they can further expand their reading scope by means of the various handwritings and new notations, and they will discover compositional details not mentioned in the introduction. It is hoped that the excerpt will prompt them to study the whole piece and other works of the composer in question. Finally, students are encouraged to play sections or sing parts in keeping with their ability both by themselves and in class ensembles.

It is a feature of 20th-century composing that universally valid forms, designations, assignment to genres, etc., tend to be avoided; the individuality of the work is in the foreground. Nevertheless, several compositions have things in common which they also share with works of the past. This makes it possible to use examples from this anthology for the study of certain structural types, e.g. text setting, rondo, concerto, varied strophic song, fugato, etc., and to demonstrate new approaches to traditional procedures. For use in schools, a list of such examples is included.

A special word of thanks to all the composers I talked to, for the encouragement and interest they expressed in this project. Thanks also go to the publishers and copyright owners for their kind permission to print excerpts from the works in their possession, the Bundesministerium für Wissenschaft und Forschung (Austrian Federal Ministry of Science and Research) and the Austro Mechana for financial support of this project, as well to my colleagues at the "Institut für Musikanalytik der Hochschule für Musik und darstellende Kunst" in Vienna for their technical support.

I hope that this anthology may help to arouse and foster interest in, and enjoyment of, contemporary Austrian music.

G. Sch., 1990

INHALT / *CONTENTS*

CD 1 - *Track*		Seite	*English Version* *Page*	Notenbeispiel / *Musical example* Seite / *Page*
	1. LUNA ALCALAY			
	Ich bin in Sehnsucht eingehüllt			
1	– Rote Nelken	11	*12*	14
	2. CESAR BRESGEN			
	Totentanz nach Holbein /*Dance of Death after Holbein*			
2	– Der Predicant / *The Preacher*	19	*20*	22
3	– Der Krämer / *The Peddler*	20	*21*	24
4	– Das Alt weyb / *The Old Woman*	20	*21*	26
	3. FRIEDRICH CERHA			
	Baal			
5	– Legende (Ballade) der Dirne Evelyn Roe / *Legend (Ballad) of the Harlot Evelyn Roe*	27	*28*	29
	4. THOMAS CHRISTIAN DAVID			
6	**Konzert für 3 Violinen solo und Streichorchester /** ***Concerto for 3 Violins and String Orchestra***	35	*36*	37
	5. ANDRZEJ DOBROWOLSKI			
7	**Musik für Tonband und Baßklarinette solo /** ***Music for Tape and Clarinet Solo***	41	*42*	43
	6. HELMUT EDER			
8	**Suite mit Intermezzi** für 11 Bläser / *for 11 winds*	48	*49*	50
	7. GOTTFRIED VON EINEM			
9/10	**Der Besuch der alten Dame /** ***The Visit***	53	*54*	56/57
	8. IVÁN ERÖD			
	Krokodilslieder / ***Crocodile Songs***			
11	– Die Klapperschlange / *The Rattlesnake*	62	*63*	65
	Drei Stücke für Violine solo / ***Three Pieces for Violin Solo***			
—	– Marsch / *March*	63	*64*	67
	9. HANS GÁL			
	24 Preludes für Klavier / *for piano*			
12	– Nr. 1 / *No. 1*	68	*69*	70
13	– Nr. 2 / *No. 2*	68	*69*	71
—	– Nr. 3 / *No. 3*	68	*69*	73
	10. HEINRICH GATTERMEYER			
14	**Grodek**	74	*75*	76
	11. HEINZ KARL GRUBER			
	Frankenstein !!			
15	– Nr. 3 Ein Mi Ma Monsterchen / *No.3 A little mi-ma-monsterlet*	80	*82*	84
	12. ROMAN HAUBENSTOCK - RAMATI			
16	**Tableau III**	87	*88*	91
	13. DIETER KAUFMANN			
17	**Ständchen für einen Potentaten** für Violoncello und Blasorchester/ ***Serenade for a Potentate*** *for cello and wind band*	95	*96*	97
	14. ERNST KRENEK			
18	**2. Symphonie** – 3. Satz / ***Symphony No. 2*** – *3rd movement*	106	*108*	111

CD 2 - Track		Seite	*English Version Page*	Notenbeispiel/ *Musical example* Seite / *Page*
	15. AUGUSTIN KUBIZEK			
1	**Vergnügliche Miniaturen** über eine Zwölftonreihe / ***Diverting Miniatures*** *on a twelve-tone row*	118	*119*	120
	16. ANESTIS LOGOTHETIS			
2	**Anastasis**	125	*126*	127
	17. THOMAS PERNES			
3	**Gleichsam eine Symphonie**	131	*137*	136/142
	18. KURT RAPF			
4	**Petits fours** für Marimba solo / *for marimba solo*	143	*144*	145
	19. MARCEL RUBIN			
5	**O Ihr Menschen** – Ein Heiligenstädter Psalm	148	*149*	150
	20. GERHARD SCHEDL			
6/7	**Der Totentanz von anno neun**	155	*156*	157/160
	21. KARL SCHISKE			
	Vom Tode / *On Death*			
8/9/10	– Sommer / *Summer*	162	*163*	164/166/168
	22. ROBERT SCHOLLUM			
11	**6. Symphonie** – 3. Satz / ***Symphony No. 6*** *– 3rd movement*	169	*170*	171
	23. KURT SCHWERTSIK			
	„. . . in keltischer Manier"			
12	Konzert für Alphorn und kleines Orchester – 1. Satz / *Concerto for alphorn and small orchestra – 1st movement*	177	*178*	179
	24. JENÖ TAKÁCS			
	Klänge und Farben / *Sounds and Colours*			
–	– 1. Chinesisches Glockenspiel / *Chinese Chimes*	183	*184*	186
–	– 2. Klangstudie / *Study in Sounds*	183	*185*	186
13	– 3. Toccatina	183	*185*	187
14	– 4. Echo	183	*185*	188
15	– 5. Valse – Impromptu	184	*185*	188
	25. ALFRED UHL			
	Wer einsam ist, der hat es gut			
16	– Nr. 26 Der Einsame / *No. 26 The Lonely Man*	190	*191*	192
17	– Nr. 19 Das Grammophon / *No. 19 The Gramophone*	190	*191*	195
	26. ERICH URBANNER			
	Requiem			
18	– Sequentia (Dies irae)	198	*199*	202
	27. EGON WELLESZ			
19	**Prosperos Beschwörungen** Fünf symphonische Stücke (Ariels Gesang)/ ***Prospero's Incantations*** *Five symphonic pieces (Ariel's Song)*	209	*210*	212
	ÜBERSICHT NACH GATTUNGEN UND BESETZUNGEN/ *SURVEY OF GENRES AND SCORINGS*	217	*217*	—
	ÜBERSICHT NACH FORMEN UND KOMPOSITIONSTECHNISCHEN ASPEKTEN/ *SURVEY OF FORMS AND ASPECTS OF COMPOSITION TECHNIQUE*	217	*217*	—

LUNA ALCALAY

geb. am 21.10. 1928 in Zagreb

Studium an der Musikhochschule Wien, Komposition (bei Alfred Uhl) und Klavier (bei Bruno Seidlhofer). Teilnahme an den Darmstädter Ferienkursen für Neue Musik. Professorin an der Musikhochschule Wien.

Werkübersicht

Chorwerke (una strofa di dante, Menschenrechts-Kantate),
Orchesterwerke (in memoriam Ossip Mandelstam, Fluchtpunktzeile),
Kammermusikwerke (new point of view),
Klavierwerke (mechanical-systems),
Multimediale Werke (homo sapiens – für Hörfunkwiedergabe, Ich bin in Sehnsucht eingehüllt).

Ich bin in Sehnsucht eingehüllt

Szenische Reflexionen zu Liebesgedichten von Selma Meerbaum (1984)

IV. Rote Nelken (Ausschnitt)

Die Komposition dieses multimedialen Zyklus geht auf die Einladung des K & K Experimentalstudios (Gunda König und Dieter Kaufmann) an Luna Alcalay zurück, zur Veranstaltungsreihe unter dem Titel „Musik und Erotik – Amor, Terror, Psyche" einen Beitrag zu schaffen. Die Komponistin wählte die behutsam innige Liebeslyrik von Selma Meerbaum, einem jüdischen Mädchen, welches 1942 einen grausamen Tod fand. Das erschütternde Schicksal der jungen Dichterin soll nach Willen der Komponistin jedoch nicht die Beschäftigung mit dem literarisch-musikalischen Kunstwerk an sich verdrängen; der Zyklus will Hoffnung und nicht nur Trauer thematisieren.

Die vokal-instrumentalen Gegebenheiten des K & K Ensembles waren bei der Komposition zu berücksichtigen. Über die Rolle der Klanggruppen im Gesamtwerk hat Hartmut Krones in der Beilage zur Schallplatte berichtet. Am Beispiel der „Roten Nelken" ist die sinngebende Teilung des Ensembles offensichtlich: drei Interpreten (Sopran, Flöte, Violoncello), vom Tonband zugespielt, verkörpern die emotionale Ebene des Mädchens, den einseitigen Dialog mit dem Geliebten; die Gefühle der beiden Personen werden durch Flöte und Violoncello ausgedrückt. Zwei Mitwirkende („voce live" Mezzosopran und Clavichord) interpretieren die äußere Erlebniswelt des Mädchens. Der Solosprecherin ist der ungekürzte Text übertragen, nach Alcalays Intention als Ausdruck des distanzierteren „Über - Ich".

Die erste Strophe bringt vorwiegend durch Mezzosopran und Clavichord gestaltet die reale Situation. Ab der zweiten Strophe übernimmt das Trio (Tonband) die Botschaft an den Geliebten, wobei das Tasteninstrument – die Realität – Aussagen umrahmt bzw. unterbricht. Der gesungene Text komprimiert den gesprochenen auf die emotionsbeladenen Schlüsselworte.

In der Grundkonzeption ist das Werk multiseriell gestaltet, dies jedoch nicht in prädisponierter Automatik, sondern bedingt durch die jeweilige Textsituation. Die rhythmische Groß- und Detailplanung geht auf zwei Zahlen zurück: 7 als Ausdruck der Dramatik, 6 als Balance der Gefühle. Daher gliedert 7 (1 + 2 + 4) die erste Strophe, deren Dramatik in den durch Taktstriche getrennten Einheiten abläuft. Die Zahlen über dem Clavichordpart geben die Dauer in Viertelnotenwerten an: von 7 abnehmend bis (2x) 1. Mit der Elegie in der zweiten Strophe beginnt die ausgeglichene Sphäre, welche in jeweils sechs Viertelnoteneinheiten gestaltet ist. Die Schlüsselzahl findet sich auch in der Zahl der Interpreten wieder (3 + 2 + 1). Eine Detailanalyse der rhythmischen Strukturen würde meist adäquate Vorgänge aufzeigen, z.B. gleich zu Beginn bei den sieben Clavichord-Anschlägen oder am Anfang der zweiten Strophe („Ich will dich") in der Flöte bei 2 + 3 + 1 Tönen. Die Dramatik um die Zahl 7 wird durch kontrastierende Dynamik (ff – p – f) unterstrichen, die lyrischen Abschnitte sind behutsamer zu interpretieren.

Die Tonhöhen unterliegen gleichfalls einer Grundidee, die frei ausgeführt wird. Mit dem Rahmenintervall des Tritonus (+ 4 Oktaven) beginnt das Lied; C, der Ton des Violoncellos und fis''', der gerade noch in der Flöte bequem zu spielende Ton. Bei stufenweiser Gegenbewegung wird der Ton es' erreicht (vgl. Clavichord, Takteinheit 1)

oder umgekehrt aus

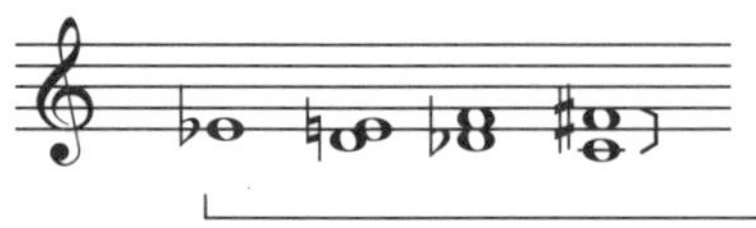

wird in der Fortsetzung

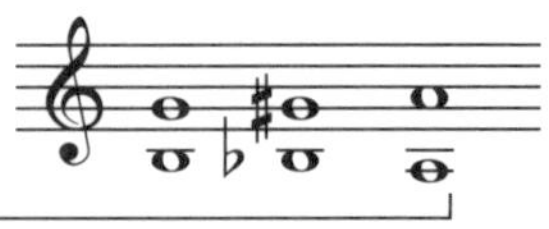

Im Verlauf des Liedes ist diese Gegenbewegung konstitutives Element. Die Vertikalachse c – fis wie die Horizontalbewegung es – a erhalten besondere Bedeutung. Diese hier nur angedeuteten Grundideen werden von Alcalay in mannigfaltiger Weise ausgeführt. Vielleicht bietet diese der Darmstädter Schule verpflichtete Denkart einen strukturellen Halt gegenüber der Emotionalität des textlichen Vorwurfes. Es wäre falsch, nur „Regeln" in der Partitur zu suchen; die „zitternde Angst" (Partiturseite 1a), in großen Intervallsprüngen und tremolierenden Tonwiederholungen dargestellt, die drängende, aufwärtsgerichtete Frage „Warum bist du nicht da?" und die in jeder Wiederholung resignativere Aufforderung „Komm zurück" – all dies ist dem Text entsprechend sehnsuchtsvoll, packend, erschütternd gestaltet.

In diesem Werk von Luna Alcalay sind erlittene Geschichte, empfindsame Lyrik und kunstvolle Musik zu einer Einheit verwoben. Für jeden der drei Aspekte ist dieses Werk bedeutsam.

Rote Nelken

Ich habe Angst. Es drückt auf mich das Dunkel jeder schwülen Nacht.
Es ist so still, und mich erstickt des großen Schweigens schwere Pracht.
Warum, warum bist du nicht da? Ich hab' gespielt, ich weiß – verzeih.
Ich hab' mit meinem Glück gespielt – es ging entzwei – verzeih.
Es tut so weh, allein zu sein. Drum komm, ich warte ja.
Wir lachen uns ein neues Glück, so glaub es doch und komm zurück – es ist ja so viel Lachen da.
Schau mich doch an. Ist wohl mein Bild noch da in deinem fernen Blick?

Ich will dich, wie die Traube will, daß man sie, wenn sie reif ist, pflückt.
Mein Haar, es wartet. Und mein Mund will, daß du wieder mit ihm spielst.
Sieh – meine Hände bitten dich, daß du sie in die deinen hüllst.
Sie sehnen sich nach deinem Haar und sehnen sich nach deiner Haut,
wie nach dem Traum sich sehnt ein Kind, das ihn auch nur einmal geschaut.

Schau, es ist Frühling. Doch ist er blind, er weint ja immerfort.
Solange wir nicht beisammen sind, so lange weint er wie der Wind, dem der liebste Wald verdorrt.
Sieh, alles wartet nur auf uns: es warten alle Wege, alle Bänke.
Es warten alle Blumen nur, daß ich sie pflücke und dir schenke.

Du hältst die Sterne, die auf unsrer Schnur noch fehlen, in der Hand.
Du hast sie keiner anderen umgehangen.
Und findest du für sie nicht bald ein neues Band, so hast du mit den vollen Händen nicht was anzufangen.
Sieh – unsre Schnur, sie wartet noch. Ich hab' sie zärtlich aufgehoben.

LUNA ALCALAY

born 21 October 1928 in Zagreb

Studied at the Vienna Musikhochschule: composition with Alfred Uhl and piano with Bruno Seidlhofer. Attended the Darmstadt Ferienkurse für Neue Musik. Professor at the Vienna Musikhochschule.

Work resumé

Choral music (una strofa di dante, Human Rights Cantata),
Orchestral pieces (in memoriam Ossip Mandelstam, Fluchtpunktzeile),
Chamber music (new point of view),
Piano music (mechanical-systems),
Multimedia works (homo sapiens – for radio transmission, Ich bin in Sehnsucht eingehüllt).

Ich bin in Sehnsucht eingehüllt

Scenic reflections on love poems by Selma Meerbaum (1984)

IV. Rote Nelken (excerpt)

This multimedia cycle was written for the K & K Experimental Studio (Gunda König and Dieter Kaufmann) which had requested a piece for a series of performances called "Music and Eroticism – Amor, Terror, Psyche". The composer chose the gentle, intimate love poetry of Selma Meerbaum, a young Jewish woman who died a terrible death in 1942. It is the composer's intention that the poetess's pitiable fate should not supplant concentration on the literary-musical work for its own sake; the song cycle not only has grief as its theme, but hope as well.

The vocal and instrumental means of the K & K Ensemble had to be kept to when writing the piece. In the record notes, Hartmut Krones discusses the role of the sound groups in the work as a whole. In "Rote Nelken" the significance of the ensemble division is evident: three performers (soprano, flute, cello, all on tape), personify the girl's emotional plane, the one-sided dialogue with her loved one; the two persons' feelings are expressed by the flute and cello. Two performers ("voce live" mezzo soprano and clavichord) interpret the girl's outward experiences. The solo reciter has the complete text, in what the composer sees as the expression of a detached "super-ego".

The first verse, mainly in the mezzo soprano and clavichord, presents the real situation. Beginning with the second verse, the trio (tape) takes over the message to the loved one, with the keyboard instrument – reality – enframing or interrupting the statements. In the sung text, the spoken text is condensed to a few emotion-laden key words.

Basically, the work is multi-serial, not in any predisposed automatism but dependent on the textual circumstances. The rhythmic layout, both on a large scale and in detail, is based on two numbers: 7 as the expression of drama, 6 as balance of feelings. Therefore, 7 (1 + 2 + 4) is the operative number in the first verse, whose drama unfolds in the units divided by bar lines. The figures in the clavichord part indicate the duration in quarter-note values, from 7 down to (2x) 1. The elegy in the second verse is the start of the balanced sphere, which is organized in units of six quarter-notes. This key number is also the number of performers (3 + 2 + 1). A detailed analysis of the rhythmic structures would, in most cases, produce similar results, e.g. the seven clavichord attacks at the very beginning or the flute's 2 + 3 + 1 notes at the beginning of the second verse "Ich will dich". The drama of the number 7 is emphasized by dynamic contrasts (ff – p – f), while the lyrical sections are interpreted in a gentler manner.

The pitches are also subject to a basic idea which is freely carried out. The song begins with a "frame interval", a tritone (+ 4 octaves): C in the cello and F#''' in the flute, one of the last notes that is comfortable to produce. In gradual contrary motion the tone E♭' is reached (cf. clavichord, bar unit 1):

or inversely, leads to

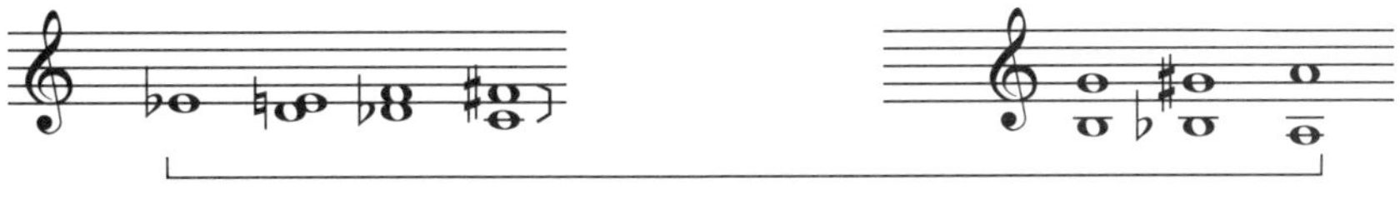

In the song's development this contrary motion is a constitutive element. The vertical axis C – F# and the horizontal motion E♭ – a take on special importance. The basic ideas hinted at here are carried out by Alcalay in a variety of ways. Perhaps this way of thinking, which owes much to the Darmstadt School, provides structural stability in view of the poem's emotional content. It would be wrong to search only for "rules" in the score; the "zitternde Angst" (score page 1a) depicted in large intervallic leaps and tremolo tone repetitions, the urgent, ascending question "Warum bist du nicht da?", and the demand "Komm zurück" which becomes more resigned with every repetition – all this is set longingly, movingly, impressively, in keeping with the text.

In this work by Luna Alcalay, personal experience, sensitive poetry and artistic music are interwoven into a homogeneous whole. The piece is of significance for each of the three aspects.

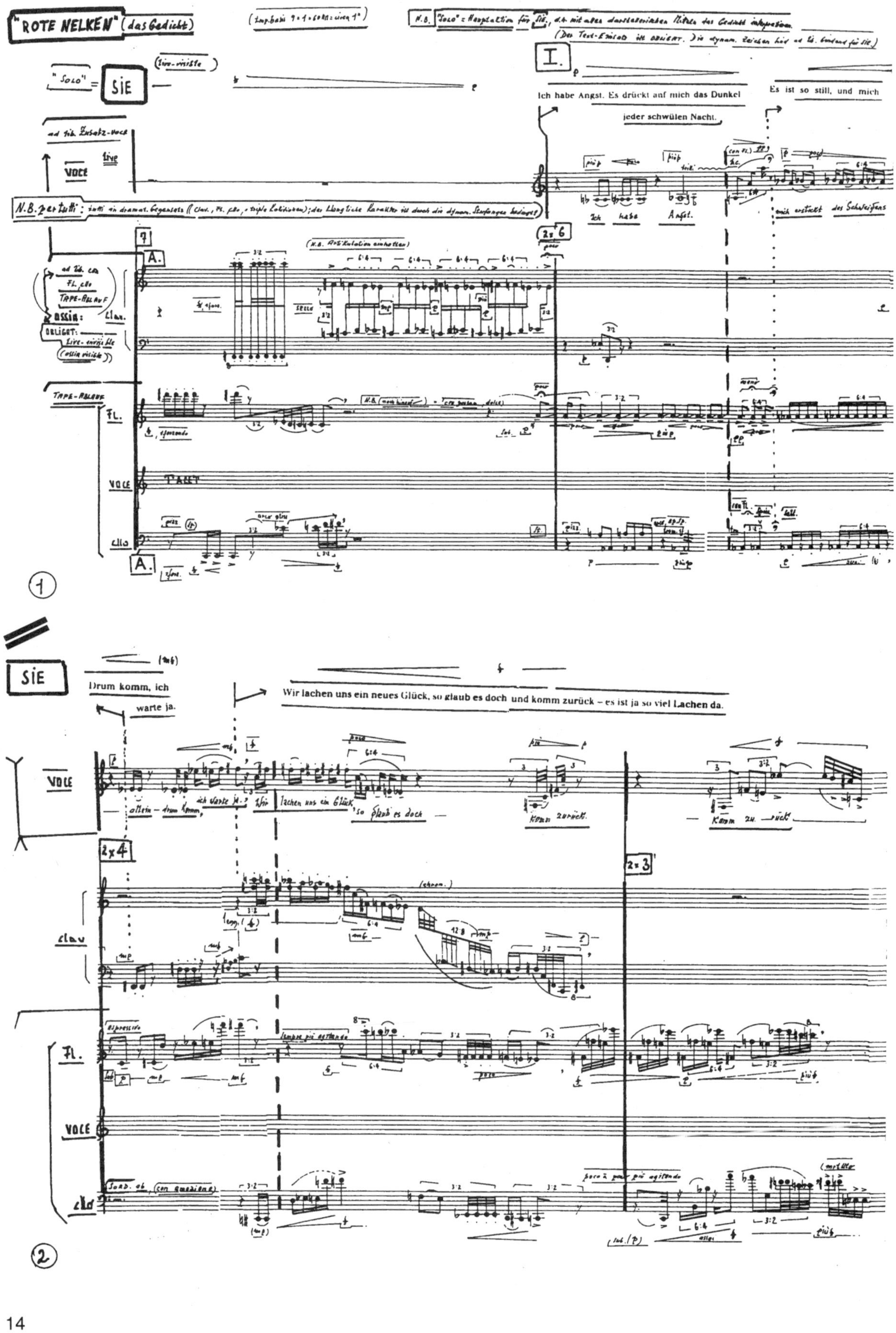
"ROTE NELKEN" (das Gedicht)
"SOLO" = SIE
I.
Ich habe Angst. Es drückt auf mich das Dunkel
jeder schwülen Nacht.
Es ist so still, und mich
VOCE
Clav.
Fl.
TACET
A.
1
SIE
Drum komm, ich
warte ja.
Wir lachen uns ein neues Glück, so glaub es doch und komm zurück – es ist ja so viel Lachen da.
VOCE
Clav
Fl.
2

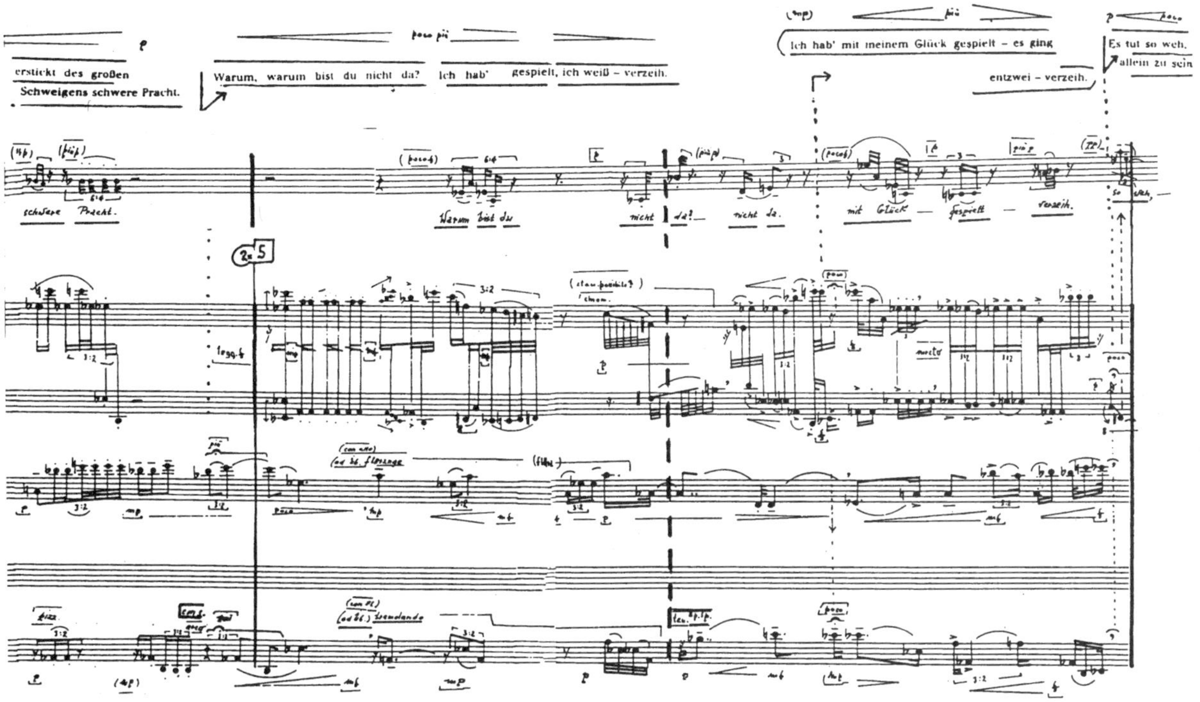
erstickt des großen
Schweigens schwere Pracht.
poco più
Warum, warum bist du nicht da? Ich hab' gespielt, ich weiß – verzeih.
Ich hab' mit meinem Glück gespielt – es ging
entzwei – verzeih.
Es tut so weh,
allein zu sein

(1)

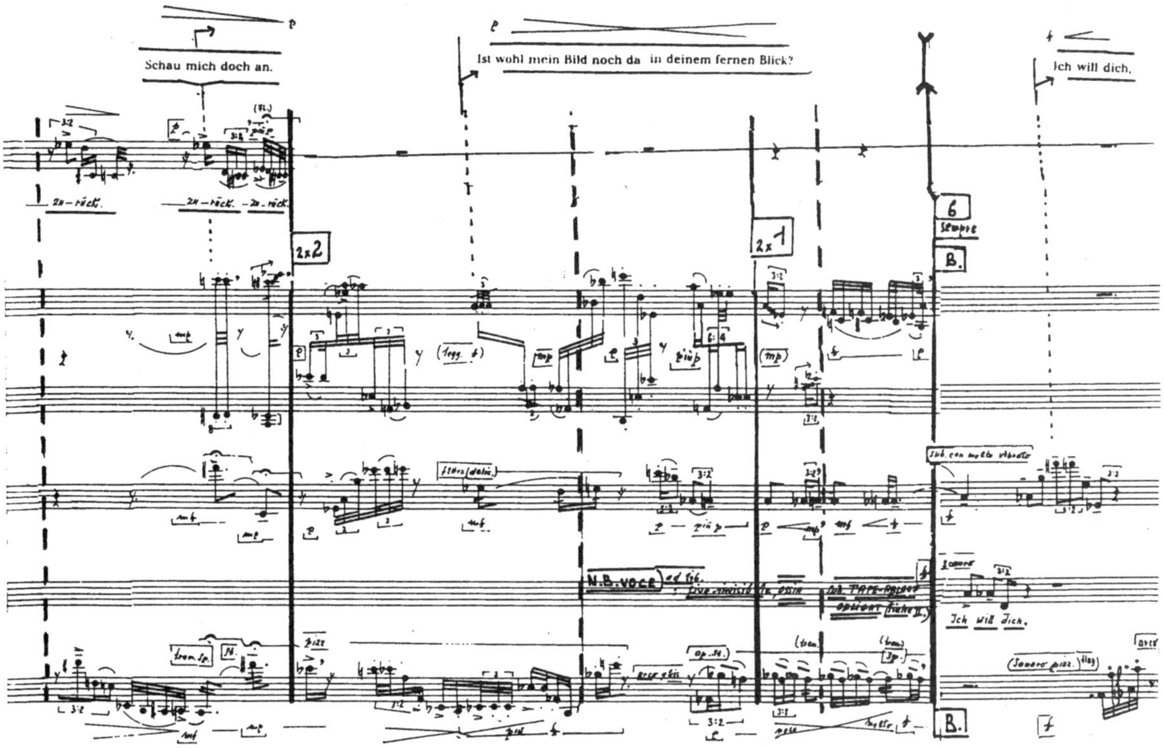
Schau mich doch an.
Ist wohl mein Bild noch da in deinem fernen Blick?
Ich will dich.
sempre

(2)

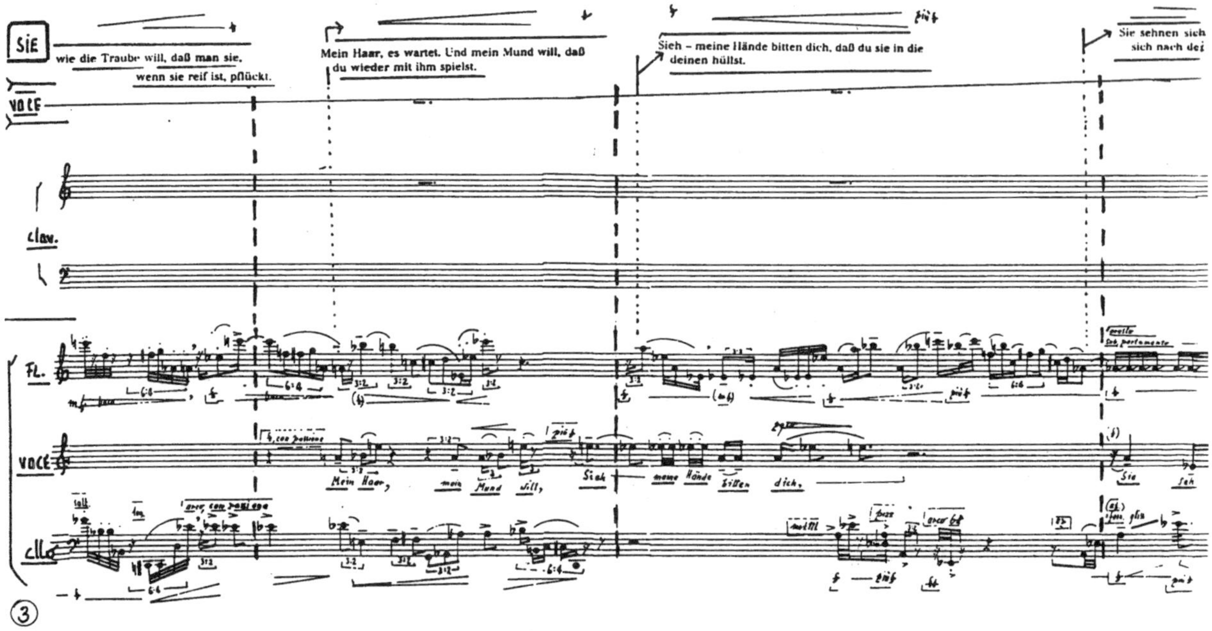
SIE
wie die Traube will, daß man sie, wenn sie reif ist, pflückt.
Mein Haar, es wartet. Und mein Mund will, daß du wieder mit ihm spielst.
Sieh – meine Hände bitten dich, daß du sie in die deinen hüllst.
Sie sehnen sich sich nach dei
VOCE
Clav.
Fl.
VOCE
Cllo
③

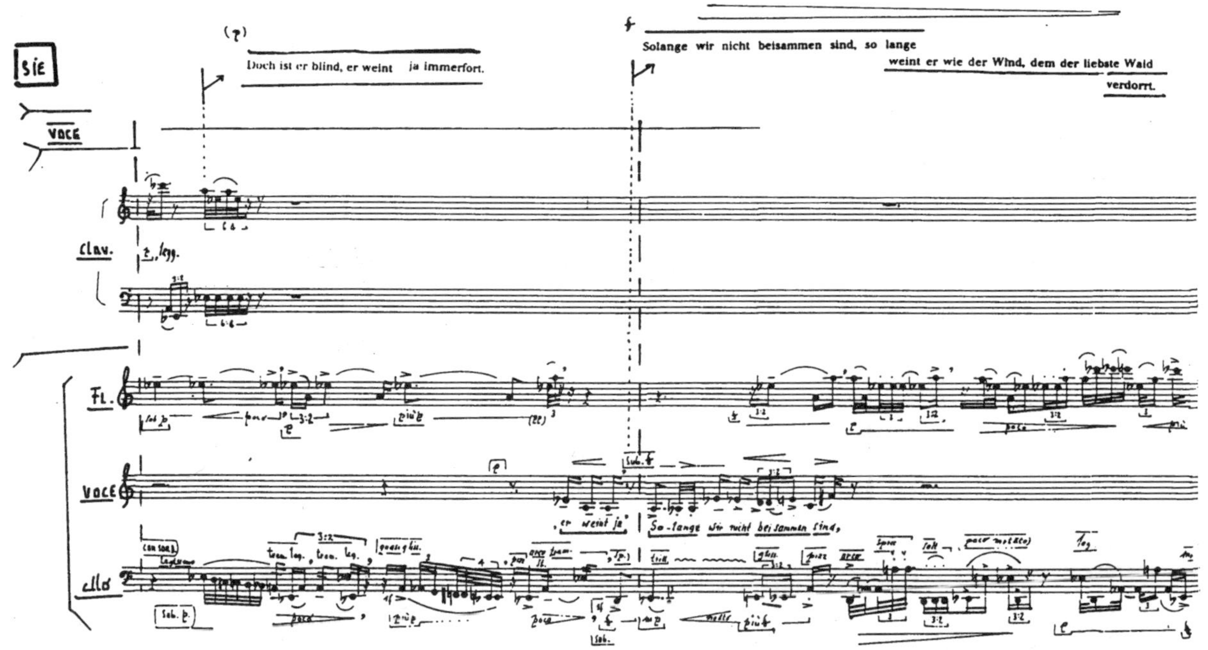
SIE
Doch ist er blind, er weint ja immerfort.
Solange wir nicht beisammen sind, so lange weint er wie der Wind, dem der liebste Wald verdorrt.
VOCE
Clav.
Fl.
VOCE
Cllo
④

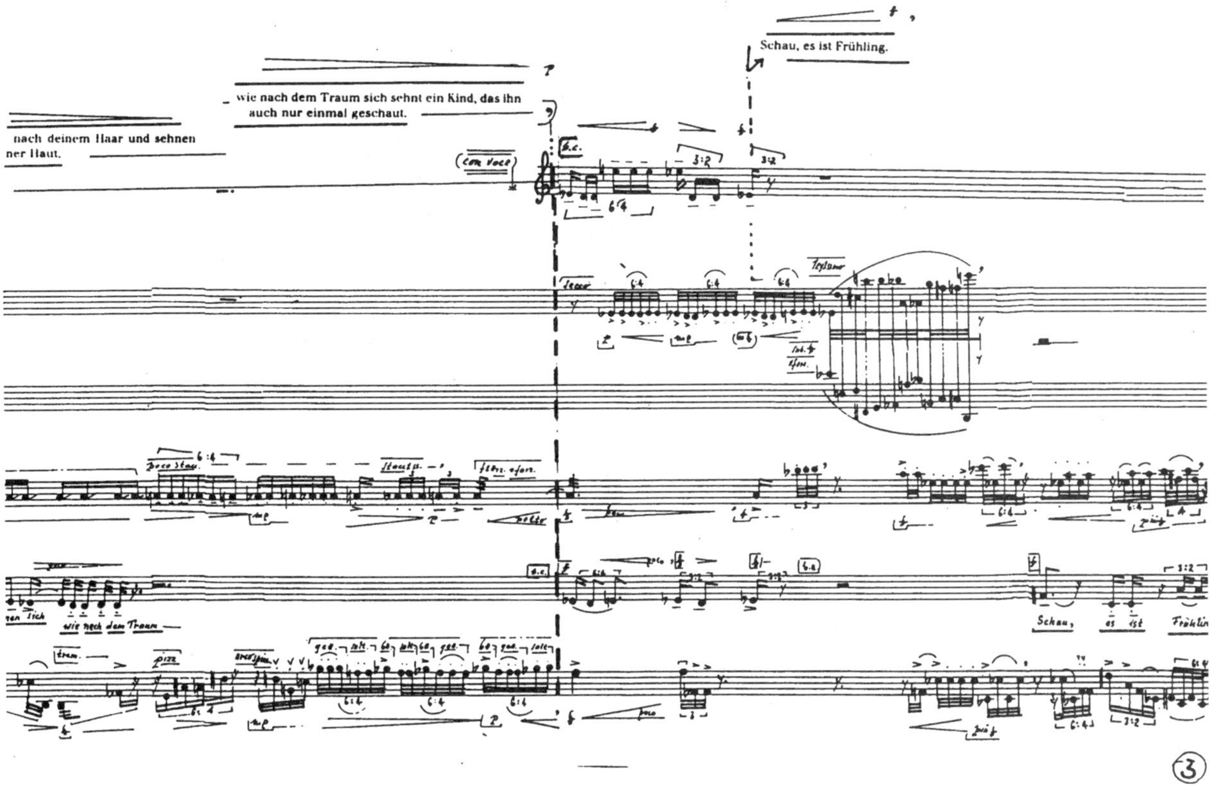
nach deinem Haar und sehnen
ner Haut.
wie nach dem Traum sich sehnt ein Kind, das ihn
auch nur einmal geschaut.
Schau, es ist Frühling.
(con voce)
Schau, es ist Frühlin
3

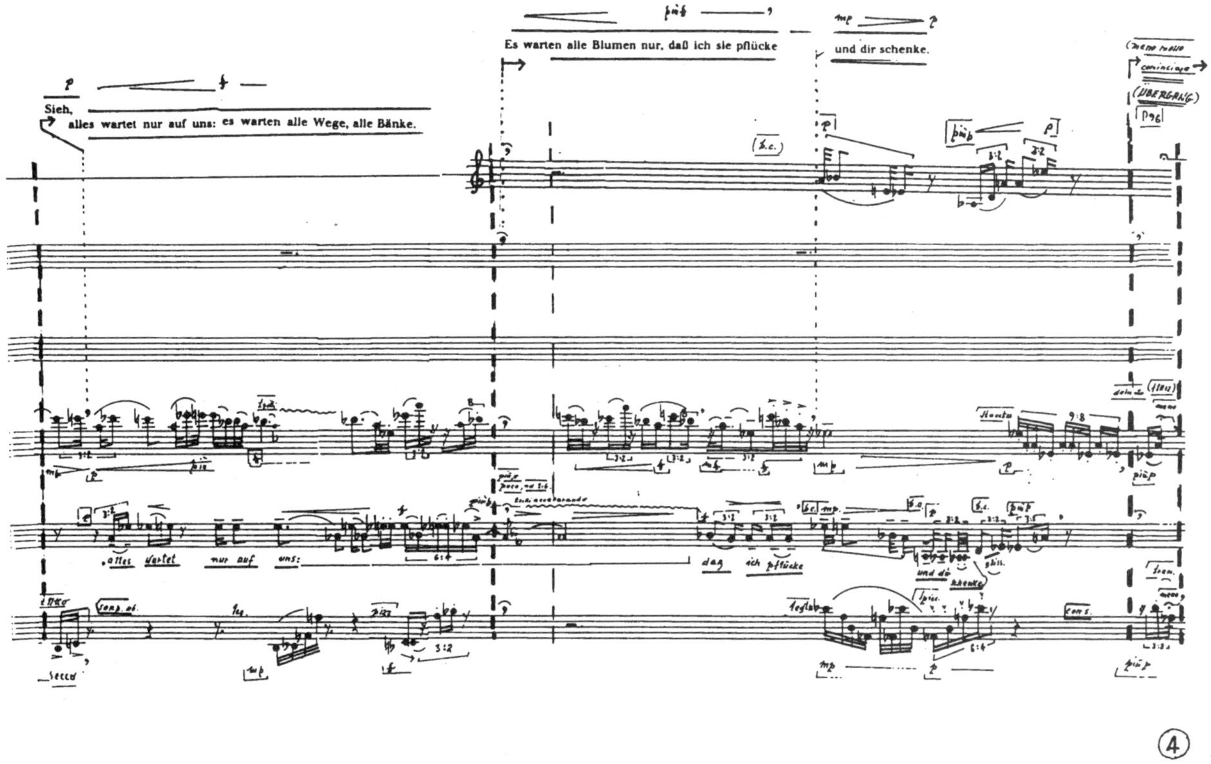
Sieh,
alles wartet nur auf uns: es warten alle Wege, alle Bänke.
Es warten alle Blumen nur, daß ich sie pflücke
und dir schenke.
alles wartet nur auf uns:
(ÜBERGANG)
4

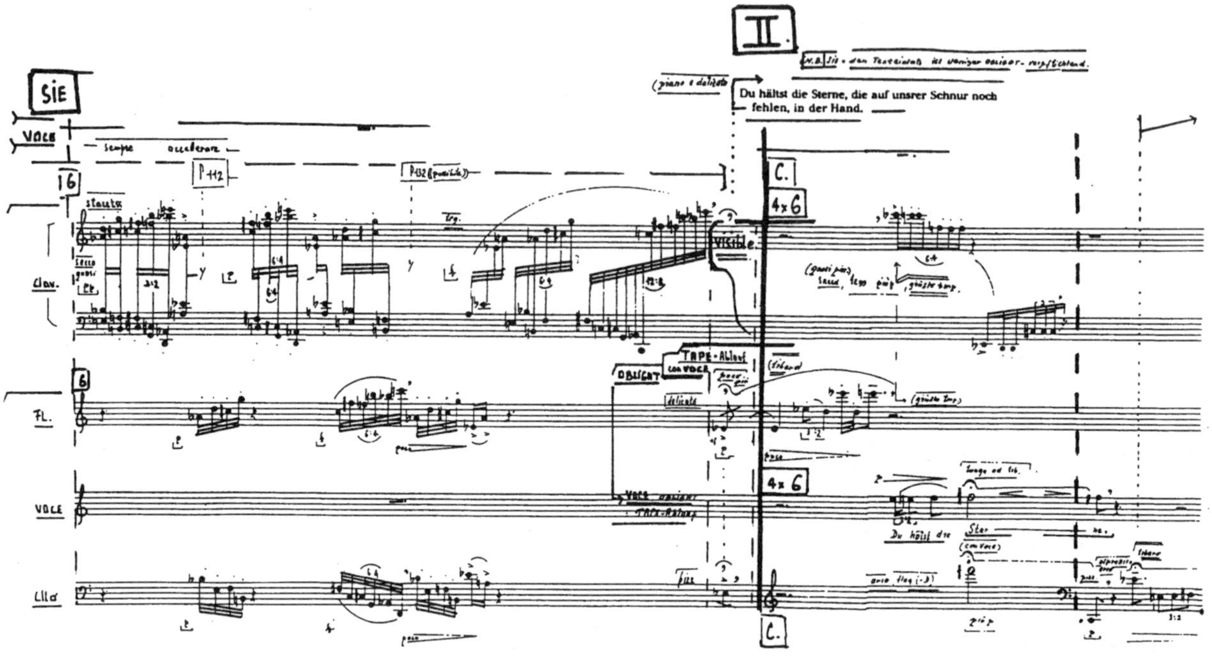

SIE
VOCE
16
II
Du hältst die Sterne, die auf unsrer Schnur noch fehlen, in der Hand.
Clav.
C.
4x6
TAPE-Ablauf
OBLIGAT
6
Fl.
VOCE
4x6
Du hälst die Ster
C.

⑤

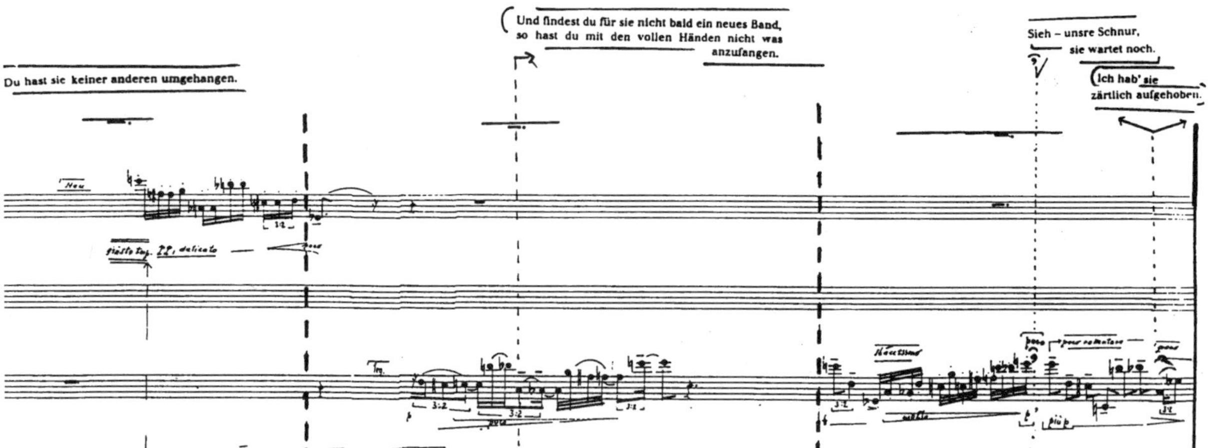

Du hast sie keiner anderen umgehangen.
Und findest du für sie nicht bald ein neues Band, so hast du mit den vollen Händen nicht was anzufangen.
Sieh – unsre Schnur, sie wartet noch.
Ich hab' sie zärtlich aufgehoben.
hast keiner anderen umge-hangen.

⑤
(etc.)

CESAR BRESGEN

geb. am 16. 10. 1913 in Florenz
gest. am 7. 4. 1988 in Salzburg

Studium an der Akademie der Tonkunst in München, Komposition (bei Joseph Haas). Organist, Chorleiter, Musikpädagoge, Professor für Komposition an der Musikhochschule „Mozarteum" Salzburg.

Werkübersicht

Bühnenwerke (Dornröschen; Der Engel von Prag; Salzburger Passion; Spiel vom Menschen; Krabat; Der Igel als Bräutigam),
Lieder,
Orchesterwerke (Sinfonien),
Konzerte,
Kammermusik- und Solowerke (für Klavier und Orgel),
Jugendmusik (Volksliedbearbeitungen, Spielmusiken),
Gebrauchsmusik (Bühnen- und Hörspielmusiken),
Schriften: Wissenschaftliche Aufsätze, Editionsarbeiten.

Literatur

Dino Larese: C. Bresgen – Eine Lebensskizze, Amriswiler Bücherei 1968
Rudolf Lück: Cesar Bresgen, in: Österreichische Komponisten des XX. Jahrhunderts, Band 21, Wien 1974
Isolde Reiter / Horst Braun: Untersuchungen zur Typologie der zeitgenössischen Schul- und Jugendoper, in: Kölner Beiträge zur Musikforschung, Band 27, 1963

Totentanz nach Holbein (1947)

Fassung für Klavier und kleines Orchester

Cesar Bresgen zeichnet noch unter dem Eindruck des zweiten Weltkrieges jenes grauenvolle Sterben nach, das bereits Hans Holbein d. J. im Jahre 1538, also während der großen Bauernkriege veranlaßte, seinen „Totentanz" als Holzschnittzyklus zu schaffen. Dessen Botschaft bedeutet: alle Menschen sind dem Tode verfallen, er mag als Freund den Alten erlösen oder als unvermutete Gewalt den Mächtigen aus seinen Geschäften reißen – er hat immer das letzte Wort. Als Motto zieht sich durch Bresgens Zyklus das Volkslied „Der grimmig Tod".

Der Komponist sagte dazu, daß dieses Lied ständig präsent sei, „durch motivische Ausschnitte, in Spiegelungen, Varianten, rhythmischen Verfremdungen usw." (nach Rudolf Lück, S. 55).

Die nachfolgenden Beispiele zeigen, daß Bresgen nicht den Weg einfacher cantus firmus-Variationen wählte, sondern das Liedthema sehr unterschiedlich verarbeitete: vom Zitat bis zum Rohmaterial für eine durchaus eigenständige Faktur.

Der Predicant

In hurtigem, hektischem Allegro wird die Beredsamkeit des Predicanten dargestellt. Aus dem cantus firmus des Liedes nimmt der Komponist die Melodie des Stollens und bringt diese in marcato-Achtelnoten als Vordersatz eines Fugenthemas. Auf den f-Moll-Beginn der tiefen Streicher folgt das Klavier mit dem Themenkopf in realer Beantwortung. Der Rhythmus des Kontrapunktes [1] wird später von den Hörnern aufgenommen. Der dritte Einsatz auf g moduliert in die Doppeldominante, welche den forte-Einsatz des Klaviers in c-Moll als Höhepunkt vorbereitet. Doch auch dieser kurze dynamische Ausbruch geht sofort wieder in Staccato-Pianissimo über. Es scheint, als ob zur Ausführung einer Fuge die Zeit fehlt; der Prediger kann seine Rede nicht wie geplant ausführen – die Sanduhr ist abgelaufen, der Tod steht hinter ihm. Nur noch ein weiterer Einsatz auf c in der B-Klarinette [4], und bald ist die Ausgangstonart wieder erreicht. Das Thema wird verkürzt, enggeführt und nochmals im Horn begonnen, das Klavier setzt fort bis zum melodischen Ende der Verszeile, zum Text „. . . tut nach dem Leben zielen". Die bereits vorher markant abwärts führende Baßfigur, aus den Takten 2 f. des cantus firmus herstammend, wird erweitert, nimmt an Geschwindigkeit zu und führt direkt in die „Grabesregion" des verlöschenden Tones F. Ein Pizzicato-Klang mit Tritonus läßt an einem seligen Ende des Predicanten zweifeln.

Der Krämer

Stets mühsames Einerlei kennzeichnet den wandernden Hausierer. Der Baßrhythmus, ein ostinater, chromatischer Zweitakter, der geringfügig variiert wird, erscheint wie die schweren Schritte des beladenen Krämers. Auch die oft wiederholte, abwärts gerichtete Diskantfigur im Klavier läßt Mühsal anklingen. Das eigentliche Thema, barförmig wie das Volkslied, beginnt mit h in Harfe, Trompete, Fagott und schließt auch wieder auf h. Nach einem kleinen Zwischenspiel beginnt der gleiche „Weg“ von vorne [5], nur diesmal in hoher Lage. Ab dem 3. Takt des Abgesanges jedoch stockt die Diskantbewegung in zitternden Triolen – der Tod packt den wandernden Krämer, noch ein paar Schritte, und ein rastloses, unerfülltes Leben verhaucht im Pianissimo.

Das Alt weyb

Fast majestätisch zeichnet Bresgen den Tod des alten Weibes nach. Mit Glockenklang und Posaune folgt die Frau dem Tod nach, der im Bild auf einem Xylophon den Rhythmus schlägt. Ein zweites, bekränztes Skelett führt die Alte dem Grabe zu. Der spezielle Klangeffekt wird durch die glockenartigen Akkorde des Klaviers erzielt. In den Posaunen erklingt ein chromatisierter Choral – auch hier sind entfernte Beziehungen zur Barform des Volksliedes zu erahnen. Die abwärtsschreitende Ganztonreihe der 2. Posaune [4] besiegelt das Ende.

Der Komponist antwortete in dem zitierten Interview auf die Frage, was ihn zu diesem Werk angeregt hätte: „Die persönlichen düsteren Erlebnisse dieser Zeit (1946), dem ersten Nachkriegsjahr, bildeten wohl das Zentralmotiv. Hinzu kam die Begegnung mit den Holzschnitten von Hans Holbein, die mich in ihrem rhythmischen Duktus und von ihrem Inhalt her stark berührten. Diese Erlebnisse wollte und mußte ich ins Musikalische transformieren; dabei war es keineswegs meine Absicht, die Holzschnitte einfach musikalisch zu illustrieren, sondern ich wollte das Bildhafte auf den Hörer wirken lassen und ausprobieren, wie weit die Musik imstande ist, dem Bild zu folgen, beziehungsweise auf welche Art sich die Musik verselbständigt: . . . Ich habe diese Gedanken dann auf musikalische Themen verlagert, die vorwiegend polyphon gestaltet wurden.”

CESAR BRESGEN

born 16 October 1913 in Florence
died 7 April 1988 in Salzburg

Studied at the Akademie der Tonkunst in Munich: composition with Joseph Haas. Organist, choir director, music educator, professor of composition at the Mozarteum in Salzburg.

Work resumé

Works for the stage (Sleeping Beauty; Der Engel von Prag; Salzburg Passion; Spiel vom Menschen; Krabat; Der Igel als Bräutigam),
Songs,
Orchestral works (symphonies),
Concertos,
Chamber music and solo pieces (for piano and organ),
Music for young people (folksong arrangements, ensemble music),
Utility music (for stage and radio plays),
Writings: scholarly essays, editorial work.

Literature

Dino Larese: C. Bresgen – eine Lebensskizze, Amriswiler - Bücherei, 1968
Rudolf Lück: Cesar Bresgen, in: Österreichische Komponisten des XX. Jahrhunderts, Vol. 21, Vienna, 1974
Isolde Reiter/Horst Braun: Untersuchungen zur Typologie der zeitgenössischen Schul- und Jugendoper, in: Kölner Beiträge zur Musikforschung, Vol. 27, 1963

Totentanz nach Holbein
(Dance of Death after Holbein) (1947)

Version for Piano and Small Orchestra

Still under the shock of World War II, Cesar Bresgen took as his theme the terrible death toll that had inspired Hans Holbein the younger to create his "Dance of Death" set of woodcuts in 1538 during the Peasant Wars. Its message: all men are prey to death; as a friend it may release the old; as an unexpected force it may tear the mighty away from their affairs - it always has the last word. The folksong "Der grimmig Tod" runs through Bresgen's cycle as a motto.

The composer says that the folksong is always present, "in motivic excerpts, in mirror images, variants, rhythmic alienations, etc." (after Rudolf Lück, p. 55).

The following examples show that Bresgen did not choose the path of simple cantus firmus variations, but that he treated the song in quite different ways, from direct quotation to raw material for a thoroughly independent compositional structure.

Der Predicant (The Preacher)

The preacher's eloquence is portrayed in a quick, hectic allegro. From the folksong cantus firmus the composer takes the melody of the stollen, presenting it in marcato eighth-notes as the antecedent phrase of a fugue subject. After the low strings begin in F minor, the piano follows with the opening notes of the subject in a real answer. The rhythm of the counterpoint [1] is later taken up by the horns. The third entrance, in G, modulates to the secondary dominant, which prepares the piano's forte entrance in C minor as a climax. But this brief dynamic outburst immediately devolves into staccato pianissimo. It is as though there were no time to work out a fugue; the preacher cannot carry on as planned with his address, for death is already at his elbow. Just one more entrance on in the clarinet [4] and the initial key is reached. The subject is shortened, strettoed and begun again by the horn, the piano continues to the melodic end of the verse line, with the words "...tut nach dem Leben zielen". The marcato downward-moving bass pattern derived from bar 2 f. of the cantus firmus (it has already been heard) is expanded, increases in speed and leads directly to the "sepulchral region" of the fading tone F. A pizzicato with tritone raises doubts as to the preacher's blessed state at his demise.

Der Krämer (The Peddler)

Toilsome monotony is the lot of the itinerant huckster. The bass rhythm, a two-bar chromatic ostinato that is only slightly varied, seems to depict a heavily-laden peddler's laborious steps. Drudgery can also be heard in the often repeated, downward-moving piano pattern. The actual theme, in bar form like the folksong, begins with b in the harp, trumpet and bassoon, and also ends on b. After a brief interlude the same "course" begins all over again [5], but in a high register. With the third bar of the *abgesang* the descant motion falters in trembling triplets. Death seizes the peddler; a few more steps and a restless, unfulfilled life expires pianissimo.

Das Alt weyb (The Old Woman)

Bresgen depicts the death of the old woman almost majestically. To the sound of bells and trombone she follows after death, which, in the woodcut, beats the rhythm on a xylophone. A second skeleton, wearing a wreath, leads her to the grave. The special tonal effect is achieved by the bell-like chords in the piano. A chromaticized chorale is heard in the trombones; here too, remote relationships to the bar form of the folksong can be made out. The descending whole-tone scale in the 2nd trombone [4] marks the end.

In the interview quoted above, the composer, when asked what had prompted him to write this work, had this to say: "My personal depressing experiences in 1946, the first year after the war, were probably the primary motivation. In addition, there was the encounter with Hans Holbein's woodcuts, whose rhythmic ductus and content affected me strongly. I felt that I had to transform these experiences into music. It was not my intention to provide the woodcuts with a musical illustration; I wanted to let the pictorial qualities act on the listener and find out the extent to which the music is able to follow the picture or the way in which the music becomes independent: . . . I transposed these ideas into musical themes which mostly were treated polyphonically."

Der Predicant.

Der Krämer.

Daß Altweyb.

Der grimmig Tod

Paderborner Gesangb. 1617 G. 328
und Würzburger Gesangb. 1618.

CD 1 – Track 2

Der Predicant

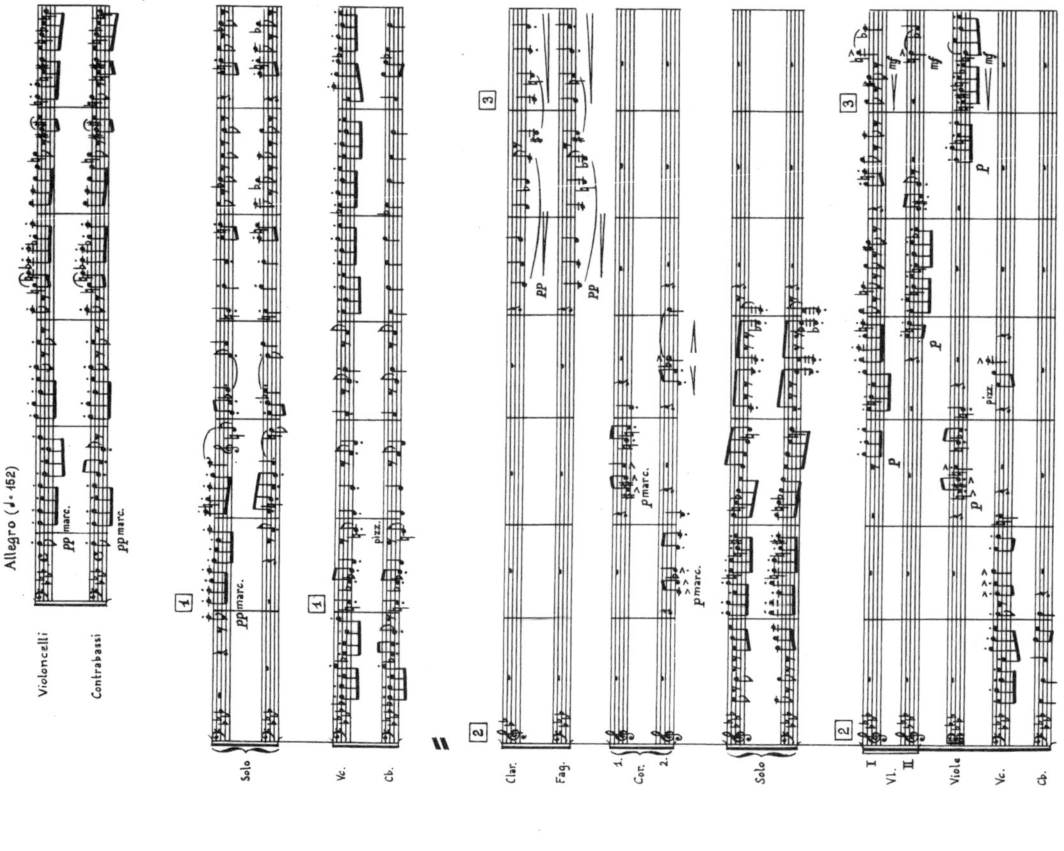

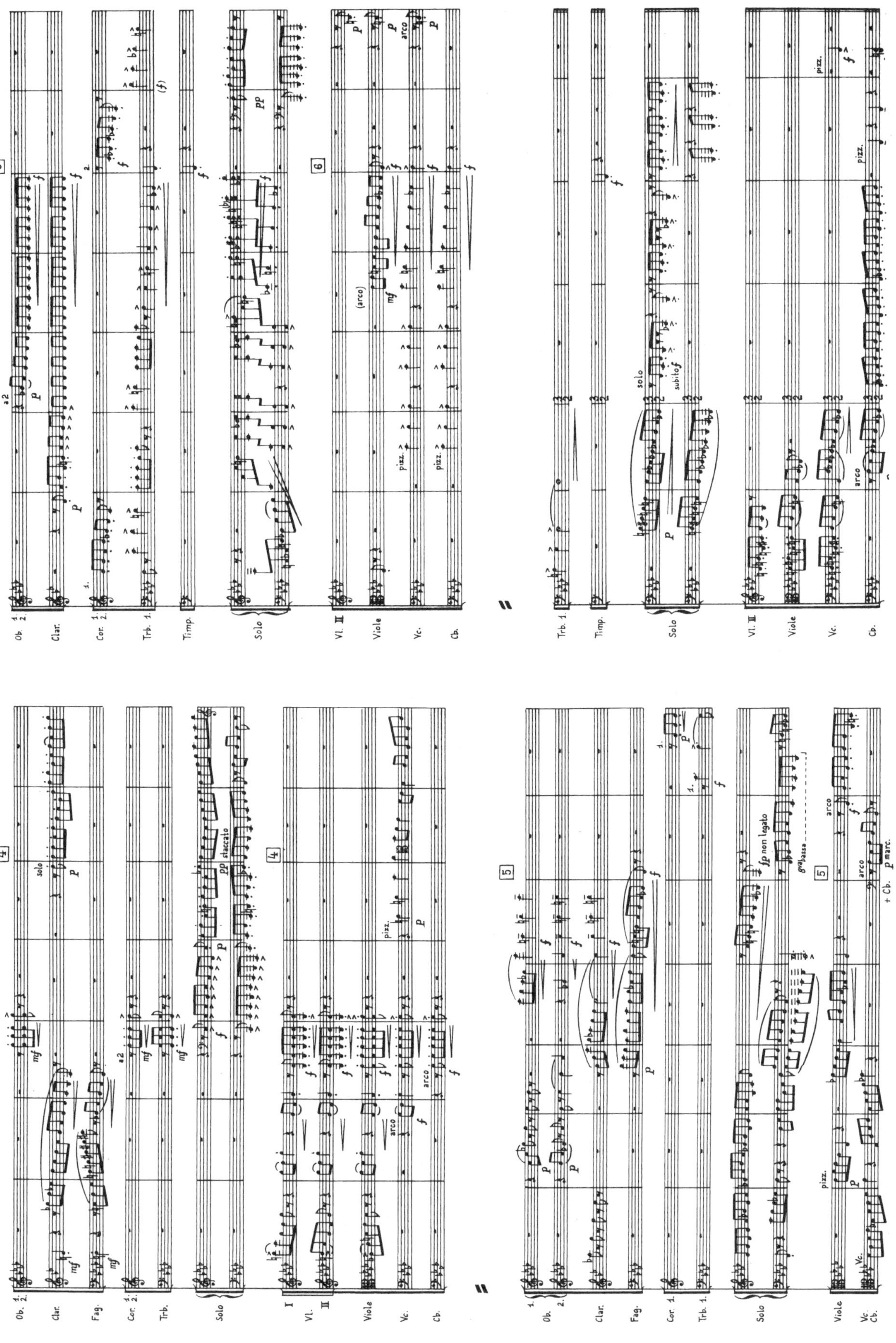
Ob. 1. 2.
Clar.
Fag.
Cor. 1. 2.
Trb.
Trb. 1.
Timp.
Solo
Vl. I
Vl. II
Viole
Vc.
Cb.
4
5
6
solo
pp staccato
pizz.
arco
(arco)
a 2
subito f
fp non legato
+ Cb. p marc.

CD 1 – Track 3

Der Krämer

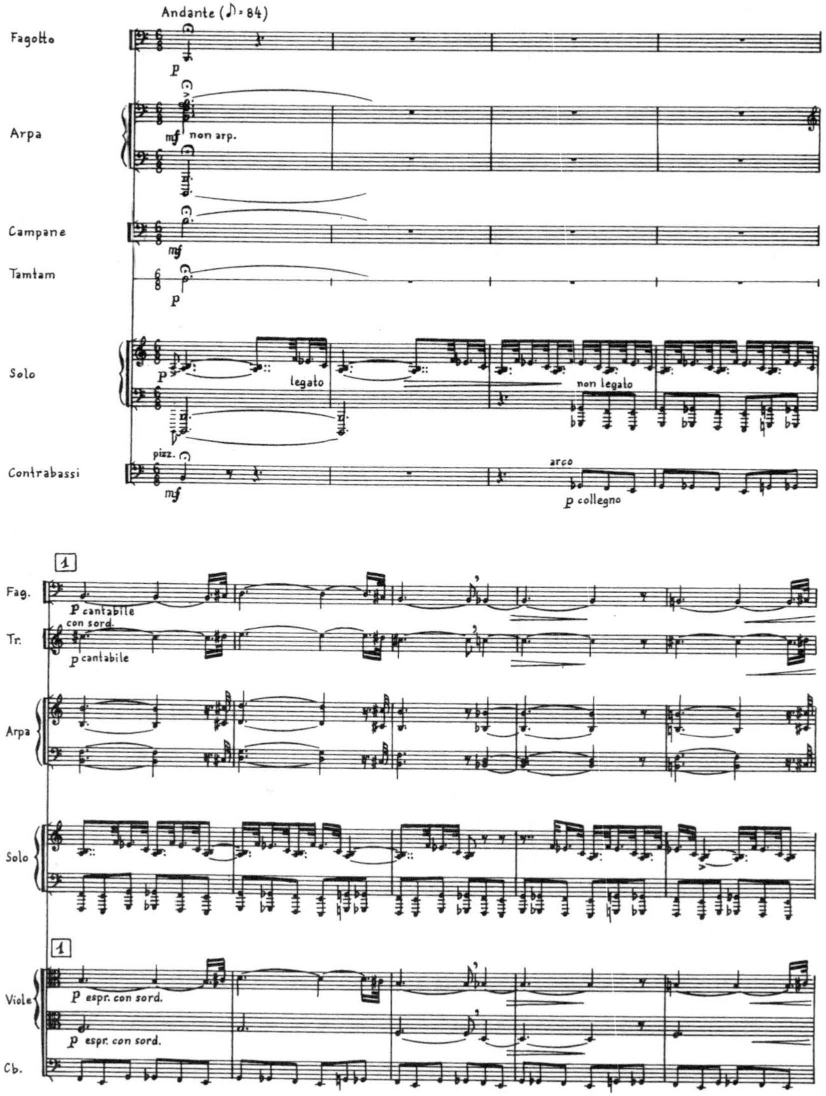

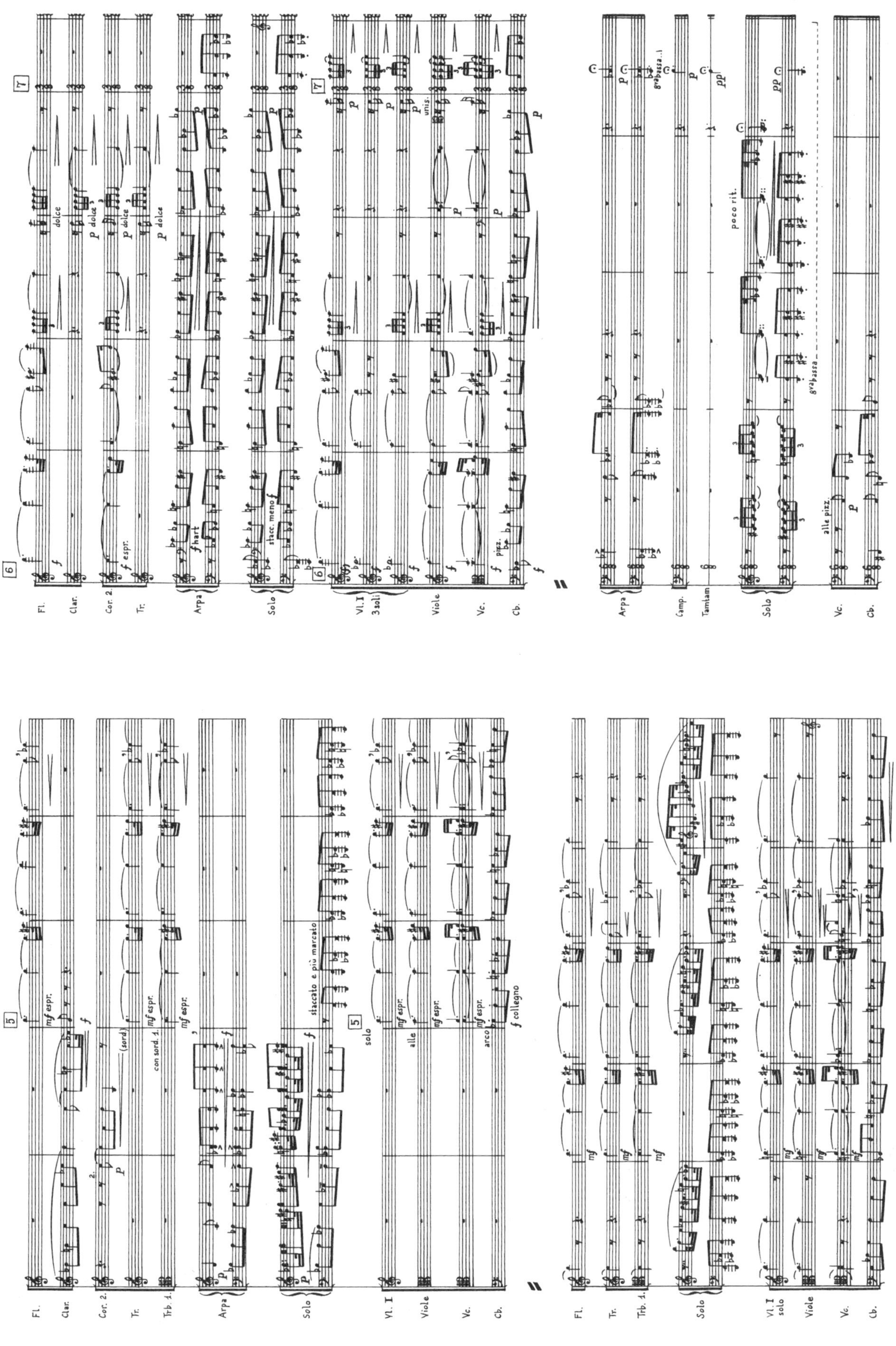
Fl.
Clar.
Cor. 2.
Tr.
Trb. 1.
Arpa
Solo
Vl. I
Viole
Vc.
Cb.
5
mf espr.
(sord)
con sord. 1.
staccato e più marcato
solo
alle
arco
f collegno
Vl. I solo
6
7
f espr.
p dolce
dolce
f hart
stacc. meno f
Vl. I 3 soli
unis.
pizz.
Camp.
Tamtam
poco rit.
alle pizz.
8va bassa

Das Alt weyb

Lento (♩=52)
Fagotto
Corni 1. 2.
Tromboni 1. 2.
Campane
Solo
f marc.
a2
1
2
3
pesante
4
Fag.
Cor. 1. 2.
Trb. 1. 2.
Camp.
Tamtam
Solo
Ped.

FRIEDRICH CERHA

geb. am 17. 2. 1926 in Wien

Studium an der Musikhochschule Wien, Komposition (bei Alfred Uhl), Violine (bei Váša Přihoda) und Schulmusik, sowie an der Universität Wien, Musikwissenschaft, Germanistik, Philosophie. Dr. phil.

Musiklehrer, Konzertgeiger, 1958 Gründung des Ensembles „die reihe" zusammen mit Kurt Schwertsik, seit 1959 als Dirigent und als Lehrer an der Musikhochschule Wien tätig; 1976-88 Professor für Komposition, Notation und Interpretation neuer Musik.

Werkübersicht

Bühnenwerke (Spiegel –1960/61 – für Bewegungsgruppen, Licht, Objekte, Orchester und Tonband; Netzwerk – 1962/81 – für Sänger, Sprecher, Bewegungsgruppen und Orchester; Baal; Der Rattenfänger),
Chorwerke (Requiem für Hollensteiner – nach Thomas Bernhard),
Vokalwerke (Keintate I, II) Orchesterwerke (Fasce, Langegger Nachtmusiken I – III),
Konzerte, Werke für Kammerensemble (Relazioni fragili, Mouvements),
Kammermusik (2 Streichquartette),
Solowerke,
Herstellung des 3. Aktes der Oper Lulu von Alban Berg.

Baal

(1974 – 81)
Text von Bert Brecht

Legende (Ballade) der Dirne Evelyn Roe
Ausschnitt aus dem 1. Akt, 3. Szene

Innerhalb der Oper „Baal" kommt dieser Ballade eine Schlüsselposition zu. Evelyn Roe ist trotz ihres teilweise gegensätzlichen Verhaltens ein Spiegelbild des Titelhelden Baal. Sie läßt sich von der Umwelt konsumieren, er verweigert sich ihr; sie will ein rettendes Ziel erreichen, um dessen Willen sie ihren Verfall in Kauf nimmt, er wehrt sich seiner Haut und verteidigt sein vitales Recht auf „Glück". Aber beider Leben ist – wie Baal später im Reggae singt – eine Suche nach dem „Land, wo es besser zu leben ist". Sie erreichen es nicht; sie verkommen, gehen unter, doch letztlich nicht (nur) durch eigene Schuld; sie scheitern als Individuen an den Lebensformen und Prinzipien, die ihre Mitwelt beherrschen. Sie werden Outcasts, für die es keinen Platz auf Erden und keinen im Himmel oder in der Hölle gibt.

Die 16 Strophen der Legende sind von Bert Brecht vorwiegend in 4 Verszeilen gegliedert; nur die Strophen 3, 6,12 haben jeweils 5, die letzte Strophe 6 Verszeilen. Die einzelnen Zeilen sind von unterschiedlicher Länge, meist mit unreinem Kreuzreim und einem wechselnden, vom Sprachgestus abhängigen Rhythmus beseelt.

Der Text, seine Bedeutung und Sinngebung sind für Cerha primär. Seine Musik respektiert die Gesetzlichkeiten des Textes. Die melische und rhythmische Gliederung folgt ihnen. Es ist in bezug auf das eingangs Gesagte kein Zufall, daß der Anfang der Legende spiegelbildlich gebaut ist. Die Melodie ist insgesamt bogenförmig mit dem höchsten Ton oft in der Strophenmitte, doch auch kleinere Phrasen entsprechen der Kurve des Auf und Ab oder ihrer Spiegelung. Vor allem Strophenmitte und -ende sind durch längere Notenwerte der natürlichen Deklamation angeglichen. Die unterschiedlichen Versfüße der Dichtung, Jambus, Amphibrachus, eingestreuter Daktylus etc., bestimmen den Rhythmus des Gesanges. Die musikalische Darstellung der Leidensgeschichte der Dirne Evelyn Roe geht auf die erzählte Handlung ein. Jede Strophe paßt sich der Aussage individuell an – das Prinzip des variierten Strophenliedes ist erkennbar. Es fällt auf, daß die Melodiestimme analog zum Textinhalt teils stärker tonal, teils stärker chromatisch ist (vgl. den Bericht von Himmel und Hölle). Die Schlußtöne jeder einzelnen Strophe fallen aus dem erwarteten Geschehen, nur der letzte Ton der Ballade d hat Funktion einer Finalis für das ganze Lied. Eine Ähnlichkeit zum Volkslied „Maria durch ein Dornwald ging" ist evident.

Der Orchesterbegleitung in freitonalem Satz ist ebenfalls die Rolle eines Handlungsinterpreten übertragen, vgl. die „tanzenden" Achtel von T. 391 bis zur Ermattung Evelyns in T. 420 und in markanter Wiederaufnahme von T. 425 bis 436; ihr Laufen von Raa zu Raa (T. 457), der Tod im Wasser (T. 464 f.) und daraufhin die Bewegung der Wellen.

Auch der Bezug vom Anfang des Liedes zur Himmelsszene, beide Male mit identen Textworten beginnend, wird durch das Orchester entsprechend ausgedrückt. Die dramatische Funktion der Ballade innerhalb der Wirtshausszene läßt keinen „pathetischen" Schlußakkord zu – das Palaver der Saufkumpanen beschäftigt sich bereits mit anderen, banalen Gedanken.

Die von Baal gesungene Legende ist auch vom musikalischen Material her für die Gestaltung der gesamten Oper bedeutsam. Vielfältig modifizierte Zitate aus diesem Lied zeigen, daß der Komponist dem Schicksal der Evelyn Roe einen für den Gesamtverlauf des Werkes archetypischen Sinn zubilligt.

FRIEDRICH CERHA

born 17 February 1926 in Vienna

Studied at the Musikhochschule in Vienna: composition with Alfred Uhl, violin with Váša Přihoda and music education. At the University of Vienna, he studied musicology, German philology and philosophy. Dr. phil.

Music teacher, concert violinist, founded the ensemble "die reihe" in 1958 together with Kurt Schwertsik; since 1959, conductor and teacher at the Vienna Musikhochschule; 1976-88, professor of composition, notation and interpretation of new music.

Work resumé

Stage works (Spiegel – 1960/61 – for movement groups, light, objects, orchestra and tape; Netzwerk – 1962/81 – for singers, reciter, movement groups and orchestra; Baal; Der Rattenfänger),
Choral works (Requiem für Hollensteiner after Thomas Bernhard),
Vocal music (Keintate I, II)
Orchestral works (Fasce, Langegger Nachtmusiken I – III),
Concertos,
Works for chamber ensemble (Relazioni fragili, Mouvements),
Chamber music (2 string quartets),
Solo pieces,
Preparation of the third act of the opera Lulu by Alban Berg.

Baal

(1974–81)
Text by Bert Brecht

Legend (Ballad) of the Harlot Evelyn Roe
Excerpt from Act 1, Scene 3

This ballad has a key position in the opera "Baal". Despite her behaviour, which in part is the opposite to that of the eponymous hero, Evelyn Roe is the mirror image of Baal. She lets herself fall prey to her environment, while Baal remains aloof from it; she is trying to reach a safe haven, for the sake of which she accepts her ruin, while Baal defends himself and his vital right to "happiness". But both their lives – as Baal later sings in the reggae – are a search for a "place where it's better to live". They do not find it; they go to wreck and ruin, they founder, but it is not (only) their fault. As individuals, they are undone by the mores and principles that govern the world about them. They become outcasts for whom there is no place on earth and no place in heaven or in hell.

Brecht casts the legend's 16 verses mostly in four lines; the 3rd, 6th and 12th verse have five lines each, the last verse has six. The lines are of various lengths, mostly with impure alternate rhymes and changing rhytms dictated by the speech patterns.

For Cerha, the text, its sense and significance take priority. His music respects its structural principles and the melodic and rhythmic layout follows them. With regard to what was said above, it is not by chance that the beginning of the legend is constructed as a mirror image. As a whole, the melody is arch-shaped, with the highest note frequently in the middle of the verse, but smaller phrases also have an upward and downward curve or its mirror. The middle and end of the verse in particular are adapted to the natural declamation with longer note values. The various metrical feet of the words – iambus, amphibrachus, scattered dactyls, etc. – determine the rhythm of the vocal line. The musical portrayal of the sufferings of the harlot Evelyn Roe is adapted to the story: each verse is individually suited to the meaning conveyed – in which can be seen the principle of the varied strophic song. It is noticeable that the melody is sometimes more tonal, sometimes more chromatic, in keeping with the textual content (cf. the "Bericht von Himmel und Hölle"). The last notes of every verse take a different turn to what is expected; only the very last note of the ballad (D) has a concluding function for the whole song. Similarities to the folk song "Maria durch ein Dornwald ging" are evident.

The orchestral accompaniment, in free tonality, also takes on the role of storyteller: cf. the "dancing" eighth-notes from bar 391 to Evelyn's exhaustion in bar 420 and the striking resumption from bar 425 to 436; her running from Raa to Raa (bar 457), her death by drowning (bar 464 f.) and the subsequent wavelike motion.

The relationship of the beginning of the song to the scene in heaven, both of which start with identical words, is expressed by the orchestra. The dramatic function of the ballad in the tavern scene does not permit a "pathetic" final chord: the drinking buddies' idle chatter has alredy turned to other banal topics.

The musical material of the legend sung by Baal is of significance for the design of the whole opera. Diverse modified quotes from this song show that the composer sees in the fate of Evelyn Roe an archetypal meaning for the entire course of the work.

CD 1 – Track 5

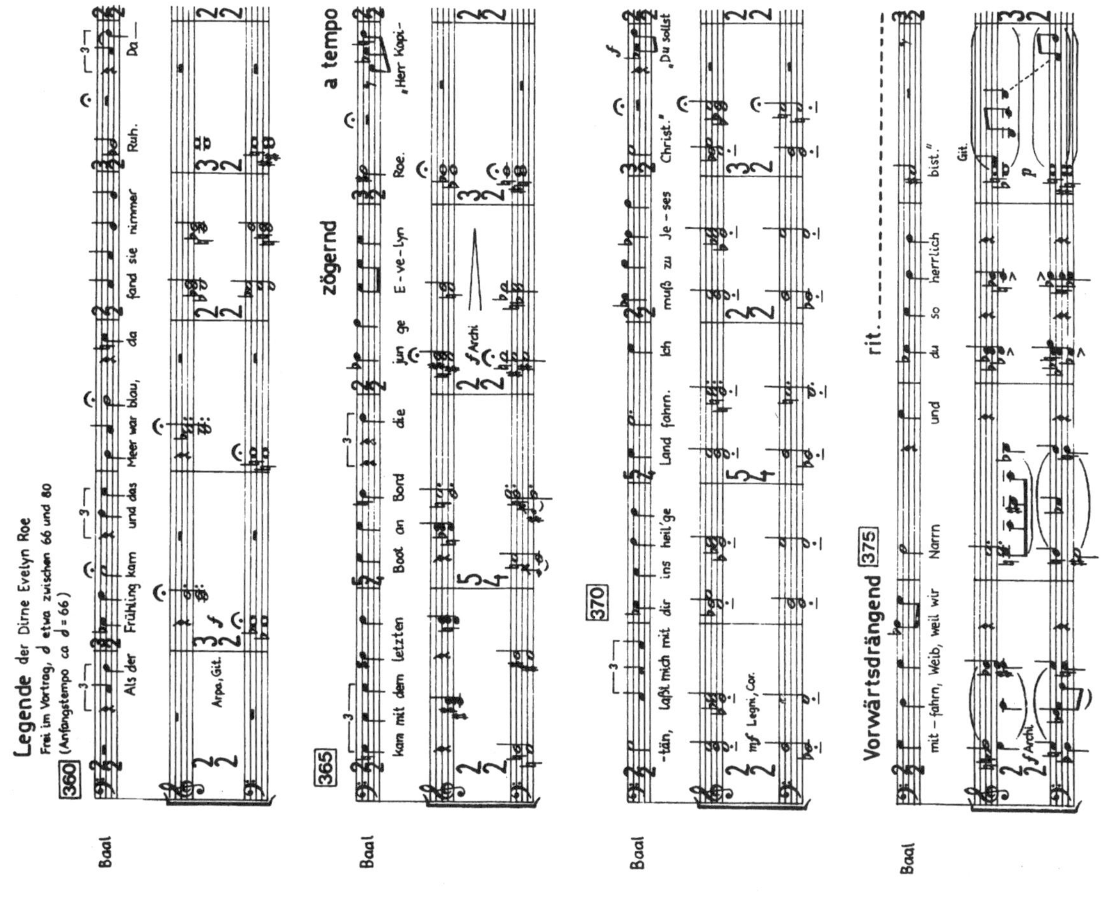

--(rit.)----- a tempo
weiches Legato
380
Baal
„Er lohn's Euch. Ich bin nur ein arm Weib. Mein Seel gehört dem
Ob., Fg.
Git., Arpa
Cor.
zögern
385
Drängend
Herrn Je - su Christ." „So gib uns dei - nen süs - sen Leib! Denn der
Archi, Git.
poco rit. 390 a tempo
Herr, den du liebst, kann das nimmer-mehr zahln, weil er ge - stor - ben ist." Sie
fuh - ren hin in Sonn und Wind und lieb - ten Eve - lyn Roe. Sie
Git.
Cor.
Archi
Akk.
395
etwas zögernd
a tempo
aß ihr Brot und trank ihren Wein und wein - te immer da - zu. Sie
etc.
400
tanz - ten nachts. Sie tanz - ten tags. Sie ließen das Steu - er sein.
Archi e Legni
Vle.
405
E - ve - lyn Roe war so schön und so weich: Sie wa - ren härter als Stein. Der
Ottoni
410
Früh - ling ging. Der Sommer schwand. Sie lief wohl nachts mit zer - fetz - tem Schuh von
Vl. I
Fl.
Archi, Legni, Cor.
cresc.

Baal
Raa zu Raa und starrte ins Grau und such--te ei--nen stil--len Strand, die
(cresc.)
415
ar--me E-ve-lyn Roe. Sie tanz-te nachts. Sie tanz-te tags. Da
Vl. II
(Cor.)
420
ward sie wie ein Sie-ches matt. „Herr Kapi- -tän, wann kommen wir in des
Ob.
Fg.
Tr.
Drängend 425
Herrn hei-li-ge Stadt?" Der Kapi- -tän lag in ih-rem Schoß und
Ottoni
Cor.
Cl., Fg., Vle., Vl. II
Rasch, heftig 430
küß--te und lachte da- -zu: „Und ist wer schuld, daß wir nie hin--kommen, so
Tutti
rit. a tempo 435
ist es E-ve-lyn Roe." Sie tanz-te nachts, sie tanz-te tags. Da
Ob., Fg.
Cor., Git.
Fl., Vl. II
(Tutti)
Vc.
Cb., Cfg.
ward sie wie ein Leichnam matt. Und vom Kapi- -tän bis zum jüngsten Boy hatten sie alle
poco a poco crescendo
440
satt. Sie trug ein sei-den Ge- -wand auf dem Leib, der siech und voll Schwielen
Ob.
Sax.
Vle.
(Archi, Fg., Cor.)

445
450
455
460
465
470
Baal
war und trug auf der ent- -stell- -ten Stirn ein schmutz-zer - wühl - tes
Haar.
„Nie seh' ich dich, Herr Je - sus Christ, mit mei - nem sündigen
p Ottoni
Leib. Du darfst nicht gehn zu ei- -ner Hur und bin ein so arm
Fl.
p
Vle.
Weib." Sie lief wohl lang von Raa zu Raa, sie lief wohl lang von
Vl.I, Org.
Akk.
p Archi, Legni
(event. Kopfstimme)
Raa zu Raa und Herz und Fuß tat ihr weh.
p
Sie ging wohl nachts, wenn's kei - ner sah, sie
(Akk.)
Cl.
pp Archi trem. sul pont.
ging wohl nachts in die See.
Cl.
Sie ließ sich den dunk- -len Wel- -len und die
Archi sul pont.
Cl.
pp Cl., Fg., Cor.

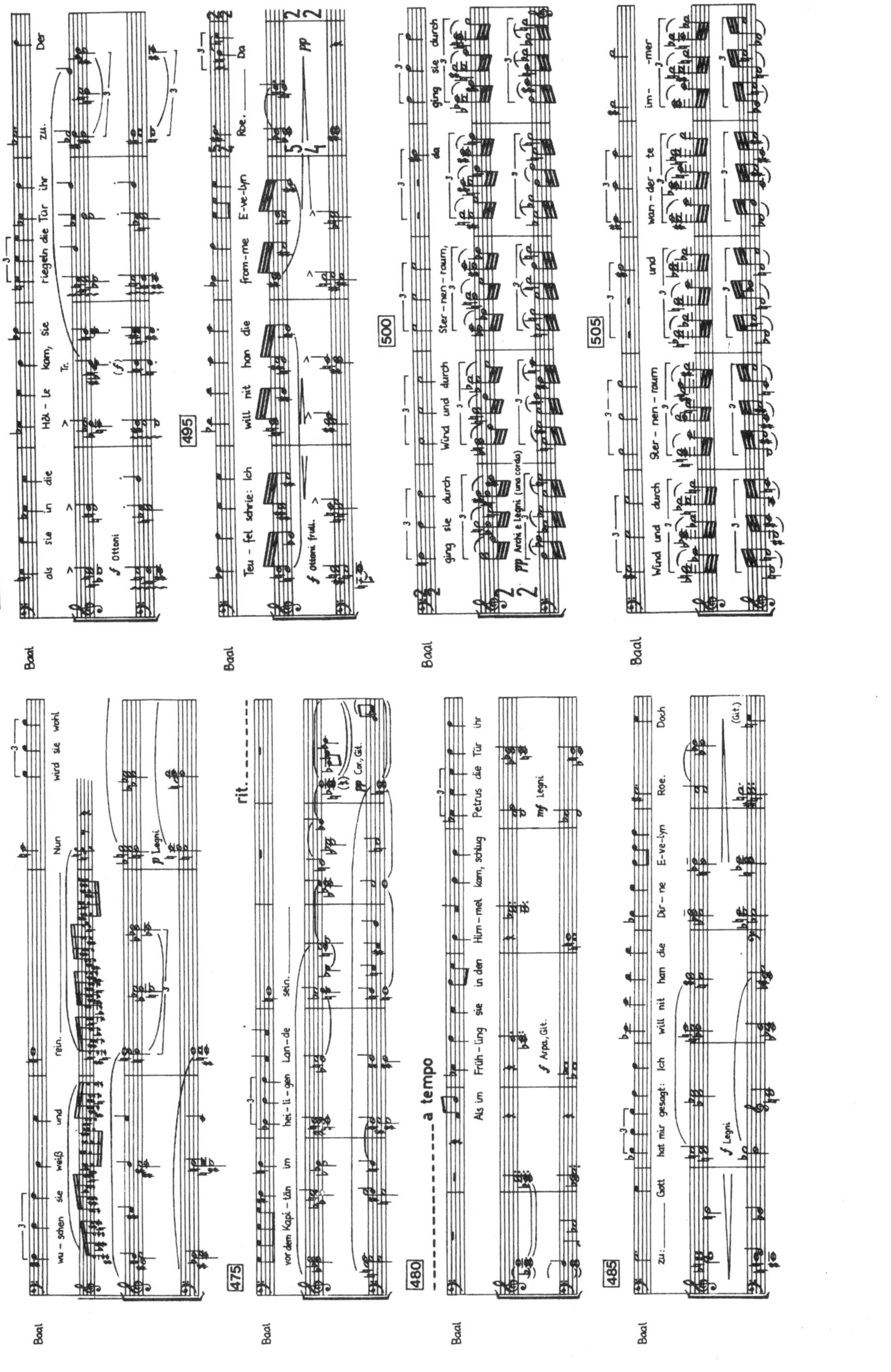
Baal
wu-schen sie weiß und rein. Nun wird sie wohl
p Legni
475
rit.
vor dem Kapi-tän im hei-li-gen Lan-de sein.
pp Cor, Git.
480
a tempo
Als im Früh-ling sie in den Him-mel kam, schlug Petrus die Tür ihr
f Arpa, Git.
mf Legni
485
zu: Gott hat mir gesagt: Ich will nit ham die Dir-ne E-ve-lyn Roe. Doch
f Legni
(Git.)
490
als sie in die Höl-le kam, sie riegeln die Tür ihr zu. Der
f Ottoni
Tr.
(f)
495
Teu-fel schrie: Ich will nit han die from-me E-ve-lyn Roe. Da
f ottoni frull.
pp
500
ging sie durch Wind und durch Ster-nen-raum, ging sie durch
pp Archi e Legni (una corda)
505
Wind und durch Ster-nen-raum und wan-der-te im-mer

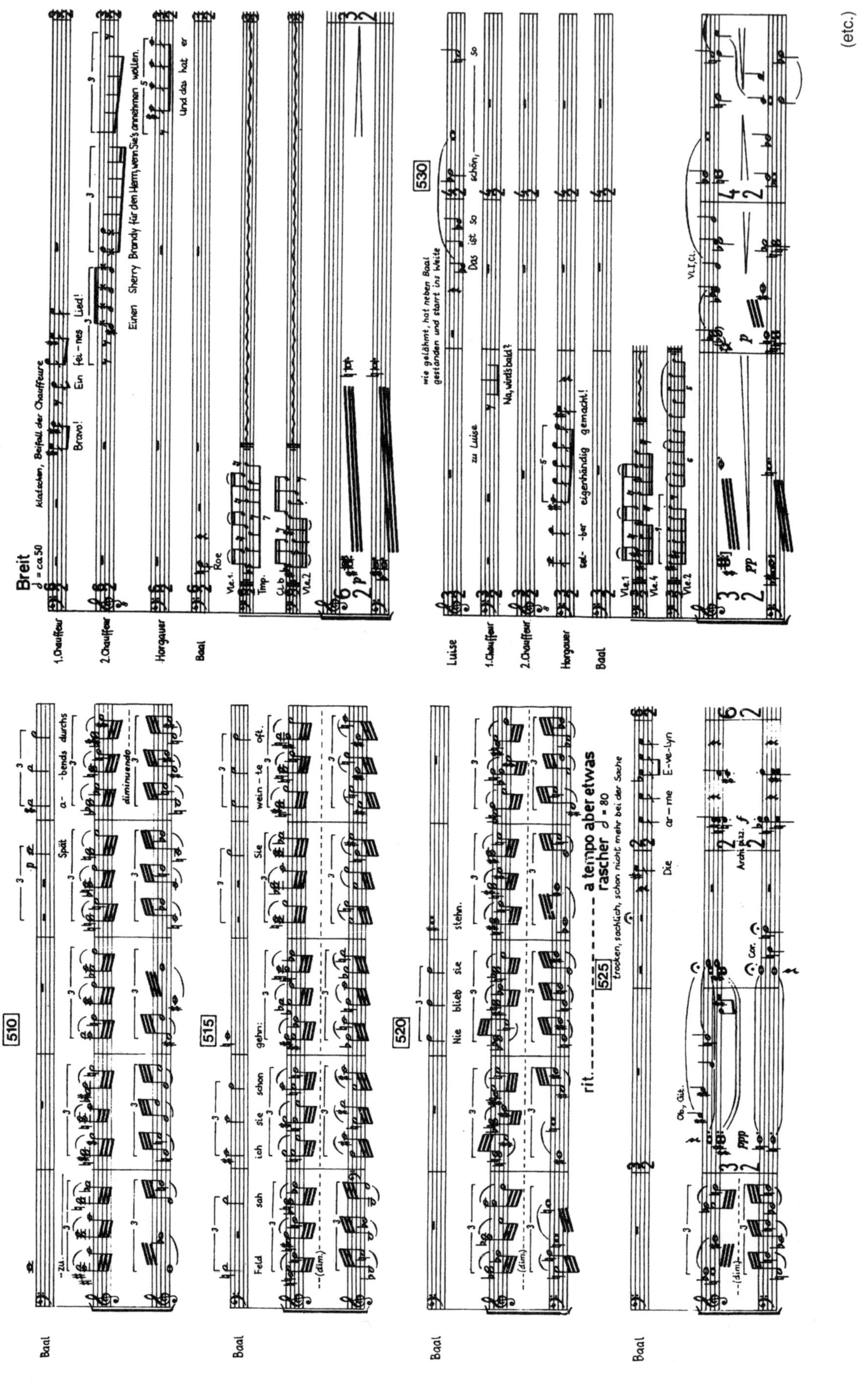
Baal
510
-zu-
Spät a- -bends durchs
diminuendo
515
Feld sah ich sie schon gehn: Sie wein-te oft.
(dim.)
520
Nie blieb sie stehn.
rit.
525
a tempo aber etwas rascher
trocken, sachlich, schon nicht mehr bei der Sache
Die ar-me E-ve-lyn
Ob., Git.
Cor.
Archi pizz.
Breit
1.Chauffeur
2.Chauffeur
Horgauer
Roe
Vle.1
Timp.
Cl.b
Vle.2
Klatschen, Beifall der Chauffeure
Bravo!
Ein fei-nes Lied!
Einen Sherry Brandy für den Herrn, wenn Sie's annehmen wollen.
Und das hat er
Luise
zu Luise
Na, wird's bald?
sel- -ber eigenhändig gemacht!
wie gelähmt, hat neben Baal gestanden und starrt ins Weite
Das ist so schön, so
530
Vle.4
VI.I, Cl.

(etc.)

THOMAS CHRISTIAN DAVID

geb. am 22. 12. 1925 in Wels (OÖ)

Sohn des Komponisten Johann Nepomuk David, Chorknabe im Thomanerchor Leipzig, Studium an den Musikhochschulen Leipzig und „Mozarteum“ Salzburg sowie an der Universität Tübingen.

Chorleiter, Dirigent, Solist (Flöte, Cembalo, Klavier), langjährige künstlerische Tätigkeit in Teheran. Bis 1988 Professor für Komposition an der Musikhochschule Wien, Präsident des österreichischen Komponistenbundes 1986 – 88.

Werkübersicht

Bühnenwerke (Der Weg nach Emmaus),
Chorwerke (Das Lied des Menschen),
Lieder,
Orchesterwerke,
Konzerte (für fast alle Instrumente),
Kammermusik (5 Streichquartette, Sonaten, Klarinettentrios).

Konzert
für 3 Violinen und Streichorchester (1981)

Ausschnitt: 1. Satz, Exposition

Die drei Soloviolinen stehen in der Tradition des Concerto grosso einem Tutti-Streicherensemble gegenüber. Die Abwechslung der beiden Klangkörper wie auch ihr Zusammenspiel gliedern den lebendigen (Vivace!) Satzverlauf.

Ansteigende Akkordfolgen in reicher Chromatik und Unisono-Figuren in einem aus Achteln und Triolen zusammengesetzten Rhythmus wechseln zwischen den beiden Ensembleteilen. Ab Takt 12 wetteifern die Solisten mit kanonisch geführten Läufen untereinander; der Solopart in a-Moll (Takt 12 ff.) wird chromatisch begleitet. Das nächste Tutti bereitet auf einen Concertinopart vor, der an den „Schmelz“ von Zigeunerweisen erinnert (Takt 27). Die Kombination dieser Motive mit den chromatischen Triolenläufen der Solisten (Takt 44) beendet die Exposition.

Ein durchgängiges Kompositionsprinzip wird hörbar – in Art der Bitonalität hat der Concertinopart jeweils ein anderes tonales Zentrum als der Tuttipart, wobei oft die erweiterte Tonalität der einen Klanggruppe gegen die gleichzeitig erklingende chromatische Figur des anderen Ensembles steht.

Der Reiz dieses lebhaften Satzes liegt in der Leichtigkeit, mit der sich die drei Solisten gegenseitig die verschiedenen Motive zuspielen; ein virtuoser Wettbewerb im Ursinn des Konzertierens. Doch auch chromatische und tonale Elemente treten zueinander in kontrastreichen Gegensatz wie auch in kontrapunktische Gemeinschaft.

THOMAS CHRISTIAN DAVID

born 22 December 1925 in Wels (Upper Austria)

Son of the composer Johann Nepomuk David, choirboy at St. Thomas's in Leipzig, studied at the Musikhochschule in Leipzig and the Mozarteum in Salzburg, as well as at the University of Tübingen.

Choir director, conductor, soloist (flute, harpsichord, piano), worked for many years in Teheran. Until 1988 professor of composition at the Musikhochschule in Vienna, president of the Austrian Composers League 1986 – 88.

Work resumé

Stage works (On the Way to Emmaus),
Choral works (Das Lied des Menschen),
Songs,
Orchestral works,
Concertos (for almost all instruments),
Chamber music (5 string quartets, sonatas, clarinet trios).

Concerto
for 3 Violins and String Orchestra (1981)

Excerpt: 1st movement, exposition

In the concerto grosso tradition, the three solo violins are contrasted with a tutti string ensemble. The alternation of the two groups and their interplay together give this lively (vivace!) movement its structure.

Rising chromatically altered chord progressions and unison patterns in a rhythm made up of eighth-notes and triplets alternate between the two groups. Beginning in bar 12, the soloists compete with one another in canonic runs; the solo part in A minor (bar 12 ff.) is chromatically accompanied. The next tutti leads to a concertino section reminiscent of the "mellowness" of gypsy melodies (bar 27). The combination of these motives with the soloists' chromatic triplet runs (bar 44 ff.) concludes the exposition.

A general compositional principle can be discerned: in the manner of bitonality the concertino has a different tonal centre than the tutti; it often happens that the expanded tonality of one group is opposed to the chromatic pattern of the other at the same time.

The charm of this lively movement lies in the facility with which the soloists toss the various motives back and forth – a virtuoso competition in the original sense of concertizing. But chromatic and tonal elements also make their appearance, both as a means of contrast and in contrapuntal association.

KONZERT

für 3 Violinen solo und Streichorchester

Thomas Christian David (1981)

pizz.
arco

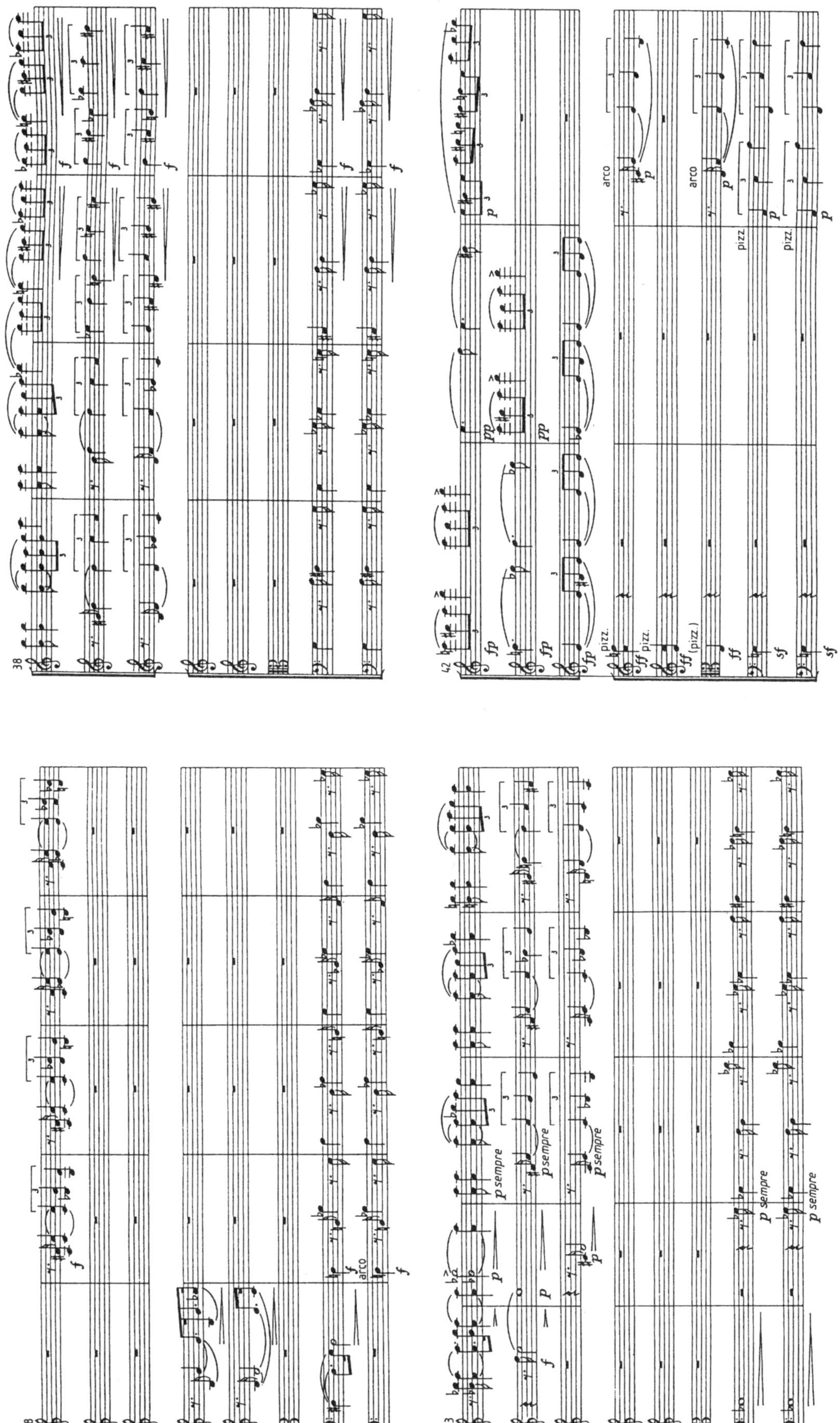
arco
p sempre
pizz.
(pizz.)

(etc.)

ANDRZEJ DOBROWOLSKI

geb. am 9. 9. 1921 in Lemberg (Lvov)
gest. am 8. 10. 1990 in Graz

Studium an der Musikhochschule Krakau. Dozent an der Musikhochschule Warschau, Mitarbeiter am experimentellen Studio des polnischen Rundfunks, Mitbegründer des Festivals „Warschauer Herbst".

Ab 1979 Professor für Komposition und Musiktheorie sowie Leiter des Instituts für Elektronische Musik an der Musikhochschule Graz.

Werkübersicht

Orchesterwerke (Musik für Orchester, Musik für 3 Akkordeons, Mundharmonika und Schlagzeug),
Elektronische Musik mit Soloinstrumenten (Klavier, Kontrabaß, Baßklarinette),
Schriften: Methodik der Harmonielehre, Krakau 1967; Über die Schwierigkeiten der Formenlehre der neuen Musik, Stuttgart 1971.

Musik für Tonband und Baßklarinette solo (1980)

Dieses Klangstück steht in der Tradition des Solokonzertes. Anstelle eines Orchesters erklingt die elektronisch erzeugte Musik vom Tonband. Dazu spielt der Baßklarinettist den Solopart. So entsteht eine Mischung von „konservierter" Musik mit „Live"-Musik. Aus Gründen der Aufführungspraxis ergab sich die Notwendigkeit, eine Partitur zu erstellen, die dem Solisten ermöglicht, sich in das vorfabrizierte Klanggeschehen einzufügen. Die Partitur enthält in jeder Zeile (Akkolade) zwei verschiedenartige Notationssysteme. Im oberen System ist das Tonbandgeschehen notiert und zwar getrennt nach Raumaufstellung der Lautsprecher und nach drei Tonhöhenregistern. Die spezielle Notierung der Klänge innerhalb dieser beiden Bereiche erklärt der Komponist im Vorwort. Das untere System ist der Baßklarinette vorbehalten, wobei neben der traditionellen Notation – eine Baßklarinette klingt eine große None tiefer als notiert – spezielle Zeichen für ungewöhnliche Klangrealisierungen auftreten, die ebenfalls vorweg aufgeschlüsselt sind. Das Hörerlebnis wird durch Mitlesen in der Partitur verstärkt und differenzierter.

Die Grundprinzipien eines Solokonzertes sind hörbar: Solostellen, Solo mit Begleitung, Tutti. Die klanglichen Abwechslungen bestimmen die spezielle Formung dieses Werkes. Der Instrumentalpart hat sowohl ruhige Melodien wie auch fahrige Figuren über fünf Oktaven zu spielen. Außerdem schreibt der Komponist spezielle Klangproduktionen wie Zungenstoß, gleichzeitiges Spielen und Schreien bzw. Singen vor. Neben den exakt notierten Tonhöhen sind innerhalb vorgezeichneter Rahmen auch verschiedene Klänge aleatorisch zu realisieren.

Der Tonbandteil bringt verschiedenartige, kontrastierende Klänge: tiefe, pulsierende Akzente sowie in verschiedenen Tonlagen Klangflächen, Klopfgeräusche oder glockenartige Töne.

Die pulsierenden Akzente gestalten Anfang und Ende des Stückes. Ab dem Einsatz des hohen Klarinettentones (Partitur S. 1, 3. Zeile) wird das Klanggeschehen dichter, heterogener bis zum „Zwischenspiel" der elektronischen Klänge (S. 6, 1. Zeile). Der zweite Einsatz der Baßklarinette zeigt eine Erweiterung ihrer klanglichen Mittel. Nach kurzer Unterbrechung durch Klopfgeräusche bringt das Soloinstrument eine improvisierte Imitation der vorangegangenen elektronischen Klänge. Im Unterschied zum üblichen Solokonzert wird hier im begleitenden Abschnitt dem Solisten Gelegenheit zur Improvisation geboten, während er in der darauffolgenden Solokadenz die vom Komponisten festgelegten, technisch-klanglichen Möglichkeiten des Instrumentes auszunützen hat. Das Ende erscheint wie ein Krebsgang im Verhältnis zum Beginn des Stückes. Die Klarinette beendet auf höchstem Ton ihr Solo. Der pulsierende Tiefklang des Anfangs kehrt modifiziert wieder, verstärkt durch einen (ad libitum) „Pedalklang des Solisten".

Die Durchdringung althergebrachter Strukturen mit neuem, elektronisch vorbereitetem Klanggeschehen stellt eine reizvolle Bereicherung dar. Sie fordert die Virtuosität des Solisten und ist im Konzertsaal auch optisch erlebbar. Damit hebt sie sich von der unsichtbaren, zeitverschobenen Produktion der elektronisch erzeugten Klangwelt ab. Das Neue in dieser Musik liegt nicht im Noch-nie-dagewesenen, sondern in ungewohnter Kombination bekannter Elemente.

ANDRZEJ DOBROWOLSKI

born 9 September 1921 in Lvov / Polen
died 8 October 1990 in Graz

Studied at the College of Music in Cracow. Taught at the Warsaw Conservatory, worked at the experimental studio of Polish Radio, co-founder of the Warsaw Autumn Festival.

From 1979, professor of composition and music theory and head of the Institute of Electronic Music at the Hochschule in Graz.

Work resumé

Orchestral works (Music for Orchestra, Music for 3 Accordions, Mouth Organ and Percussion),
Electronic music with solo instruments (piano, double bass, bass clarinet),
Writings: Methodik der Harmonielehre, Cracow, 1967; Über die Schwierigkeiten der Formenlehre der neuen Musik, Stuttgart, 1971.

Music for Tape and Bass Clarinet Solo (1980)

This piece is in the solo concerto tradition. The orchestra is replaced by electronically produced music on tape, while the bass clarinetist plays the solo part. This produces a mixture of "canned" and "live" music. To facilitate the performance, it was necessary to compile a score that would enable the soloist to fit his part into the pre-fabricated sounds. In the score, each brace has two staves with different kinds of notation. In the upper staff is what happens on tape, divided according to the placement of the loudspeakers and according to three pitch registers. In his preface, the composer explains the special notation of the sounds in these two categories. The lower staff is for the bass clarinet. In addition to traditional notation (the bass clarinet sounds a major ninth lower than written) there are special symbols for unusual sound effects; these are also explained in the preface. Reading along in the score will add depth and meaning to the aural impression.

The basic principles of a solo concerto can be distinguished: solo passages, solo with accopaniment, tutti sections. The diversity of sound occurrences gives the work its shape. The soloist has both quiet melodies and nervous figures over a span of five octaves. The composer also writes special effects such as tonguings, playing and shouting or playing and singing at the same time. In addition to precisely notated pitches, various sounds are realized aleatorically within a given compass.

On the tape are various contrasting sounds: low pulsing accents as well as sound surfaces, knocking noises or bell-like tones in various registers.

The pulsing accents form the beginning and end of the piece. After the entrance of the high clarinet tone (score p. 1, brace 3) the texture becomes denser and more heterogeneous until the "interlude" of electronic sounds (p. 6, brace 1). The second entrance of the bass clarinet is marked by an expansion of its sound potential. After a brief interruption by knocking sounds, the solo instrument has an improvised imitation of the preceding electronic sounds. In contrast to the usual solo concerto, the soloist has the opportunity to improvise in an accompanied section, while in the subsequent solo cadenza the composer prescribes what is to be done in the way of exploiting the instruments technical and tonal capabilities. The end of the piece sounds like a retrograde of the beginning. The bass clarinet finishes its solo on its highest note. The low, pulsing sound from the beginning returns in a modified way, reinforced by a "pedal tone by the soloist" (ad lib.).

The penetration of traditional structures by new, electronically prepared sounds is a fascinating enrichment of the concerto idea. It is a challenge to the soloist's virtuosity and also has a visual dimension in the concert hall. Thus it sets itself off from electronic music that is, so to speak, invisible and time-independent. What is new about this music is not that it is unprecedented, but rather the unusual combination of familiar elements.

Zeichenerklärung – Tonband

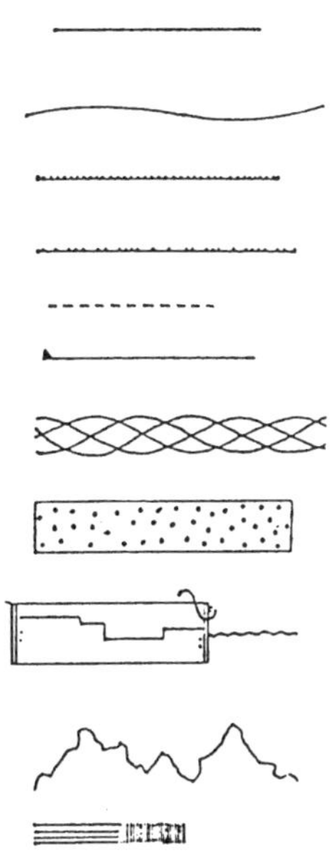

Tongemische und Geräusche mit erkennbarer Tonhöhe

Tongemische oder Geräusche mit wechselnder Tonhöhe

Dichte Komplexe von Klopfgeräuschen

Dichte Komplexe von aperiodisch rhythmisierten Klopfgeräuschen

Tonwiederholung

Ein scharfer Ansatz und leises Ausklingen

Penetration und Überlagerung von verschiedenen Klangfarben

Dichte Komplexe von glöckchenartigen Klängen

Wiederholung der umrahmten Figur in einem unregelmäßigen Rhythmus

In dem oberen Diagramm der Tonbandpartitur – der räumliche Verlauf wurde improvisatorisch gestaltet und kann daher nicht genau dargestellt werden.

Nachhall

Zeichenerklärung – Baßklarinette

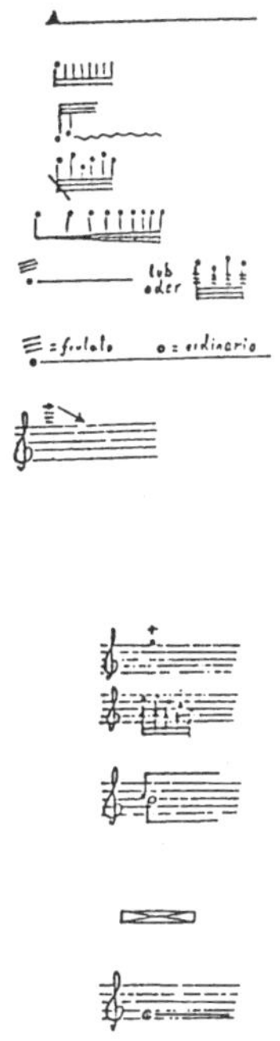

Möglichst höchster Ton

Tonwiederholung

Triller oder Tremolando

So schnell wie möglich

Allmählich beschleunigen

Flatterzunge

Ein Glissando von einem bestimmten bis zu einem unbestimmten Ton

Zungenstoß (slap tongue)

Spielen und gleichzeitig Schreien

gespielter Ton
gesungener Ton
die von dem Notenhals ausgehende waagrechte Linie bestimmt die Dauer des Tones

Ein beliebiger Mehrklang

Ein Mehrklang, in den wenn möglich die notierte Tonhöhe hervorgehoben werden soll

Anweisungen zu der auf den Seiten 9, 10, 11 geforderten Improvisation

In der Improvisation soll der Solist den Charakter des vorhergehenden Fragments des Tonbandparts nachahmen und gleichzeitig sich bemühen, mit der aus dem Tonband klingenden Begleitung zu kontrastieren. Es wird empfohlen, auch nicht konventionelle Spielarten anzuwenden.

CD 1 – Track 7

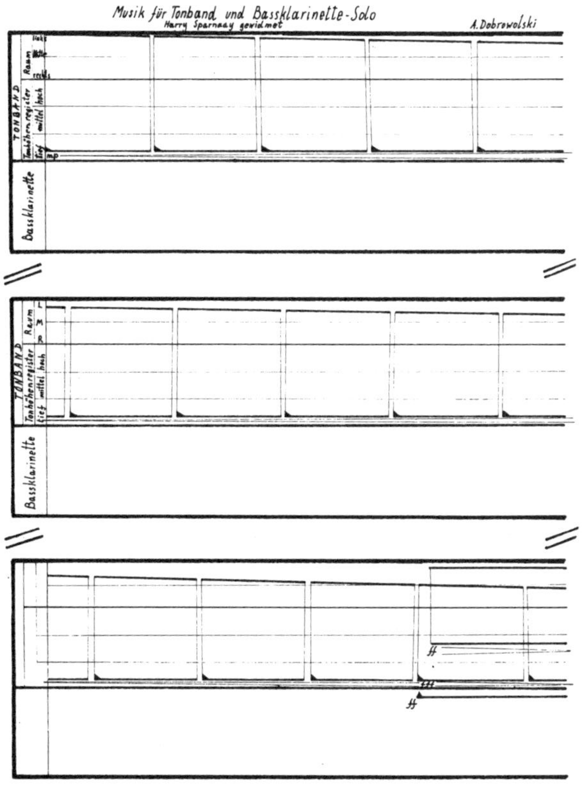

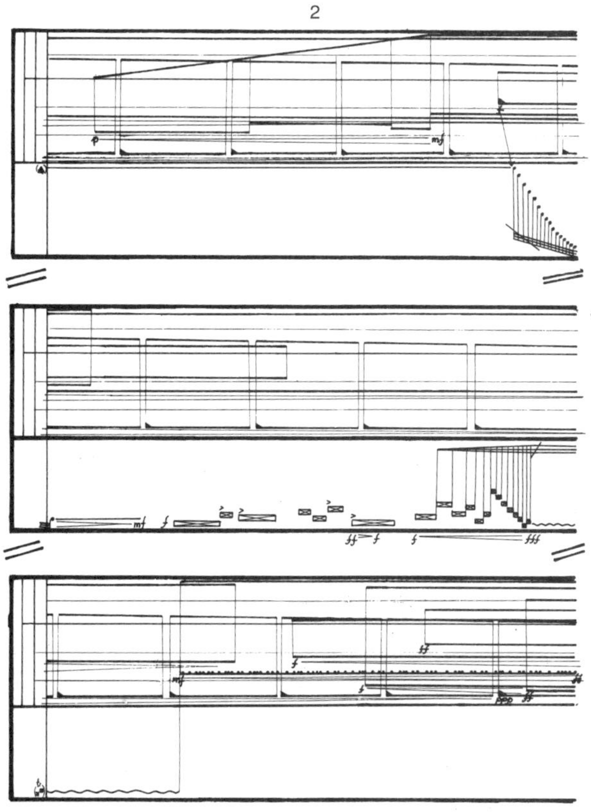

3

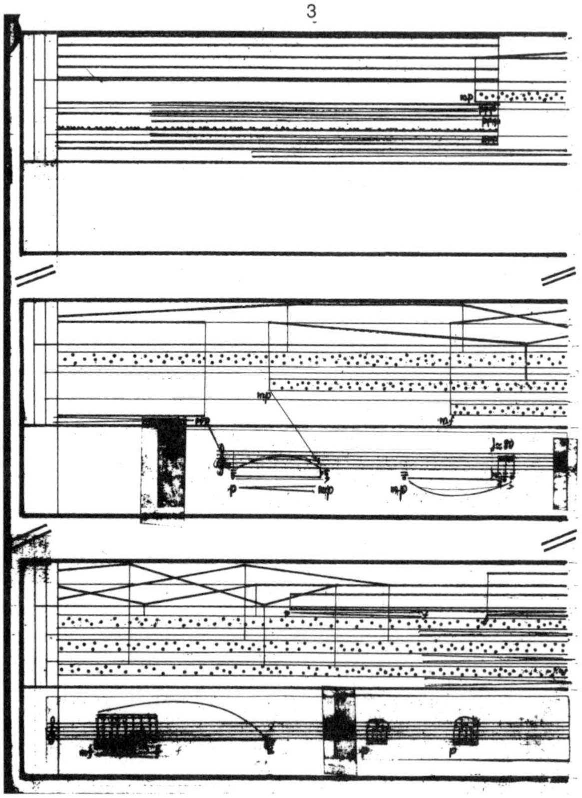

4

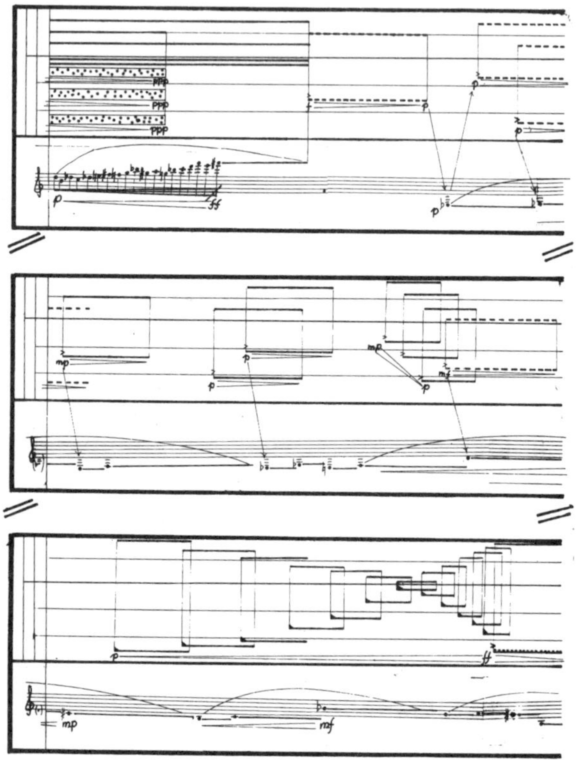

5

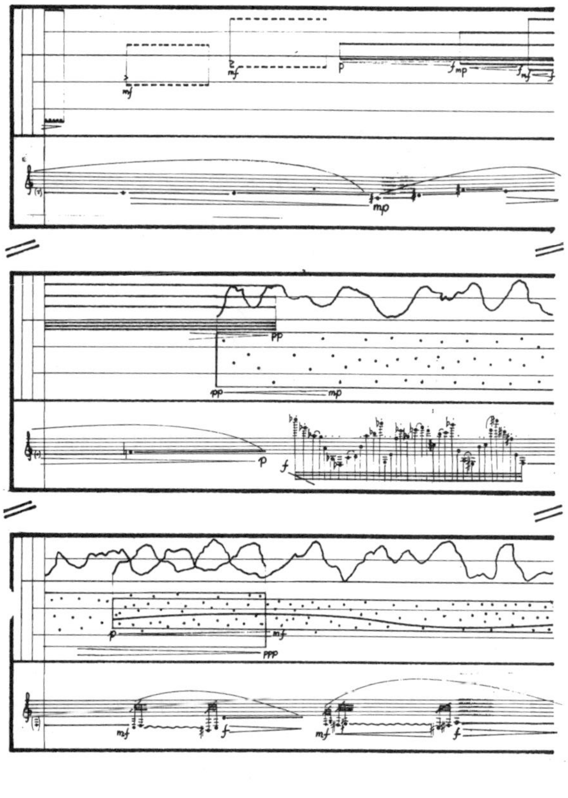

6

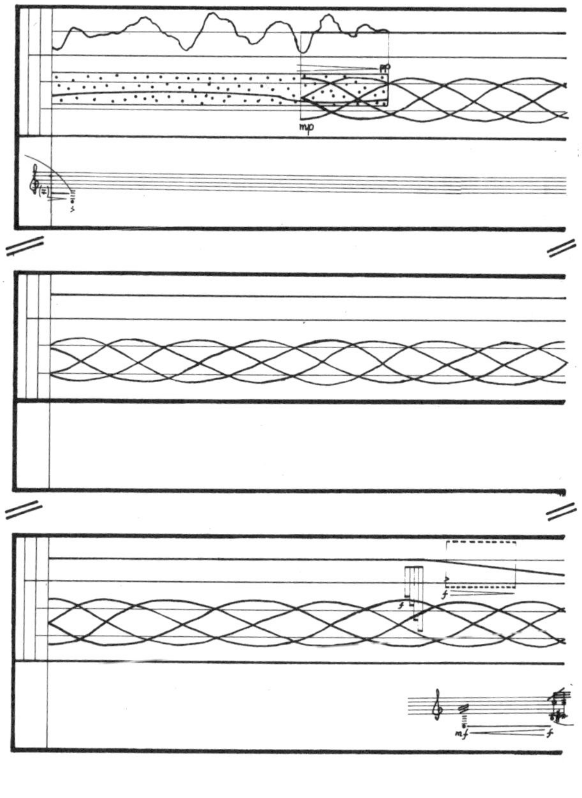

7

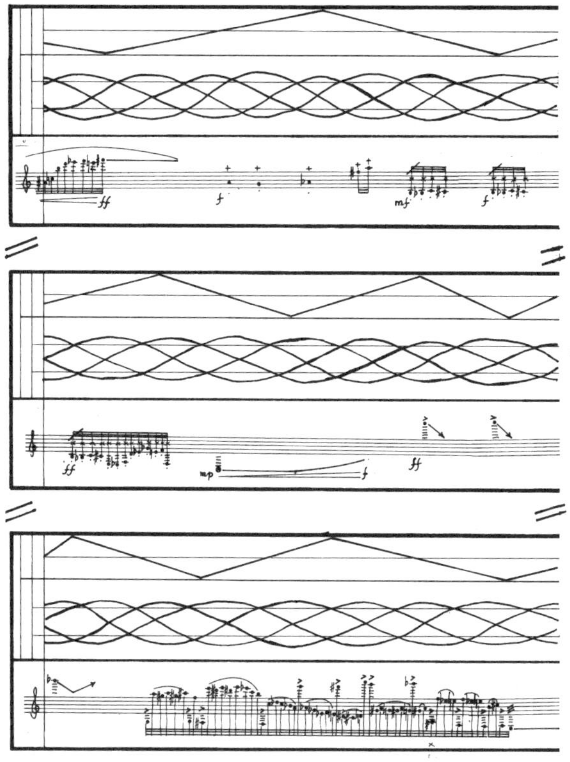

8

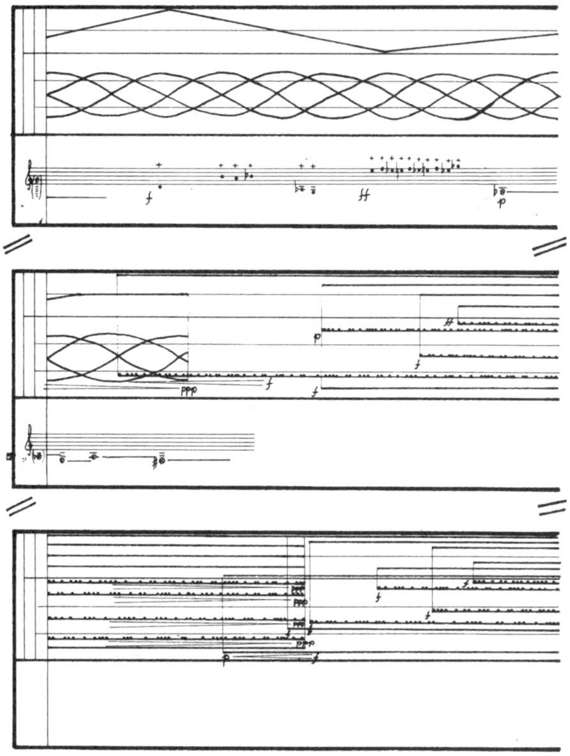

9

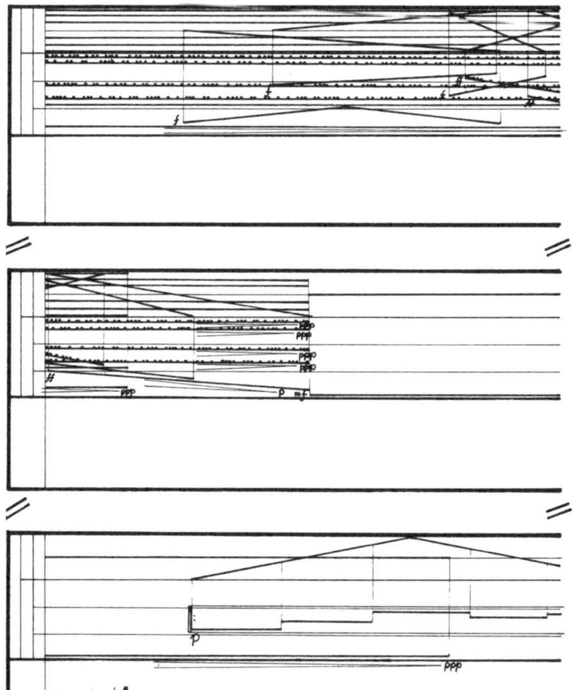

* patrz objaśnienia (str. III)
siehe Erläuterungen (S. III)

10

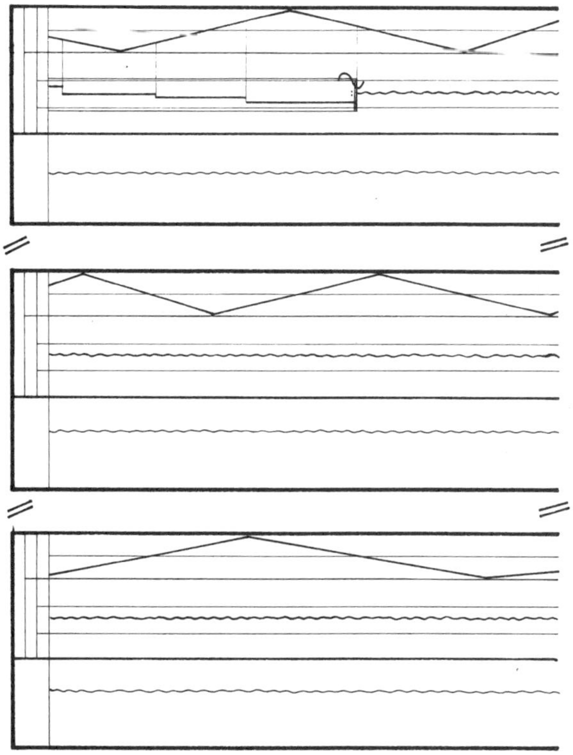

11

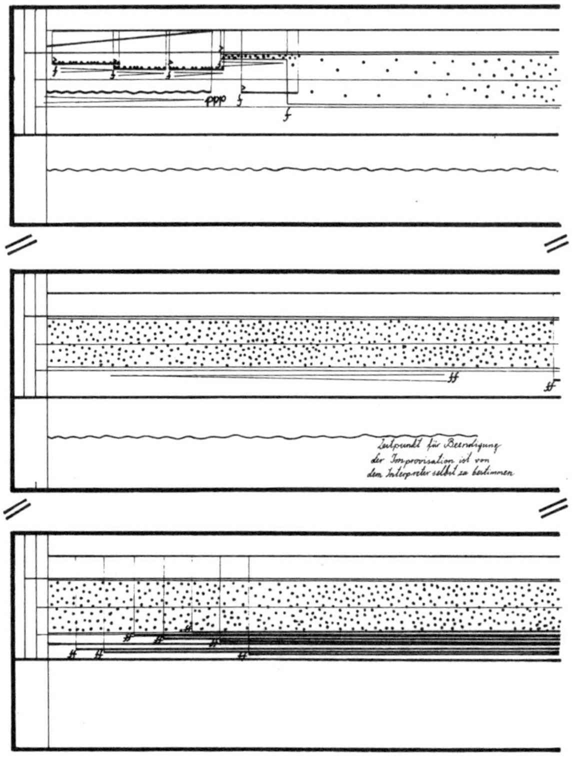
Zeitpunkt für Beendigung
der Improvisation ist von
dem Interpreter selbst zu bestimmen

12

13

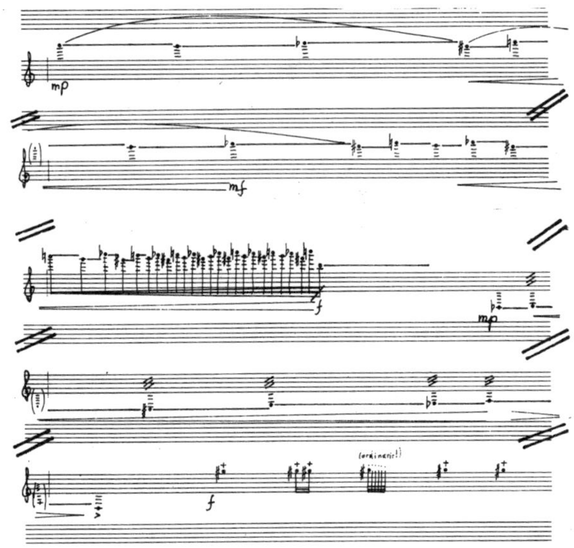
(ordinario!)

14

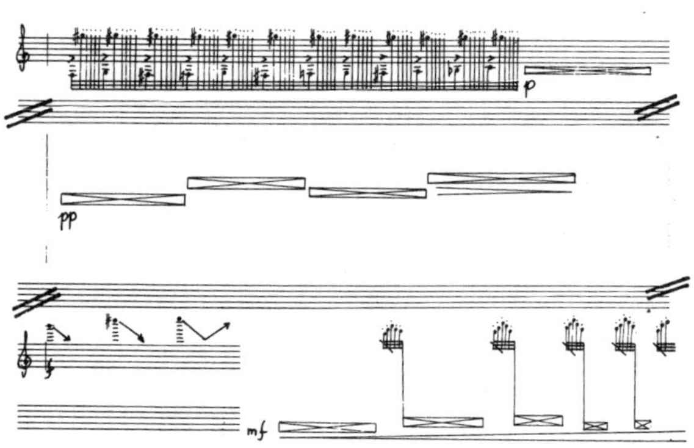

15

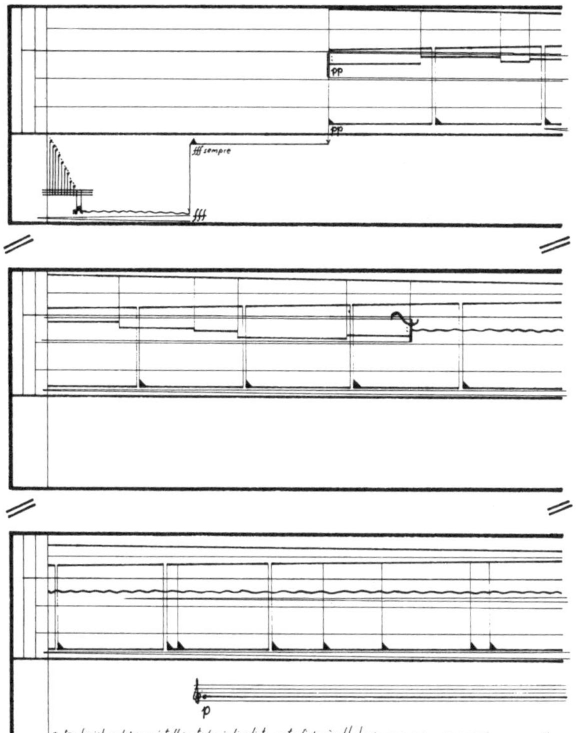

* ten dźwięk należy grać tylko wtedy jeśli solista potrafi brać oddech nie przerywając gry; w przeciwnym wypadku należy go opuścić

* dieser Ton ist nur dann zu spielen wenn der Solist während des Spielens den Atem holen kann; andersfalls ist der Ton wegzulassen.

16

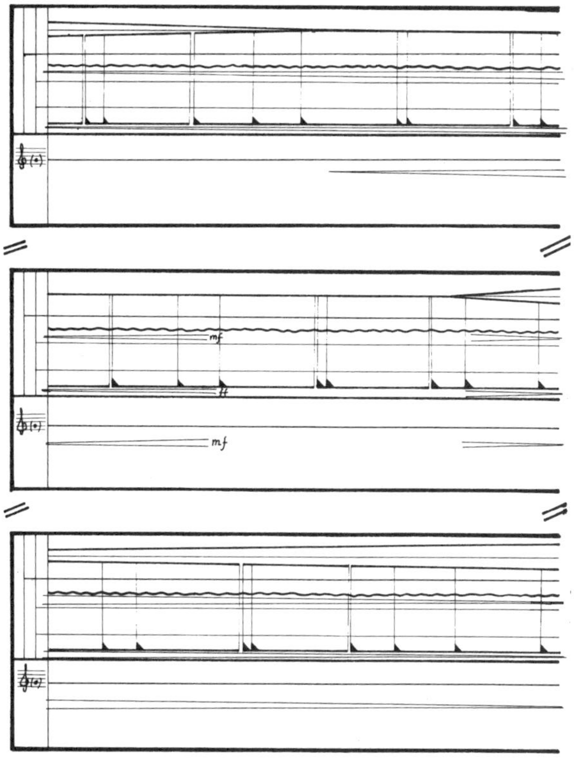

17

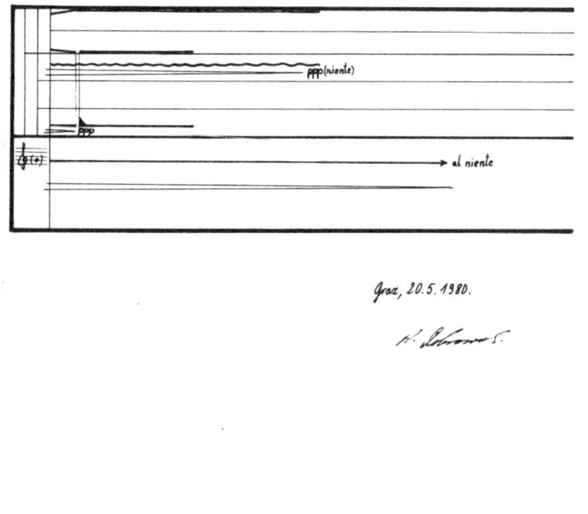

Graz, 20.5.1980.

HELMUT EDER

geb. am 26. 12. 1916 in Linz

Studium am Bruckner-Konservatorium in Linz und an den Musikhochschulen Salzburg (Kompositionskurse bei Paul Hindemith), München (bei Carl Orff) und Stuttgart (bei Johann Nepomuk David). Chorleiter, Dirigent, Lehrer am Bruckner-Konservatorium in Linz, Gründer eines elektronischen Studios, 1967 – 87 Professor für Komposition an der Musikhochschule „Mozarteum" Salzburg.

Werkübersicht

Bühnenwerke (Ödipus; Der Kardinal; Der Aufstand; Georges Dandin oder Der betrogene Ehemann; Mozart in New York – für die Salzburger Festspiele 1991),
Chorwerke,
Orchesterwerke (5 Sinfonien),
Konzerte,
Kammermusik (Suite mit Intermezzi),
Rekonstruktion und Ergänzung der Messe in c-Moll von W. A. Mozart, KV 427.

Literatur

Gernot Gruber / Gottfried Kraus: Helmut Eder, in: Österreichische Komponisten des XX. Jahrhunderts, Band 24, Wien 1988
Herbert Vogg: Helmut Eder bei Doblinger, Wien 1986

Suite mit Intermezzi

für 11 Bläser, op. 71 (1979)

2. Satz (Ausschnitt)

Die Suite zeigt in der instrumentalen Besetzung Bezüge zu Mozarts Gran Partita KV 361 auf. Der klangfarbenprächtige 2. Satz beginnt mit zwei Themen, welche kontrapunktisch miteinander verknüpft sind. Im Abstand einer großen Terz werden diese in Art eines Doppelkanons imitiert, welcher sich durch hinzukommende weitere Stimmen immer mehr zu langsam bewegter Klangfläche verdichtet. Der gleiche Prozeß wiederholt sich in den Takten 24 und 36. Die eher düster-mystischen Klänge umrahmen zwei virtuose Solopartien, zuerst für Oboe, dann für Klarinette, welche in humorvoller Gestik Klangabwechslungen bringen; die Tradition der Solokadenzen wird aufgegriffen.

Doch auch die kontrapunktischen Rahmenteile unterscheiden sich klanglich voneinander. Zuerst führen Klarinetten und Hörner – die Doppelrohrblattinstrumente treten hinzu. In der zweiten und dritten Wiederkehr wird diese Klangkombination modifiziert, wobei zuletzt auch das Thema durch Abspaltung eine Veränderung erfährt.

Der Satz schließt mit einem Akkord, der die sechs Töne der Ganztonleiter enthält und durch die jeweils tiefsten Töne oder Geräusche, welche die vier Hörner hervorbringen, ergänzt ist.

Das Andante misterioso vereint strenge Satztechnik mit beschwingt freier Gestaltung der Solopartien. Alte Traditionen werden in neuer Tonsprache wieder lebendig.

HELMUT EDER

born 26 December 1916 in Linz

Studied at the Bruckner Conservatory in Linz, the Mozarteum in Salzburg (composition courses with Paul Hindemith) and the colleges of music in Munich (with Carl Orff) and Stuttgart (with Johann Nepomuk David). Choir director, conductor, teacher at the Bruckner Conservatory in Linz, founded an electronic studio. 1967 – 87 professor of composition at the Mozarteum in Salzburg.

Work resumé

Stage works (Oedipus; Der Kardinal; Der Aufstand; Georges Dandin oder Der betrogene Ehemann; Mozart in New York, the latter for the 1991 Salzburg Festival),
Choral music,
Orchestral works (5 symphonies),
Concertos,
Chamber music (Suite mit Intermezzi),
Reconstruction and completion of the Mass in C minor K. 427 by W. A. Mozart.

Literature

Gernot Gruber / Gottfried Kraus: Helmut Eder, in: Österreichische Komponisten des XX. Jahrhunderts, Vol. 24, Vienna, 1988
Herbert Vogg: Helmut Eder bei Doblinger, Vienna, 1986.

Suite mit Intermezzi

for 11 winds, Op. 71 (1979)

2nd movement (excerpt)

In its instrumentation there are relationships between the Suite and Mozart's Gran Partita K. 361. The second movement, brilliant in its range of timbres, opens with two themes which are contrapuntally linked. These are imitated at the interval of a major third in the manner of a double canon. As further parts enter, this densifies more and more to a slowly moving sound surface. The same procedure is repeated in bars 24 and 36. The rather sombre, mystical sounds enframe two virtuoso solo sections, first for oboe, then for clarinet, which, with humorous musical gestures, provide changes of sonority. The tradition of solo cadenzas is recalled.

There are also differences of sonority in the contrapuntal sections. First the clarinets and horns lead, with the double reed instruments following. At its second and third appearance the sound combinations are modified, and finally the theme itself is altered by splitting.

The movement ends with a chord containing the six notes of the wholetone scale, supplemented by the lowest tones or noises the four horns can produce.

The Andante misterioso unites strict style with lively, free formation of the solo sections. Old traditions resurface in a new musical language.

II
Andante misterioso

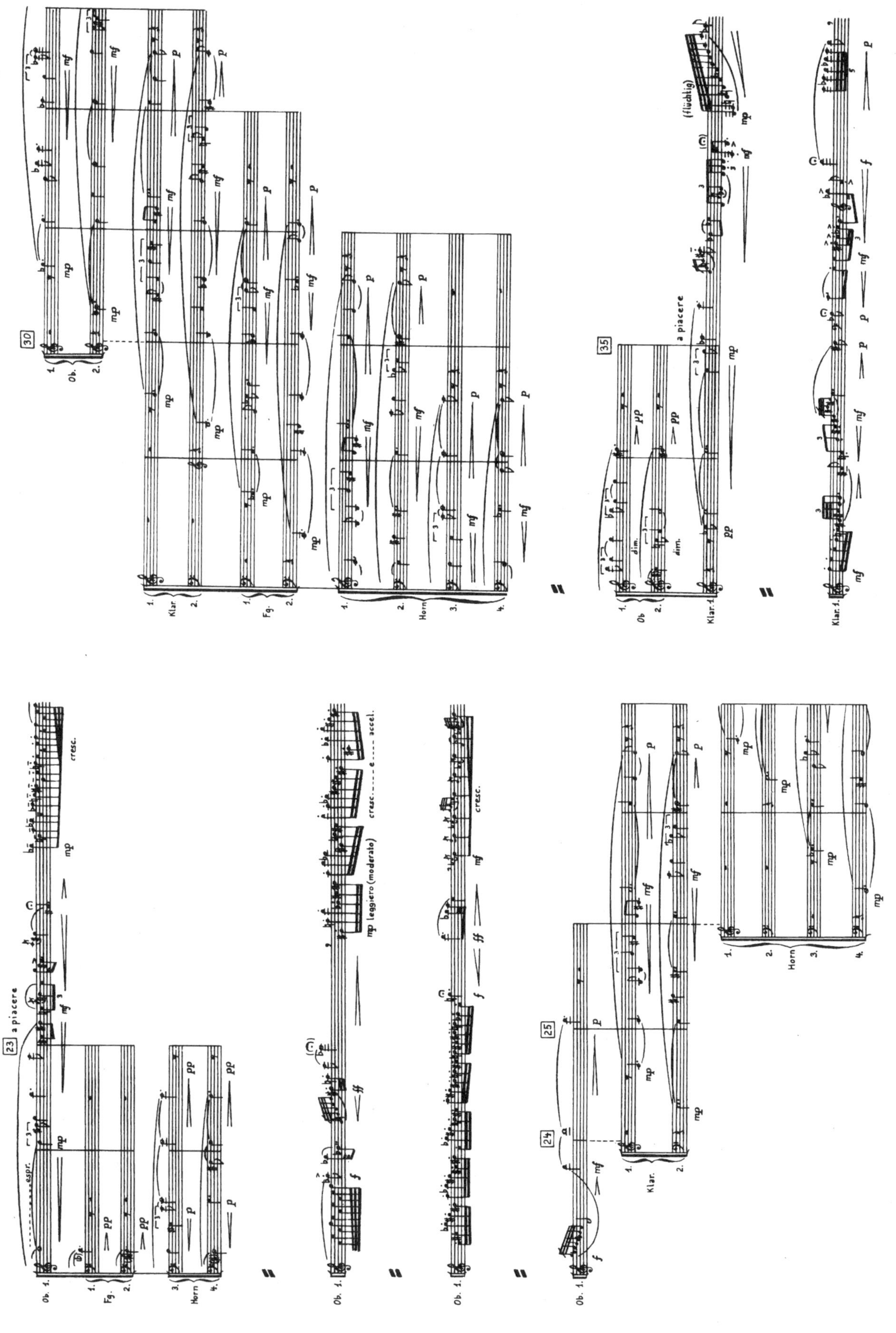
23
a piacere
espr.
cresc.
Ob. 1.
Fg.
Horn
leggiero (moderato)
cresc. e accel.
24
25
Klar.
30
Ob.
Klar
Fg.
Horn
35
dim.
a piacere
(flüchtig)
Klar. 1.

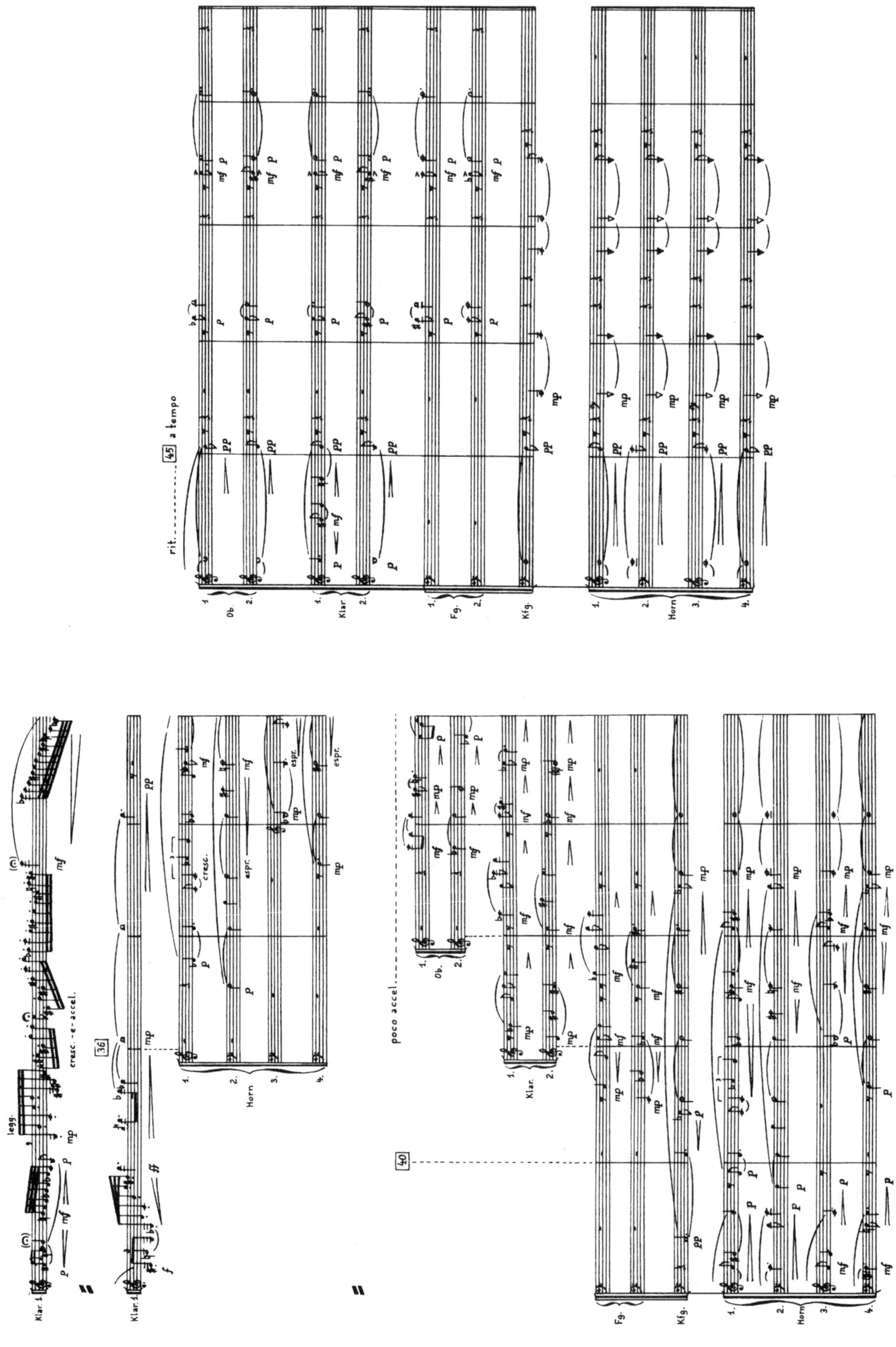
Klar. 1
legg.
cresc. e accel.
36
Klar. 1
Horn
cresc.
espr.
40
poco accel.
Ob.
Klar.
Fg.
Kfg.
Horn
rit.
45 a tempo
Ob.
Klar
Fg.
Kfg.
Horn

GOTTFRIED VON EINEM

geb. am 24. 1. 1918 in Bern

Studium in Deutschland (Komposition bei Boris Blacher). Korrepetitor an der Berliner Staatsoper. Lebt seit 1945 in Österreich, wo er vielfältige Funktionen in Gremien des österreichischen Musiklebens bekleidet. 1963 – 72 Professor für Komposition an der Musikhochschule Wien. Präsident der AKM 1965 – 70, Mitglied des österreichischen Kunstsenats.

Werkübersicht

Bühnenwerke (Dantons Tod; Der Prozeß; Der Zerrissene; Der Besuch der alten Dame; Kabale und Liebe; Jesu Hochzeit; Tulifant),
Ballette,
Chorwerke,
Lieder,
Schauspielmusiken,
Orchesterwerke (4 Sinfonien, Fraktale),
Konzerte,
Kammermusik.

Literatur

Dominik Hartmann: Gottfried von Einem, in: Österreichische Komponisten des XX. Jahrhunderts, Band XI, Wien 1967
Friedrich Saathen: Einem – Chronik, Dokumentation und Deutung, Wien 1982

Der Besuch der alten Dame

Oper nach Friedrich Dürrenmatts tragischer Komödie
op. 35 (1968 – 1970)

Die Dramatik und bösartige Symbolik in Dürrenmatts tragischer Komödie vom Verhalten des Menschen gegenüber Moralvorstellung und Profitgier wurde von Gottfried von Einem musikalisch ausgelotet und vertieft. Die Raffung des ursprünglichen Textes, vom Dichter selbst zum Libretto gestaltet, führt zu einem klaren Beziehungssystem zwischen Szenen, Stimmungen, akustischen Signalen (Glocken) etc. Der Komponist kettet die kontrastreichen Geschehnisse durch musikalische Klammern aneinander. Die Mittel dazu liegen in dramaturgisch bedeutsamer Wiederkehr von speziellen Rhythmen, Klangfarben (z.B. in den Zwischenspielen), aber auch von melodischen Motiven, welchen Symbolcharakter zukommt. Auf Gesamtaufbau und Details hat Friedrich Saathen in seinen Schriften zu dieser Oper hingewiesen (vergl. Schallplattenhülle).

Die 1. Szene (Klavierauszug S. 3) beginnt mit dem Zentralton e, welcher mit f in eine Sekundklang-Reibung tritt. E-Moll ist die latente Grundtonart der Oper, sie tritt besonders in den Bahnhofsszenen auf, dort als Sinnbild unbeirrbarer Bewegungsabläufe; in f-Moll erfolgt die Ankunft der alten Dame, in F-Dur schwelgt sie mit ihrem ehemaligen Geliebten in Vergangenheitserinnerungen. Der Tonartwechsel ist jeweils musikalischer Ausdruck sich verändernder Handlungs- und Stimmungsinhalte. Kurze melodische Linien verlaufen häufig abwärts. Die spezielle Version solcher Bewegung über den Text „Hamburg-Neapel" füllt den Raum zwischen der Oktave von e bis e aus, wobei Intervalle besonders hervortreten, die übermäßige Sekund und die übermäßige Quart (Auszug S. 4, T. 3 – 6). Die zweimalige Wiederholung, die Vergrößerung dieses Motivs unterstreicht seine Bedeutung als Leitmotiv. Im folgenden ist diese Intervallfolge leicht modifiziert an jenen Stellen der Handlung zu hören, wo die unabdingbare Fortbewegung des Geschehens auf das Ziel „gleich einem Expresszug" ausgedrückt ist.

Das Exzerpt ab S. 68 des Klavierauszuges soll den musikalischen Abwechslungsreichtum an einem Beispiel aus der 1. Szene demonstrieren. Die bizarre Identität von Gangstern mit Sessellakaien wird rezitativisch von der Titelfigur Claire erläutert. Wie ein musikalischer Ausdruck des Absurden mutet es an, daß die Erzählung von den einst zum elektrischen Stuhl Verurteilten in A-Dur mit sixte ajoutée sehr bedeutend vorgetragen wird – mit nachfolgender Motivwiederholung in den Streichern –, da andererseits die Erwähnung des französischen Präsidenten in schnellen chromatischen Floskeln nebensächlich abgetan ist. Wenn die Gangster aus Manhattan die Sänfte der Dame aufheben, erklingen jazzartige Akkorde, die schlagartig abbrechen, als Claire die einstigen Liebesorte als erstes Ziel der Besuchsreise angibt. Über der Dominante von Cis-Dur pendelt der Mezzosopran der Titelfigur, harmonisch von parallelen Sexten begleitet. Eine perfekte Idylle scheint sich anzukündigen. Es braucht sogar mehr als eine Taktlänge, bis das Wort „Sarg" die entsprechende Bestürzung auslöst, welche mittels einer chromatischen Floskel einen hastigen D-Dur-Part erreicht, der als Subdominante von A in die Realität zurückführt. Claires wesentliche Aussage, sie werde den Sarg „vielleicht brauchen", ist melodisch vom Ziel-Motiv (siehe oben) abgeleitet. Beim vierten Hoch-Ruf ist nun auch den Bürgern das makabre Gepäckstück aufgefallen; der F-Dur-Schlag im Baß verunsichert auch die Tonart. Der eigentümliche Trauerkondukt ohne Toten umspielt den Ton e als Dominante von a-Moll, der Auftrittstonart der beiden kastrierten Blinden. Diese grotesken Wesen sind ihrer Individualität beraubt worden. In Wortwiederholungen und melodischen Parallelführungen sind sie aneinandergekettet wie einst, als sie gemeinsam falsch vor Gericht aussagten. Auch die falschen Zeugen in Bachs Matthäus-Passion singen z.T. in parallelen Terzen. Die um e kreisende, irreal wirkende Begleitung fixiert den Hörer wieder auf den zentralen Ton der Oper. Die beiden Geblendeten beschließen den Auftritt des Hofstaates der Milliardärin. Mit der Prozession der Protagonisten an den Ort des Geschehens nimmt das Unerwartete seinen Lauf.

GOTTFRIED VON EINEM

born 24 January 1918 in Bern

Studied in Germany (composition with Boris Blacher). Coach at the Berlin State Opera. Has lived since 1945 in Austria where he holds important positions in bodies associated with the country's musical life. 1963 – 1972 professor of composition at the Vienna Musikhochschule. President of the AKM from 1965 to 1970, member of the Austrian "Kunstsenat" (Arts Senate).

Work resumé

Stage works (Danton's Death; The Trial; Der Zerrissene; Der Besuch der alten Dame; Kabale und Liebe; Jesu Hochzeit; Tulifant),
Ballets,
Choral works,
Songs,
Incidental music,
Orchestral works (4 symphonies, Fraktale),
Concertos,
Chamber music.

Literature

Dominik Hartmann: Gottfried von Einem, in: Österreichische Komponisten des XX. Jahrhunderts, Vol.1, Vienna, 1967
Friedrich Saathen: Einem – Chronik, Dokumentation und Deutung, Vienna, 1982

Der Besuch der alten Dame (The Visit)

Opera on Friedrich Dürrenmatt's tragi-comedy
Op. 35 (1968 – 1970)

The drama and malicious symbolism in Dürrenmatt's tragic comedy about human behaviour towards moral principles and cupidity are musically fathomed and heightened by Gottfried von Einem. The concentration of the original text, which the playwright himself turned into a libretto, leads to a clear system of relationships between scenes, moods, acoustic signals (bells), etc. The composer links the highly contrasting events by musical means such as the dramaturgically significant recurrence of special rhythms and timbres (e.g. in the interludes), but also melodic motives which take on a symbolic character. Friedrich Saathen goes into the overall structure and details in his writings on this opera (cf. the record sleeve).

The first scene (piano score p. 3) begins with the central tone E which creates a minor second friction with F. E major is the latent principal key of the opera, appearing in particular in the railway station scenes where it is the symbol of unwavering motion processes. The old lady's arrival takes place in F minor, and in F major she indulges in reminiscences with her former lover. A change of key is the musical expression of changing moods or twists of the plot. Short melodic lines frequently run downwards. The special version of this type of motion, on the words "Hamburg-Neapel", fills the octave from E to E, with special prominence given to two intervals, the augmented second and the augmented fourth (piano score p. 4, bar 3 – 6). The two repetitions, the extension of this motive, stresses its importance as a leading motive. Subsequently this series of intervals, slightly modified, is heard at those points of the story at which the indispensable progress of events towards their goal "like an express train" is expressed.

The excerpt beginning at p. 68 of the piano score is intended to show the musical diversification using an example from scene 1. The employment of gangsters as sedan bearers is explained in a recitative by the title heroine, Claire. It is like a musical expression of the absurd that her story of men once condemned to the electric chair is told with a great deal of weight (A major with added sixth and motivic repetition in the strings), while her mention of the French president is treated as a trivial matter in quick chromatic empty phrases. When the gangsters from Manhattan lift the lady's sedan chair, jazzy chords are heard; these stop abruptly when Claire announces that the first things she wishes to see on her visit are places connected with her onetime love affair. The eponymous heroine's mezzo soprano pendulates over the dominant of C sharp major, accompanied harmonically by parallel sixths. A perfect idyll seems to be coming. More than the length of one bar is needed until the word "Sarg" (coffin) triggers the proper dismay; by means of a chromatic phrase a quick D major section is reached, which as the subdominant of A leads back to reality. Claire's important statement that she may need the coffin is melodically derived from the goal motive (see above). By the fourth cheer, the citizens have also noticed the macabre piece of luggage; the F major attack in the bass also unsettles the key. The odd funeral procession without a body winds about the note E as the dominant of A minor, the entrance key of the two castrated blind men. These grotesque beings have been robbed of their individuality. They are chained to each other by repeated words and melodic parallel intervals, as they were once chained together by giving false testimony in court. The false witnesses in J.S. Bach's St. Matthew Passion also sing partly in parallel thirds. The unreal-sounding accompaniment circling around the note E''' concentrates the listener's attention again on the opera's central tone. The two blind men conclude the entrance of the billionairess's household. With the procession of the protagonists to the scene of the events, the unexpected takes its course.

– 4 –
1. Bahnhof 1
Station I
Allegro (Tempo Imo) 𝅗𝅥 = 92
Bahnhofsglocke (Station bell)
sim.
Chor
BÜRGER
CITIZENS
TENOR
(äusserst deutlich)
(very clearly)
BASS
Die "Gud - run!" Die
The Gud - run! the
Ham-burg - Ne - a - pel! Ham-burg - Ne - a - pel!
Ham-burg and Na - ples! Ham-burg and Na - ples!
dim.
T.
B.
"Gud - run!"
Gud - run,
sie-ben-und-zwan-zig
twen - ty sev - en
Ham - burg - Ne - a - pel!
Ham - burg and Na - ples!
Um elf - uhr
At el-ev - en
kommt der
there's the
sim.
"Ra-sen - de Rol - and" Ve - ne - dig - Stock-holm!
Ra-cing Ro - land. Ven-ice and Stockholm
"Rol - and" Ve - ne - dig - Stock-holm!
Rol - land, Ven-ice and Stockholm
Das ein-zi-ge Ver-gnü - gen,
The one and on-ly plea - sure
(etc.)

44
Sänf te. Ro - by und To - by, her da-
lit - ter Ro - by and To - by. bring it
mf
f
sf
sf
sf
(Von links kommen zwei herkulische, Kaugummi kauende Monstren mit einer Sänfte. Einer trägt eine Gitarre auf dem Rücken.)
(Enter left, two gigantic gum-chewing monsters with litter. One has a guitar on his back.)
- mit.
here.
(poco pesante)
Zwei Gang - ster aus Man - hat - tan,
Two gang - sters from Man - hat - tan.
p
f

in Sing - Sing zum e - lek - tri - schen Stuhl ver - ur - teilt.
They'd been sen-tenced to death in the chair in Sing - Sing.
p
45 (in tempo)
ff
ff
CLAIRE
Auf mei - ne Für - bit - te zum Sänf - te - tra - gen frei - ge - las - sen.
On my pe - ti - tion they were freed to act as lit - ter bear - ers.
p sub.
f
f

– 71 –

Cl.
Kos - te - te mich ei - ne Mil - lion Dol - lar pro
Get - ting that sen - tence set a - side cost me a
Für - bit - te. Die Sänf - te stammt aus dem
cool mill - ion. The lit - ter came from the
46
Lou - vre und ist ein - Ge schenk des fran - zö - si - schen Prä - si - den - ten. Ein
Lou - vre, the Pre - si - dent of France kind - ly put it at my dis - pos - al. A
freund - li - cher Herr, sieht ge - nau so aus wie in den Zei - tun - gen.
ve - ry nice man, and just like his pic - tures in the news pa - pers.
mp
mf
fp

– 72 –

Cl.
Tragt mich in die Stadt, Ro - by und
Take me in - to town, Ro - by and
sf
fp
To - by.
To - by.
ROBY
TOBY
f
Yes, Mäm.
Yes, Ma'am.
fp cresc. molto
ff
47

(in 2)
Calando sehr zart
Cl.
Doch zu - erst in die Pe - ter - sche Scheu - ne und dann in den
But be - fore that to Pe - ter - sen's farm - shed and then on to
p
Kon - rads - wei - ler - wald. Ich will mit Al - fred un -
Kon - rad's Vill - age Wood. I want to vi - sit all
tranquillo
pp dolciss.
48
- se - re al - ten Lie - bes - or - te be - su - chen.
our old well - known tryst - ing pla - ces with Al - fred.

CLAIRE
49
Schafft das Ge - päck und den Sarg un - ter - des - sen in den gol - de - nen A -
While we are gone, have the trunks and the cof - fin ta - ken to the Gold A -
ppp
(in 4)
a tempo
- po - stel. Ich brach - te ei - nen mit. Ich
- po - stle. I brought a cof - fin with me, I
BÜRGERMEISTER (verblüfft)
MAYOR (startled)
Den Sarg?
The cof - fin?
ff
kann ihn viel - leicht brau - chen. Los Ro - by und
thought that I might need it. Off, Ro - by and
f
sf

(Die beiden Kaugummi kauenden Monstren tragen Claire Zachanassian in die Stadt.)
(The two gum-chewing monsters carry Claire Zachanassian off to town.)
Cl.
To - by!
To - by
BÜRGERMEISTER (gibt ein Zeichen, alle brechen in Hochrufe aus, die sich freilich verdutzt dämpfen, wie nun zwei
MAYOR (gives the signal and all break into cheers which die down as two other servants enter with an expensive
Die GÜLLENER
Hoch!
Hur - rah!
Dienstmänner einen schwarzen kostbaren Sarg hinein und nach Güllen tragen. Doch beginnt in diesem Augenblick
black coffin. They go off towards Güllen. The fire bell rings.)
50
Brgm.
Gllr.
(verklingend)
die noch nicht versetzte Feuerglocke zu bimmeln.)
Feuerglocke
End
Thank
lich! Die Feu - er - glok - ke!
God! At last they've rung it.
(Die Bevölkerung schliesst sich dem Sarg an. Die Zofen der Claire Zachanassian hinterher mit Gepäck und unendlichen Koffern, die von Güllenern getragen werden. Der Polizist regelt den Verkehr, will dem Zug nachgehen, doch
(People gather round the coffin. The maids of Clare Zachanassian enter with an endless stream of trunks, carried by Güllene
This traffic is controlled by the police who is about to follow it when, from right, enter two little old fat soft-spoken men
dim.
kommen von rechts noch zwei kleine dicke, alte Männer mit leiser Stimme, die sich an der Hand halten, beide sorgfältig gekleidet.)
holding hands, both faultlessly dressed.)

- 77 -
51 Presto 𝅗𝅥= 76
sf dim.
fp dim.
KOBY pp
Wir sind in Gül - len. Wir rie - chen's, wir
We're here in Gül - len, we smell it, we
LOBY pp
Wir sind in Gül - len. Wir rie - chen's, wir
We're here in Gül - len, we smell it, we
ppp
52
Koby
rie - chen's, wir rie - chen's an der Luft, an der Gül - le - ner
smell it, we smell it in the air, in the Gül - len - ers
Loby
rie - chen's, wir rie - chen's an der Luft, an der Gül - le - ner
smell it, we smell it in the air, in the Gül - len - ers
- 78 -
Koby
Luft. Wir ge - hö - ren zur al - ten Da - me,
air. We be - long to the dear old la - dy,
Loby
Luft. Wir ge - hö - ren zur al - ten Da - me,
air. We be - long to the dear old la - dy,
POLIZIST POLICEMAN
Wer seid denn ihr?
And who are you?
sf sf ppp
53
Koby
wir ge - hö - ren zur al - ten Da - me. Sie
we be - long to the dear old La - dy. She
Loby
wir ge - hö - ren zur al - ten Da - me. Sie
we be - long to the dear old La - dy. She
Plz.
Wer seid ihr?
Who are you?
sf sf
(etc.)

IVÁN ERÖD

geb. am 2. 1. 1936 in Budapest

Studium an der Musikhochschule Budapest sowie an der Musikhochschule Wien (Komposition bei Karl Schiske und Hanns Jelinek). Teilnehmer an den Darmstädter Ferienkursen für Neue Musik, Pianist und Liedbegleiter. Professor für Komposition an der Musikhochschule Graz, seit 1989 an der Musikhochschule Wien.

Werkübersicht

Bühnenwerke (Die Seidenraupen, Orpheus ex machina),
Lieder und Gesänge (Milchzahnlieder, Krokodilslieder),
Orchesterwerke,
Konzerte (Klavierkonzert, Violakonzert),
Kammermusik.

Krokodilslieder

Text: Richard Bletschacher

für mittlere Stimme und Klavier, op. 28 (1979)

4. Die Klapperschlange

Der skurrile Text, der in fünf Strophen das Liebesleid einer Klapperschlange schildert, wurde vom Komponisten in der Art eines Chansons vertont. Der Rhythmus (Tango) wie auch die melodischen Floskeln (z.B. Takt 6) suggerieren das Klappern und kurvige Schleichen der Schlange. Textlich entsprechen einander die Strophen 1 und 5 wie Frage und Antwort, dies ist musikalisch durch die Ähnlichkeit der Faktur jeweils in der chromatisch angereicherten Haupttonart auf c unterstrichen. Aus den mittleren Strophen sticht die Sostenuto-Stelle des „Glück zu zweit" hervor, deren F-Dur-Bereich nach Moll eingetrübt wird, sobald die Einsamkeit angesprochen ist. Der Komponist verrät mittels eines Zitats aus Verdis „Otello", welches Schicksal diesem Glück beschieden wäre. Aus der abfallenden Melodielinie des „Sonnenunterganges" entschwindet die Schlange in die Tiefe der Baßregion. Die Musik illustriert meisterhaft die Besonderheiten und auch den Stimmungsgehalt des Textes.

Otello

Die Klapperschlange

Warum klappert die Klapperschlange
heute nacht wieder so lang,
ist ihr angst, ist ihr bange,
ist ein Unglück im Gang?

Liegt es am Wetter heute,
liegt's an der Dunkelheit,
wechselt sie ihre Häute
um diese Jahreszeit?

Ihre glanzledernen Wangen
rollen die Tränen entlang.
Heut wäre sie leicht zu fangen,
sie denkt nur an Gesang.

Glück gibt es nur zu zweit,
sie schleicht allein durchs Moos,
und in der Einsamkeit
wird sie ihr Gift nicht los.

Drum folgt die Klapperschlange
einem qualvollen Drang
und klappert so schaurig und lange
bei Sonnenuntergang.

Drei Stücke für Violine solo

op. 27 (1979)

Nr. 2 Marsch

In diesem Stück wird ein traditionell ernster, oft bombastischer Musiktypus, der Marsch, karikiert. Dies zeigt bereits die Besetzung des Stückes mit Solovioline an Stelle eines üblichen Blech-Ensembles. Die zahlreichen Spielanweisungen lassen das Stück zu einem Paradebeispiel für die Reichhaltigkeit der Violintechnik werden. Die geforderte Bravour des Spielers läßt diesen erst zu Ende des Stückes die „Gesichtsmuskeln entspannen".

Die gewählte Form eines Rondeaus (R – C1 – R – C2 – R – C3 – C1 – R1) erinnert an J. S. Bachs „Gavotte en Rondeau" aus der 3. Partita für Violine solo (BWV 1006).

Das wiederkehrende Hauptthema besteht aus einer 7-Tonreihe (c – f), welche zweimal wiederholt wird, ehe sie ab Takt 5 im Krebsgang auftritt. Couplet 1 folgt dieser Satzweise und verwendet dazu die Spiegelform der Reihe. Als Kontrast dazu zitiert das 2. Couplet aus dem Marsch der Oper „Fidelio". Das Hornquintmotiv wird nun in verschiedener Veränderung gebracht. Eine weitere Krebsführung findet sich im Teil C3 (Achse in Takt 44). Auch die Spielanweisungen zeigen „geordnete Abwechslung". Dies alles wird vom Geiger mit heiterem Ernst und Bravour gespielt. Eröds persönlicher Weg von der Dodekaphonie zu neuer Freiheit ist auch bei diesem Marsch-Stück zu hören.

IVÁN ERÖD

born 2 January 1936 in Budapest

Studied at the Academy of Music in Budapest and at the Musikhochschule in Vienna (composition with Karl Schiske and Hanns Jelinek). Participated in the Darmstadt Ferienkurse für Neue Musik, pianist and accompanist. Professor of composition at the Musikhochschule in Graz, since 1989 at the Musikhochschule in Vienna.

Work resumé

Stage works (Die Seidenraupen, Orpheus ex machina),
Songs (Milchzahnlieder, Krokodilslieder),
Orchestral music,
Concertos (Piano concerto, Viola concerto),
Chamber music.

Krokodilslieder (Crocodile Songs)

Words by Richard Bletschacher
for medium voice and piano, Op. 28 (1979)

4. Die Klapperschlange (The Rattlesnake)

The bizarre text, which in five verses depicts the amorous distress of a rattlesnake, was set by the composer as a sort of chanson. The rhythm (tango) and the melodic phrases (e.g. bar 6) suggest the snake's rattling and curvilinear crawling. Textually, verses 1 and 5 correspond to each other like a question and answer; this is musically underscored by a similarity of structure in the chromatically enriched principal key, C. In verses 2 – 4, the sostenuto passage "Glück zu zweit" (happiness for two) stands out especially; its F major sphere is darkened to minor as soon as loneliness is mentioned. With a quote from Verdi's "Otello", the composer reveals how such happiness would have ended. With the falling melodic line of "Sonnenuntergang" (sunset), the snake disappears into the depths of the bass region. The music illustrates in a masterly fashion the peculiarities and the mood of the text.

Otello

G. Verdi

The Rattlesnake (English version by the author)

Why does the rattlesnake rattle sadly?
What's the true reason for it?
Something troubles it badly.
Was it trapped, was it bit?

Is there a tempest rising,
does it repent a sin?
Or is it agonizing,
or does it shed its skin?

Look how mournfully it's weeping,
how the tears drop from its eyes,
how wearily there it's creeping.
Catch it before it dies.

Loneliness is the brand
that sears its wincing veins,
its swollen poison gland
that causes all its pains.

That's why it cries and jangles
in such terrible ache,
and that's why it shuttles its dangles,
the woeful rattlesnake.

Drei Stücke für Violine solo (Three Pieces for Violin Solo)

Op. 27 (1979)

No. 2 March

In this piece, a traditionally serious, often bombastic type of music is caricatured - the march. This is already evident in the substitution of solo violin for the customary brasses. The many playing directions make the piece an outstanding example of the wide range of violin technique. The brilliance demanded of the player allows him to "relax face muscles" only at the end of the piece.

The rondo form (R - C1 - R - C2 - R - C3 - C1 - R1) calls to mind J.S. Bach's "Gavotte en Rondeau" from the Partita No. 3 for violin solo, BWV 1006.

The recurring principal theme consists of a seven-tone series (C - F) which is repeated twice before it appears in retrograde beginning in bar 5. Couplet 1 follows the same pattern, using the mirror form of the series. In contrast, Couplet 2 quotes from the march from the opera "Fidelio". The horn fifths motive is presented in various alterations. There is a further retrograde progression in section C3 (axis in bar 44). The playing directions also show "orderly diversity". All this is performed by the violinist with high-spirited seriousness and brilliance. Eröd's own personal path from dodecaphony to new freedom can also be heard in this piece.

Fidelio

L. v. Beethoven

CD 1 – Track 11

4. DIE KLAPPERSCHLANGE
(THE RATTLESNAKE)

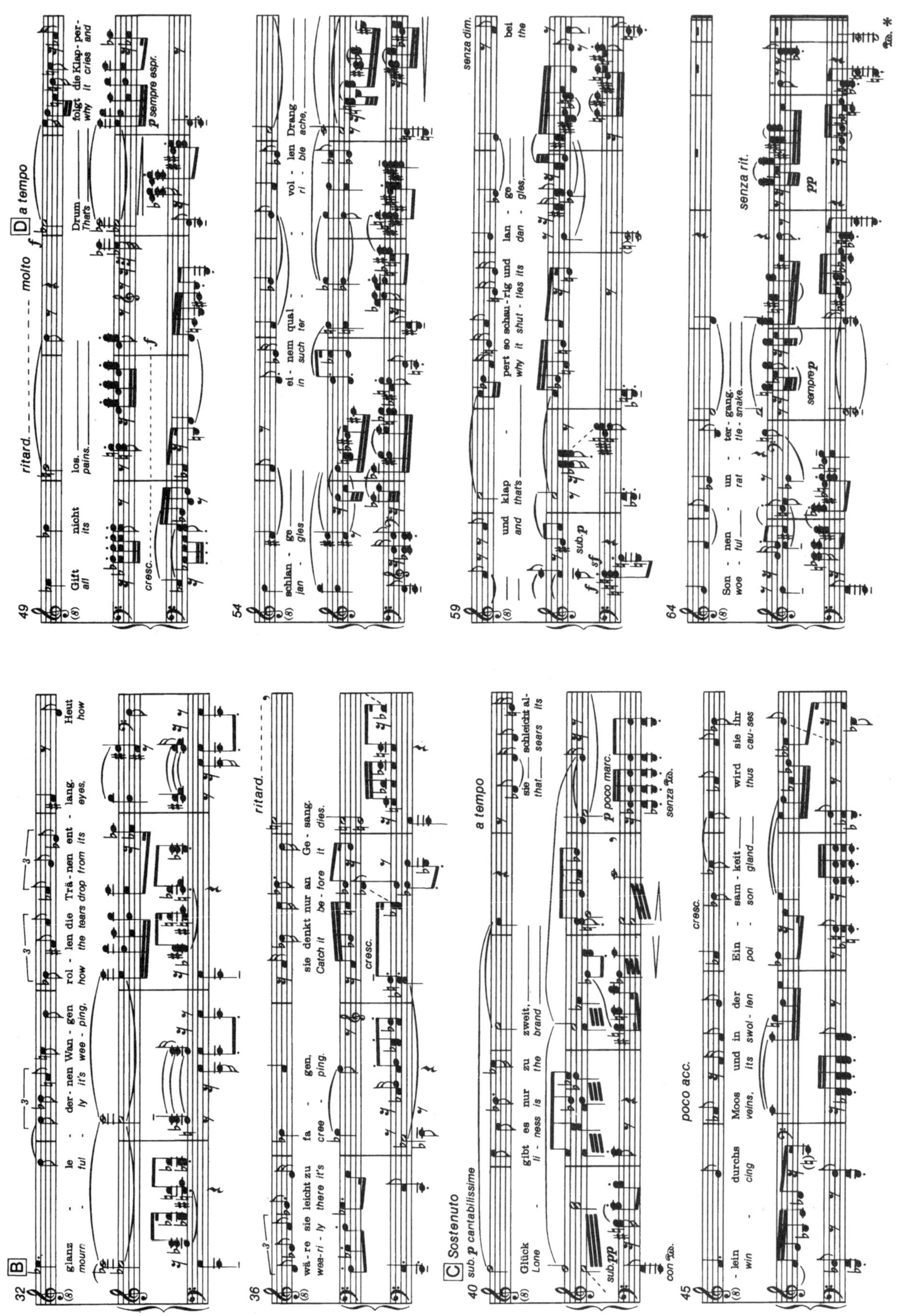

B
glanz - le - der - nen Wan - gen rol - len die Trä - nen ent - lang. Heut
mourn - tul - ly it's wee - ping, how the tears drop from its eyes, how
wä - re sie leicht zu fa - gen, sie denkt nur an Ge - sang.
wea - ri - ly there it's cree - ping. Catch it be - fore it dies.
cresc.
ritard.
C Sostenuto
sub. p cantabilissime
a tempo
Glück - gibt es nur zu zweit, sie schleicht al - lein durchs Moos und in der Ein - sam - keit wird sie ihr
Lone - li - ness is the brand that sears its win - cing veins, its swol - len poi - son gland thus cau - ses
sub. pp
p poco marc.
con Ped.
senza Ped.
poco acc.
cresc.
ritard. molto f
D a tempo
Gift nicht los. Drum folgt die Klap - per - schlan - ge ei - nem qual - vol - len Drang
all its pains. That's why it cries and jan - gles in such ter - ri - ble ache,
p sempre espr.
senza dim.
und klap - pert so schau - rig und lan - ge bei Son - nen - un - ter - gang.
and that's why it shut - tles its dan - gles, the woe - ful rat - tle - snake.
sub. p
sempre p
senza rit.
pp

2.
MARSCH

Unernst, wenngleich mit ernster Miene (♩ = ca. 120)

(Gesichtsmuskel entspannen.

HANS GÁL

geb. am 5. 8. 1890 in Brunn am Gebirge (NÖ)
gest. am 3. 10. 1987 in Edinburgh

Studium an der Universität Wien (Musikwissenschaft bei Guido Adler), Dr. phil., und Komposition (bei Eusebius Mandyczewski). Komponist, Dirigent, Pianist, Lektor an der Universität Wien, Direktor der städtischen Musikhochschule Mainz. Emigration nach Schottland, wo er ab 1945 als Dozent an der Universität Edinburgh wirkte.

Werkübersicht

Bühnenwerke (Die heilige Ente, Die beiden Klaas),
Chorwerke,
Orchesterwerke (4 Sinfonien),
Konzerte,
Kammermusik- und Klavierwerke (24 Preludes für Klavier),
Schriften: zahlreiche musikwissenschaftliche Veröffentlichungen.

Literatur

Wilhelm Waldstein: Hans Gál, in: Österreichische Komponisten des XX. Jahrhunderts, Bd. 5, Wien 1965.

24 Preludes

für Klavier op. 83 (1960)

Ein Zyklus von 24 Präludien in allen Dur- und Molltonarten muß an J. S. Bachs Wohltemperiertes Klavier erinnern – auch wenn er in einer Tonsprache unseres Jahrhunderts geschrieben ist. Gál bemerkt zu seinen Preludes: „Sie sind Studien in Klavierklang, Klaviertechnik und konzentrierter Miniaturform."

Nr. 1

Die toccatenartige Brillanz des Stückes verbindet moderne alterationsreiche Linienführung mit der monothematischen Sonatensatzform in Tradition des 18. Jahrhunderts. Die Exposition bringt einen zweistimmigen Kontrapunkt, dessen beide Stimmen auch verschieden artikuliert werden (rechte Hand legato, linke Hand staccato). Von der Tonika H-Dur aus wird über einen Orgelpunkt auf der Doppeldominante die Dominante Fis-Dur erreicht. Das Wiederholungszeichen gliedert nach alter Art. Die Durchführung ist durchwegs staccato zu spielen. Tonartliche Wanderungen werden durch Sequenzbildungen realisiert (S. 3, Takte 1 – 3, 4 – 5, 6). Über die Dominante wird die Reprise (S. 4) erreicht, welche jene Änderungen aufweist, die das Festhalten an der Haupttonart garantieren (Orgelpunkt auf V, statt auf V/ V wie in der Exposition). Trotz aller chromatischer Kolorierung schließt das Stück mit der Kadenz V – I.

Nr. 2

Das amüsante Präludium in h-Moll bringt alternierend zwei Themen verschiedenen Charakters; beschwingte, spritzige Sechzehntelmotive im forte und eine ruhige Kantilene im piano, die in jazzartige Akkorde übergeht.

Die Struktur entspricht einem Rondo (‖: A :‖ B – A' – B' – [A]), allerdings ist der abschließende Refrain auf sein Kopfmotiv beschränkt. Die trotz interessanter Abweichungen deutlich wahrnehmbare Tonartenfolge (‖: H(I – V) :‖ D/d – h – H (h)) erinnert an die Sonatensatzform.

Nr. 3

Das Es-Dur Präludium in lebendigem Tempo stellt den Pianisten vor die Aufgabe, über bewegten Akkorden eine ruhige Melodie zu gestalten. Ein 9-Takter in Es-Dur wird variiert wiederholt, er kehrt nach einem Mittelteil (in B- und Ges-Dur) wieder. Im Pianissimo endet die angefügte Coda.

Die rhythmische Eigenart der Melodiestimme liegt in den zwei Achtelnoten, welche mit Vorliebe auf die unbetonten Taktteile fallen. Als harmonische Besonderheit gilt, die Gegenüberstellung des Dur-Dreiklangs mit dem übermäßigen Dreiklang.

Ein reizvoller Gegensatz von konventionellen und neuartigen Elementen bietet in den 24 Präludien dem Pianisten einen profunden und abwechslungsreichen Zugang zur neueren Tonsprache.

HANS GÁL

born 5 August 1890 in Brunn am Gebirge (Lower Austria)
died 3 October 1987 in Edinburgh

Studied at the University of Vienna (musicology with Guido Adler), Dr. phil., and composition with Eusebius Mandyczewski. Composer, conductor, pianist, lecturer at the University of Vienna, director of the municipal Musikhochschule in Mainz. Emigrated to Scotland, working as lecturer at the University of Edinburgh after 1945.

Work resumé

Stage works (Die heilige Ente, Die beiden Klaas),
Choral works,
Orchestral works (4 symphonies),
Concertos,
Chamber music and piano pieces (24 Preludes for Piano),
Writings: numerous musicological publications.

Literature

Wilhelm Waldstein: Hans Gál, in: Österreichische Komponisten des XX. Jahrhunderts, Vol. 5, Vienna 1965

24 Preludes

for Piano, Op. 83 (1960)

A cycle of 24 preludes in all major and minor keys cannot help but call to mind J.S. Bach's Well-Tempered Clavier, even if it is written in a musical language of our century. Gál remarked about his Preludes: "They are studies in piano sonority, piano technique and concentrated miniature form."

No. 1

In its toccata-like brilliance this piece combines modern, highly altered voice leading with monothematic sonata form in the tradition of the 18th century. The exposition presents a two-part counterpoint, with each of the parts in a different articulation (right hand legato, left hand staccato). From the tonic B major, the dominant F sharp major is reached via pedal point on the secondary dominant. The repeat sign delineates the musical form in the old way. The development is played staccato throughout. The keys are passed through in sequential patterns (p. 3, bars 1 – 3, 4 – 5, 6). The recapitulation (p. 4) is reached via the dominant; it has the alterations needed to keep to the principal key (pedal point on V instead of V/V as in the exposition). Despite chromatic coloration, the piece ends with a V – I cadence.

No. 2

The amusing Prelude in B minor has two alternating themes of different character: lively, sparkling 16th-note motives (forte) and a calm cantilena (piano) which changes to jazzy chords.

The structure corresponds to a rondo (‖: A :‖ – B – A' – B' – [A]), with the concluding refrain limited to its head motive. The sequence of keys (‖: B minor (I-V) :‖ D major/minor – B minor – B major (minor)), which is clearly perceptible despite interesting deviations, recalls that of a sonata form.

No. 3

The lively Prelude in E flat major sets the pianist the task of shaping a calm melody over animated chords. A 9-bar phrase in E flat major is repeated and varied; it returns after a middle section (in B flat and G flat major). The coda ends pianissimo.

The special rhythmic feature of the melody is the two eighth-notes which fall preferentially on the unaccented beats of the bar. A special harmonic feature is the apposition of major and augmented triads.

In the 24 Preludes, the contrast of conventional and novel elements offers the pianist profound and diversified access to a more modern idiom.

CD 1 – Track 12

24 PRELUDES
(NUMBERS 1-12)

No. 1

HANS GAL
Op. 83

CD 1 – Track 13

No. 2

Con spirito ma non presto (♩. = 72)

p espr.
un pochino rall.
a tempo
dim.
8va
cresc.

No. 3

HEINRICH GATTERMEYER

geb. am 9. 7. 1923 in Sierning bei Steyr (OÖ)

Studium an der Musikhochschule Wien (Komposition bei Alfred Uhl, Schulmusik) und an der Universität Wien (Germanistik). Gymnasiallehrer, Chorleiter, Professor für Tonsatz und Komposition an der Musikhochschule Wien seit 1964. Präsident der AKM (1984 – 90).

Werkübersicht

Bühnenwerke (Kirbisch),
Chorwerke (Der Turmbau zu Babel; De profundis; Fragmente aus "Offenbarung und Untergang" von Georg Trakl – „Trakl-Fragmente"),
Liederzyklen,
Orchestermusik,
Konzerte,
Kammermusik,
Musikpädagogische Werke (Klavierstücke für die Jugend),
Musik zu Filmen und Fernsehspielen.

Grodek

Text von Georg Trakl
aus „Trakl-Fragmente" für gemischten Chor, Bläser, Orgel und Schlagwerk (1974)
(Fassung für Chor und Klavier)

Anmerkung des Komponisten: „Georg Trakl mußte nach der Schlacht bei Grodek in Galizien in einer Scheune neunzig Schwerverwundete allein betreuen, ohne helfen zu können, da er kaum Medikamente besaß. In höchster Verzweiflung wollte er Selbstmord begehen, seine Kameraden konnten ihm aber die Waffe entreißen. Wenige Wochen später (1914) wurde er in das psychiatrische Krankenhaus in Krakau eingeliefert, wo er in der Nacht vom 3. zum 4. November 1914, vermutlich mit einer Überdosis Gift, Selbstmord beging."

Trakls Text zeichnet konträre Stimmungen; Naturschilderung in tragischem Bezug auf die Leidenden wechselt mit wildem Aufschrei. Markante Worte sind vom Deklamationsstil abgehoben und ekstatisch ausgerufen (Waffen, die wilde Klage, zürnender Gott, Schmerz, Grodek). Entgegengesetzter, trauervoller Ausdruck beseelt die expressionistische Schilderung des Leidens und Sterbens; absteigende Tonfolgen in der Nachfolge der Katabasis-Figur barocker Vokalmusik illustrieren „die gebrochenen Münder", „die Verwesung".

Zur Schlußsteigerung des tragischen Ausblicks auf die „ungeborenen Enkel" dient ein Fugato, dessen Einsatztöne cis-g-cis-g-cis das „Schmerz"-Intervall der verminderten Quint bzw. des Tritonus nützen.

Der Klavierpart stimmt jeweils auf die kommenden Worte des Chorsatzes ein, gliedert und bringt Klangflächen, welche die Deklamation wirken lassen und ihre Aussage stützen. Er läßt ahnen, was zwischen den Zeilen des Gedichtes zu bedenken ist: „So grüßen die Geister der Helden", im nachfolgenden Zwischenspiel mit grausiger Parodie einer militärischen Fanfare. Diese wiederholt sich im Nachspiel, führt jedoch dort zu völligem Zusammenbruch (T. 473 ff.). Der ekstatische Aufschrei „Grodek" wurde von Gattermeyer dem Text Trakls zugefügt – realer Ort jener Schlacht, durch welche der Dichter die Sinnlosigkeit und das Leid des Krieges erlebte. Die Kriegserlebnisse Gattermeyers ließen ihn die Botschaft Trakls tief erfassen und beklemmend vermitteln. Wie sich Trakls Gedicht jeder metrischen Regel entzieht, verzichtet auch der Komponist auf gewohnte Formen oder tonale Harmoniefolgen: die Tragik der Aussage sprengt jegliche Konvention.

Grodek

Am Abend tönen die herbstlichen Wälder
Von tödlichen Waffen, die goldnen Ebenen
Und blauen Seen, darüber die Sonne
Düstrer hinrollt; umfängt die Nacht
Sterbende Krieger, die wilde Klage
Ihrer zerbrochenen Münder.
Doch stille sammelt im Weidengrund
Rotes Gewölk, darin ein zürnender Gott wohnt,
Das vergossne Blut sich, mondne Kühle;
Alle Straßen münden in schwarze Verwesung.
Unter goldnem Gezweig der Nacht und Sternen
Es schwankt der Schwester Schatten durch den schweigenden Hain,
Zu grüßen die Geister der Helden, die blutenden Häupter;
Und leise tönen im Rohr die dunkeln Flöten des Herbstes.
O stolzere Trauer! ihr ehernen Altäre,
Die heiße Flamme des Geistes nährt heute ein gewaltiger Schmerz,
Die ungebornen Enkel.

HEINRICH GATTERMEYER

born 9 July 1923 in Sierning near Steyr (Upper Austria)

Studied at the Vienna Musikhochschule (composition with Alfred Uhl, music education) and at the University of Vienna (German philology). Secondary school teacher, choir director, professor of harmony and composition at the Vienna Musikhochschule since 1964. President of the AKM 1984 – 90.

Work resumé

Stage works (Kirbisch),
Choral works (Der Turmbau zu Babel; De profundis; Fragments from "Offenbarung und Untergang" by Georg Trakl – "Trakl-Fragmente"),
Song cycles,
Orchestral music,
Concertos,
Chamber music,
Music pedagogical works (piano pieces for young players),
Music for films and television plays.

Grodek

Words by Georg Trakl
from "Trakl-Fragmente" for mixed chorus, winds, organ and percussion (1974)
(Version for chorus and piano)

Composer's note: "After the battle of Grodek in Galicia, Georg Trakl had to care for ninety severely wounded soldiers in a barn. He was the only medical orderly, and he could not help, for he had hardly any medicines. In a state of extreme despondency he tried to commit suicide, but his comrades took away the gun. A few weeks later (1914) he was taken to the psychiatric hospital in Cracow, where on the night of 3 November 1914 he committed suicide, probably with an overdose of narcotics."

Trakl's text depicts contrary moods; descriptions of nature with tragic reference to the suffering men alternate with savage outcries. Salient words are set off from the declamatory style and ecstatically shouted out – Waffen (weapons), die wilde Klage (the frenzied lament) zürnender Gott (angry God), Schmerz (pain), Grodek. Quite another, mournful mood is present in the expressionistic description of suffering and death; falling sequences of notes, in the tradition of the catabasis figure of baroque vocal music, illustrate "die gebrochenen Münder" (broken mouths), "die Verwesung" (putrefaction).

A fugato serves for the final intensification of the tragic view of unborn grandchildren ("die ungeborenen Enkel"). Its initial tones – C# – G – C# – G – C# – are the "pain" interval of the diminished fifth or tritone.

The piano part sets the mood of the coming words in the chorus, defines the formal structure and produces sound surfaces which allow the declamation to develop its full effect and support what it has to say. The piano part gives an idea of what should be considered between the lines of the poem; for example, "So grüssen die Geister der Helden" (the spirits of the heroes salute) is treated in the ensuing interlude with the gruesome parody of a military fanfare. This is repeated in the epilogue, but there it leads to a complete collapse (bar 473 ff.). The ecstatic outcry "Grodek" was added by Gattermeyer to Trakl's poem; it is the place of the battle in which the poet saw the senselessness and the calamity of war. Gattermeyer's own wartime experiences gave him a profound grasp of Trakl's message, which he conveys in a gripping fashion. Trakl's poem defies metrical norms. Accordingly, the composer does without customary forms or tonal harmonic progressions: the tragedy of the message bursts the bonds of all convention.

CD 1 – Track 14

IV Grodek* (Georg Trakl) aus „Trakl-Fragmente"
Heinrich Gattermeyer
Abend tönen die herbstlichen Wälder von tötlichen Waffen
die goldenen Ebenen und blauen Seen
darüber die Sonne
hinrollt
Umfängt die Nacht die sterbenden

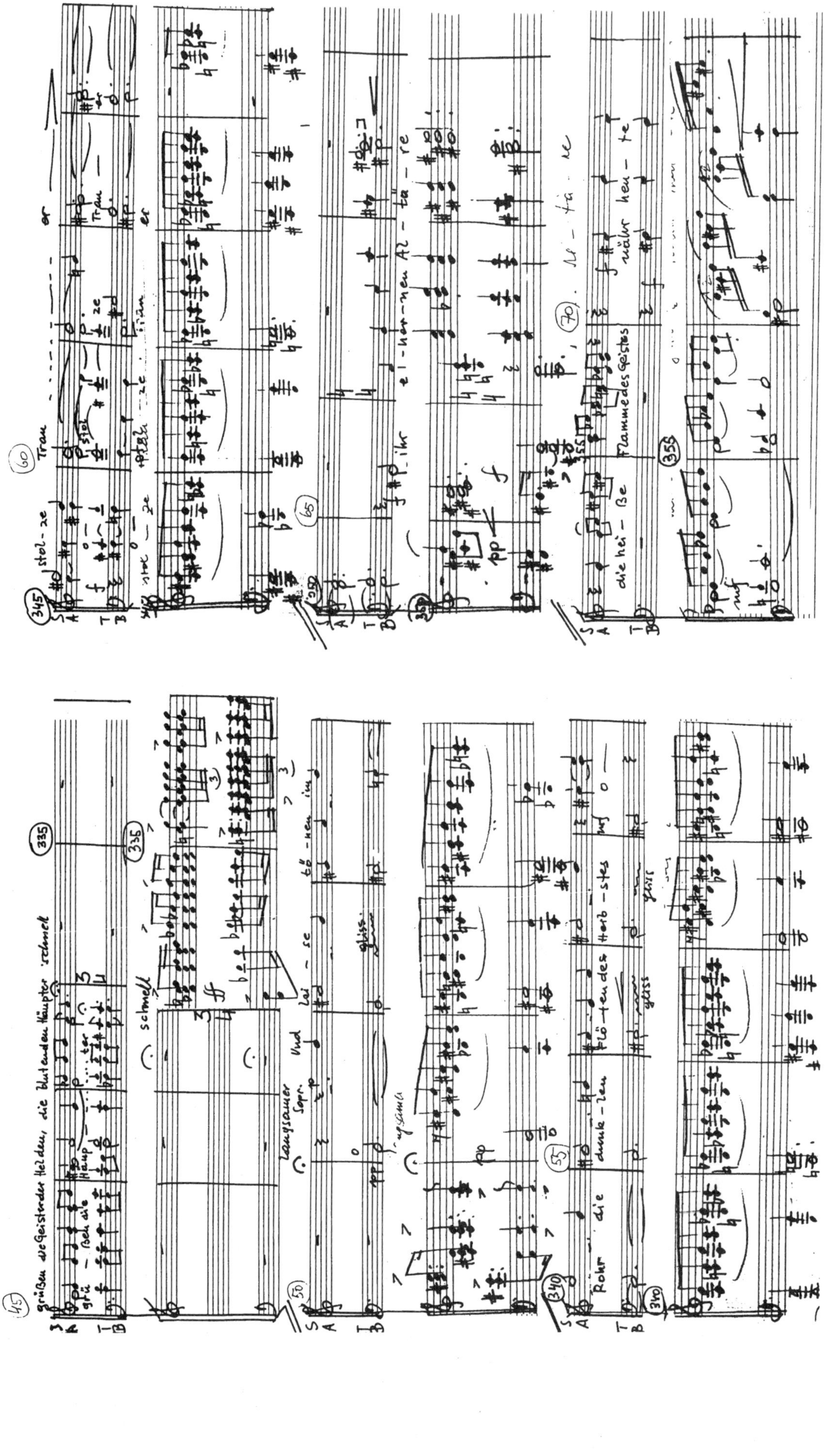
grüßen die Geisternder Helden, die blutenden Häupter
schnell
Langsamer
Sopr.
Und lei - se
Rohr die dunk - len flö - tendes herb - stes
stol - ze
Trau
ihr ei - nen - neu Al - ta - re
die hei - Be Flammedes Geistes
nähr heu - te

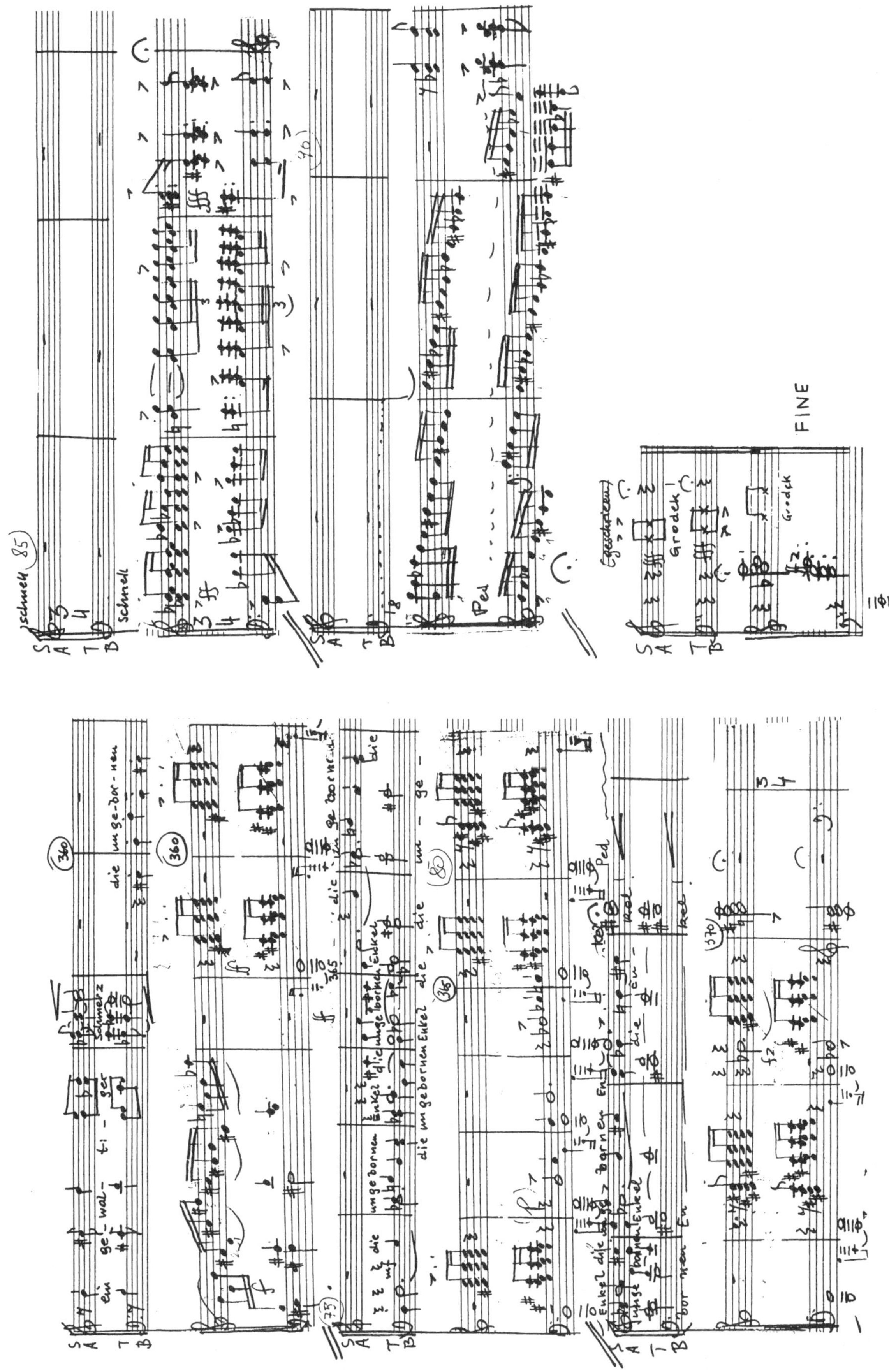
schnell
FINE
Grodek
Ped

HEINZ KARL GRUBER

geb. am 3. Jänner 1943 in Wien

Mitglied der Wiener Sängerknaben, Studium an der Musikhochschule Wien (Komposition bei Alfred Uhl, Musikanalyse bei Erwin Ratz, Zwölftontheorie bei Hanns Jelinek, Kontrabaß, Horn, elektronische Musik) sowie Privatstudien bei Gottfried von Einem. Kontrabassist des Ensembles „die reihe", im NÖ. Tonkünstlerorchester, im ORF-Sinfonieorchester, Dirigent, Sänger (Chansonnier). Gemeinsam mit Otto Zykan und Kurt Schwertsik Gründer des Ensembles „MOB art & tone ART" für musikalisch-szenische Aufführungen.

Werkübersicht

Musikdramatische Werke (Gomorra – Comic-Oper),
Vokalwerke (Frankenstein !!),
Orchestermusik (Vergrößerung),
Konzert (Rough Music für Schlagzeug und Orchester, 2 Violinkonzerte, Violoncellokonzert),
Werke für Kammerorchester (Revue).

Frankenstein!!

Pandaemonium für Chansonnier und Orchester
nach Kinderreimen von H. C. Artmann (1976/77)

Nr. 3. Ein Mi Ma Monsterchen

H. K. Grubers Anliegen ist, dem Ernst der ernsten Musik entgegenzutreten. Als Komponist, Interpret, Sänger-Sprecher-Darsteller schuf er erfrischende Alternativen zu den Hauptströmungen der Moderne. Mit seinen künstlerischen Weggefährten Otto Zykan und Kurt Schwertsik, mit den Literaten H. C. Artmann und Richard Bletschacher arbeitete er an einem künstlerischen Stil, welcher, zwischen E- und U-Bereich angesiedelt, Praktiken geistreicher Chansons und ekstatischer Happenings miteinbezieht. Der Rückgriff auf Tonalität wird zum erneuerten Kompositionsprinzip, welches sich sogar in der Bezeichnung des Ensembles „. . . tone ART" deklariert.

H. C. Artmann war in der „Wiener Gruppe" der frühen fünfziger Jahre eine zentrale Persönlichkeit. Sein literarisches Schaffen jener Zeit kann vielleicht als österreichische Spielart eines Surrealismus mit symbolistischem Hintergrund bezeichnet werden. In der Sammlung „allerlei rausch – neue schöne kinderreime" finden sich makabre Versionen naiver Kinderlieder, schwarzer Humor in geglätteter Form, verniedlichte Alpträume. Die Monster als Haustiere inspirierten den Komponisten zu einer musikalischen Darstellung, welche zuerst als Frankenstein-Suite (1970), in weiterer Umarbeitung als Pandaemonium für Bariton und Orchester (1976/77) herauskam. Der Bariton-Part wurde bisher immer vom Komponisten selbst interpretiert.

Der Zyklus besteht auch musikalisch entsprechend der Textvorlage aus mehreren unterschiedlichen Schichten. Harmlose Kindergedichte und -lieder scheinen nur leicht verfremdet zu sein. Bei näherer Befassung wird eine blutrünstige Grausamkeit deutlich, die ihrerseits Hintergründiges ahnen läßt: Allegorien auf reale Zustände.

Das Kinderlied „Es geht ein Bi-Ba-Butzemann" wird als ständig repetierende Melodieformel vom Sänger „mechanisch" vorgetragen, mit immer schnellerer, zuletzt atemloser Stimme, bis ein jäher Stillstand eintritt; „das Werkel ist kaputt".

Die Orchesterpartitur ist viel raffinierter gestaltet, als man beim Zuhören zu vernehmen glaubt: drei Verarbeitungsprinzipien sind auszunehmen: gleichzeitige Variierung der Gesangsmelodie in Instrumenten (z.B. Vibraphon S. 40, T. 5, Flöte [31], Gegenstimmen in Art eines freien Kontrapunktes (z.B. im Spielzeug Klavier bei [31]), begleitende Alberti-Bässe, welche sich selbständig machen und, durch verschiedene Instrumente vorgetragen, abwechslungsreiches Kolorit erzeugen.

Bisweilen glaubt der Hörer, Bruchstücke aus bekannten Volksliedern zu erkennen: „Wann i kumm ...", bei [31] in der Flöte, das Ende von „Mariechen saß auf einem Stein", 6 Takte vor Schluß im Vibraphon und gleichzeitig in der Flöte „Alle Vöglein sind schon da" (Mittelteil). Musikalische Bilder aus heiler Kinderwelt?

Aus dem Text Artmanns fehlt der Mittelteil „es rüttelt sich, es schüttelt sich, wirft seine schräubchen hinter sich". Welches Monster der Technik ist hier gemeint? Gruber hat diese Zeile nicht weggelassen, weil sie unwesentlich ist, sondern sie verschlüsselt in Musik gesetzt. Immer mechanischer scheint die Bewegung zu werden; der Cellist findet (ab 33) aus den Sechzehntelfiguren nicht mehr hinaus. Ein klarer harmonischer Abschluß könnte ihn befreien; doch das in D-Dur geschriebene Stück bleibt auf seiner Dominante hängen – mit Anmerkung in der Partitur „keine Bewegung im Orchester". Es ist wert, darüber nachzudenken, was dies bedeuten könnte.

es tanzt ein mi ma monsterchen
in unserm haus herum, widibum,
es tanzt ein monsterchen
in unserm haus herum.
es rüttelt sich,
es schüttelt sich,
wirft seine schräubchen hinter sich,
so tanzt das mi ma monsterchen
in unserm haus herum.

(H. C. Artmann)

Der Butzemann

Es tanzt ein Bi-Ba-Butzemann
in unserm Haus herum, dideldum,
es tanzt ein Bi-Ba-Butzemann
in unserm Haus herum.
Er rüttelt sich, er schüttelt sich,
er wirft sein Säckchen hinter sich.
Es tanzt ein Bi-Ba-Butzemann
in unserm Haus herum.

(Des Knaben Wunderhorn)

HEINZ KARL GRUBER

born 3 January 1943 in Vienna

Member of the Vienna Boys Choir, studied at the Vienna Musikhochschule (composition with Alfred Uhl, analysis with Erwin Ratz, twelve-tone theory with Hanns Jelinek, double bass, horn, electronic music) and privately with Gottfried von Einem. Double bassist of the ensemble "die reihe", the Lower Austrian Tonkünstler Orchestra and Austrian Radio Symphony Orchestra, conductor, singer (chansonnier). Co-founder, with Otto M. Zykan and Kurt Schwertsik, of the ensemble "MOB art & tone ART" for musical-scenic performances.

Work resumé

Musico-dramatic works (Gomorra – comic opera),
Vocal works (Frankenstein !!),
Orchestral music (Vergrösserung),
Concertos (Rough Music for Percussion and Orchestra, 2 violin concertos, Cello Concerto),
Music for chamber orchestra (Revue).

Frankenstein !!

Pandaemonium for Chansonnier and Orchestra
on nursery rhymes by H. C. Artmann (1976/77)

No. 3. A little mi-ma-monsterlet

It is H. K. Gruber's intent to counter the earnestness of serious music. As composer, performer, singer-narrator-actor he has created refreshing alternatives to the mainstreams of modern music. With his musical comrades-in-arms Otto M. Zykan and Kurt Schwertsik, and with the writers H. C. Artmann and Richard Bletschacher, he has been working in a style located between so-called serious and light music, a style in which clever chansons and ecstatic happenings also have a place. Recourse to tonality is a renewed principle of composition; it is even declared in the name of the ensemble, "... tone ART".

H. C. Artmann was one of the central figures of the "Wiener Gruppe" of the early fifties. His work at that time can perhaps be termed an Austrian variant of surrealism with a symbolistic background. In the collection "allerlei rausch - neue schöne kinderreime" there are macabre versions of naive nursery rhymes, smoothed black humour, played-down nightmares. Monsters as house pets inspired the composer to a musical treatment which first came out as a Frankenstein Suite (1970) and was later refashioned into Pandaemonium for Baritone and Orchestra (1976/77). So far, the baritone part has been performed by the composer.

Like the text, the music of this cycle consists of several layers. Harmless nursery rhymes and children's songs seem to be only slightly alienated. A closer look reveals a bloodthirsty cruelty which for its part hints at hidden meanings: allegories on real conditions.
The children's song "Es geht ein Bi-Ba-Butzemann" is a constantly repeated melodic phrase; it is sung "mechanically", quicker and quicker, finally with a breathless voice, until it comes to a standstill – "das Werkel ist kaputt" (the barrel organ has broken down).

The orchestral score is much more cleverly worked out than one thinks it is when listening. Three procedures can be distinguished: simultaneous variation of the vocal melody by instruments (e.g. vibraphone p. 40, bar 5, flute [31]); counter melodies like free counterpoint (e.g. toy piano at [31]); accompanying Alberti basses which take on a life of their own and are played by various instruments, creating a diversity of coloration.

At times, the listener thinks he recognizes fragments of familiar folksongs: "Wann i kumm..." at [31] in the flute, the end of "Mariechen sass auf einem Stein" 6 bars before the end in the vibraphone and, at the same time, the middle section of "Alle Vöglein sind schon da" in the flute. Musical images of a safe and sound child's world?

The middle part of Artmann's text is missing: "es rüttelt sich, es schüttelt sich, wirft seine schräubchen hinter sich" (it jolts, it shakes, it throws out its screws behind). Which technological monstrosity is meant? Gruber did not omit the line because it was not essential; he encoded it in music. The motion seems to get more and more mechanical: after [33] the cellist finds no way out of the 16th-note patterns. A clear harmonic conclusion could free him, but the piece (it is in D major) gets stuck on the dominant – with the note in the score "keine Bewegung im Orchester" (no movement in the orchestra). It is worth thinking about what this could mean.

A little mi-ma-monsterlet (English by Harriett Watts)
"a little mi-ma-monsterlet is dancing round our house..."

INSTRUMENTATION

Flöte = Piccolo und Plastik-Schlauch
Oboe = Plastik-Schlauch
Klarinette in B = Klarinette in A und Plastik-Schlauch
Fagott = Ratsche, Spielzeug-Klarinette oder Melodica und Plastik-Schlauch
3 Hörner in F (je 1 norm. Dämpfer)
I = Lotos-Flöte und Plastik-Schlauch
II = Spielzeug-Klarinette oder Melodica, Lotos-Flöte und Plastik-Schlauch
III = Spielzeug-Trompete, Lotos-Flöte und Plastik-Schlauch
Trompete in C (Harmon- und norm. Dämpfer) = Lotos-Flöte und Plastik-Schlauch
Posaune (Harmon-, Cup- und norm. Dämpfer) = Spielzeug-Hupe, Lotos-Flöte und Plastik-Schlauch
Tuba (Dämpfer) = Spielzeug-Klarinette oder Melodica, Lotos-Flöte und Plastik-Schlauch
Timpani = mehrere Papiersäckchen, Plastik-Schlauch, Lotos-Flöte und Spielzeug-Saxophon oder Kazoo
Vibraphon und Xylorimba = Spielzeug-Klarinette oder Melodica, Flexaton (h^2 – e^4) und 2 Crotales (fis^3, gis^3, nahe bei Xyl. aufgestellt)
Percussion (1 Spieler) = Spielzeug-Klarinette oder Melodica, Lotos-Flöte, Spielzeug-Saxophon oder Kazoo, Plastik-Schlauch und Spielzeug-Ratsche 2 hängende Javanische Gongs (c, H), 2 Hängebecken (hoch, tief), Hi-hat, 5 Tom-toms (hoch bis sehr tief), Reibscheibe (Schmirgelpapie über zwei mit Griffen versehenen Holzscheiben gespannt). Tamburin, Tempel-Block auf Stativ (mittel), Kuhglocke auf Stativ (mittel), 2 Bongos hoch, tief), Holzblock auf Stativ, Große Trommel (mit Fußpedal), Kleine Trommel, Triangel
Harfe = Auto-Hupe und Plastik-Schlauch
Celesta = Spielzeug-Klarinette oder Melodica, Spielzeug-Klavier, Vogel-Pfeife und Spielzeug-Karussel
Violinen I
Violinen II
Violen
Celli
Kontrabässe (mit Fünfsaitern)

Hinweis: Die Partitur ist in C notiert. Die Spielzeug-Instrumente klingen eine Oktave höher

SPIELZEUG-INSTRUMENTE

(alternierend mit den Orchesterinstrumenten wie vorhin angegeben oder aber von einem Kinder-Ensemble gespielt)
Alle Instrumente sollen so bunt wie möglich sein und die Spielzeug-Saxophone goldfarbig.

1 Auto-Hupe: Original-Hupe eines Oldtimers etwa aus dem Jahre 1910.

1 Spielzeug-Hupe: Zwerg-Imitation der oben angegebenen Hupe mit quiekendem Ton.

1 Spielzeug-Klavier: Zwerg-Imitation eines Konzertflügels, in welchem kleine Hämmerchen Metall-Stäbchen anschlagen, wenn die Tasten niedergedrückt werden. Es klingt etwas verstimmt, und die Oberquinte ist sehr deutlich herauszuhören wie etwa bei einem Orgel-Quint-Register. Der Klangcharakter ähnelt dem einer Spieluhr oder dem Ariston, einem alten Musikautomaten, bei dem perforierte Karton-Platten verwendet werden. Das Spielzeug-Klavier ist chromatisch gestimmt, von g^1 bis e^3.

7 Spielzeug-Klarinetten: Aus Kunststoff gebaute Zungeninstrumente, die acht mit Klappen versehene Grifflöcher haben, im Klang wie eine Mundharmonika. Die Stimmung soll sehr sauber sein und es soll eine C-Dur-Skala von c^1 bis c^3 spielbar sein. Sind keine Spielzeug-Klarinetten verfügbar, so können Melodicas verwendet werden.

13 Plastik-Schläuche: Gerillte Plastik-Schläuche, 88 bis 90 cm lang und etwa 3 cm im Durchmesser. Durch kreisende Schleuderbewegung wird die Luftsäule zum Schwingen gebracht. Die Tonhöhe steht in Relation zur Schleudergeschwindigkeit.

3 Spielzeug-Saxophone: Kleine Imitationen von Tenor-Saxophonen. Eine Membrane wird durch In-das-Instrument-Hineinsingen zum Schwingen gebracht. Der Klang ist dem Kazoo ähnlich oder einem Kamm-und-Seidenpapier-Effekt.

1 Spielzeug-Trompete: Trompeten-Imitation mit zwei Grifflöchern und einer Zunge im Mundstücknähe. Durch Zudrücken oder Öffnen der Grifflöcher können die Töne verändert werden. Der Klang ergibt einen hohen und einen tiefen Quiek-Ton.

10 Lotos-Flöten: Blasinstrumente mit Blockflöten-Mundstück und Kolben, etwa 23 cm lang und 2 cm im Durchmesser. Glissandi können mit dem Kolben ausgeführt werden. Der Tonumfang reicht von b^1 bis b^3, wenngleich auch Töne so tief wie a^1 oder so hoch wie c^4 und d^4 erreicht werden können, wenn man entweder extrem schwachen oder extrem starken Luftdruck verwendet. Im Klang der Blockflöte ähnlich.

1 Vogel-Pfeife: Ein etwa 6 cm langes und 2 cm dickes, röhrenförmiges, aus Kunststoff oder Leichtmetall gebautes Instrument, an beiden Enden verschlossen und an seiner Längsseite mit einem dünnen Schlitz versehen. Wenn man das an einer Schnur befestigte Instrument wie ein Lasso schwingt, entstehen Zwitscher-Töne, die umso intensiver werden, je schneller man schwingt.

1 Ratsche: Mittelgroße Holzratsche, wie sie in Orchestern verwendet wird.

1 Spielzeug-Ratsche: Eine kleine Bakelit-Baby-Ratsche, oder kleine Holzratsche. Schrill im Klang.

1 Mund-Sirene: Circa 15 cm lang.

Papier-Säckchen: Sie sollen handlich sein und so beschaffen, daß sie beim Zerplatzen ohrenbetäubend knallen. Für eine Aufführung werden maximal fünf Säckchen gebraucht, für Proben entsprechend mehr.

1 Spielzeug-Karussel: Ein kleines Spielzeug-Karussel, das mit einem Schlüssel aufgezogen wird und sich automatisch dreht. Dabei sollen Klingeltöne entstehen. Es soll möglichst bunte Anhänger haben.

Bariton-Stimme (Chansonnier)

Äußerste Flexibilität ist verlangt. Der Solist muß imstande sein, plötzliche und vollkommene Verwandlungen zu vollführen: zum Beispiel von Kreischen zu Falsett, von Flüstern zu übertrieben opernhaftem Singen, von normalem Lied-Gesang zu ganz privatem Vor-sich-hin-Singen (wie im Bad). Die Artikulation soll freundlich, aber sehr scharf und klar sein, und niemals darf sich der Sänger im Belcanto verlieren. Ein wenig ad lib. Off-Beat-Gesang ist zulässig, je nach Geschmack. Sichtbare Gebärde soll extrem ökonomisch sein, die Haupt-Emphase soll vielmehr im Gesichtsausdruck liegen.

Der Solist spielt auch Mund-Sirene, Spielzeug-Saxophon, Spielzeug-Klarinette (oder Melodica) und zwei Lotos-Flöten.

CD 1 – Track 15

III EIN MI MA MONSTERCHEN — A MI MA MONSTERLET

Fl. gr.
Tr.
Trb.
Tuba
Vibra.
(Cel.) Toy-Piano
Canto
sim. ad lib.
tanzt ein mi ma mon-ster-chen in un-serm haus he-rum, (a) es tanzt ein mi ma mon-ster-chen in
lit-tle mi ma mon-ster-let is danc-ing round our house, (a) a lit-tle mi ma mon-ster-let is
Vlno. I
Vlno. II
Vco.
Cbo.
con sord.
pizz.
pp marcando
32
marcando
ad lib. etc.
un-serm haus he-rum, (a) es tanzt ein mi ma mon-ster-chen in un-serm haus he-rum, (a) es tanzt ein mi ma
danc-ing round our house, (a) a lit-tle mi ma mon-ster-let is danc-ing round our house, (a) a lit-tle mi ma
2 Soli (con sord.)
marc.
1 Solo
stacc.
Cbi.
2 Soli
pizz.

siehe Interpr. Anm. 8
see interpr.-note 8

*1 Für Aufführungen mit Hallanlage. – For performances with echo-installation.

ROMAN HAUBENSTOCK - RAMATI

geb. am 27. 2. 1919 in Krakau

Studium der Komposition und der Musikwissenschaft an der Universität Krakau. Vertreter der Avantgarde; spezielle Beeinflussung durch das Werk Anton Weberns und durch Olivier Messiaen und Pierre Schaeffer (Studio de Musique Concrète in Paris), Professor an der Musikakademie Tel Aviv, 1973 – 89, Professor für Komposition an der Musikhochschule Wien und Leiter des dortigen Institutes für Elektroakustik und experimentelle Musik, Mitglied des österreichischen Kunstsenates.

Werkübersicht

Bühnenwerke (Amerika, Comedie, Ulysses),
Vokalmusik (Credentials, Mobile for Shakespeare),
Orchestermusik (Tableau I – III, Nocturne I – III),
Kammermusik (Streichquartette),
Musique concrète und Werke in graphischer Notation,
Schriften (Musik-Graphik / Pre-Texte).

Literatur

Roman Haubenstock-Ramati zum 70. Geburtstag, hrsg. v. Ariadne Verlag, Wien 1989.

Tableau III (1971)

(Ausschnitt)

Der Komponist schrieb die drei Tableaux als Teile eines Zyklus, der von Ideen der Malerei (Tachismus) beeinflußt ist (frz. tableau = Gemälde). Das 3. Tableau faßt Klangereignisse der beiden vorherigen Teile zusammen.

Die zwölf ersten Geigen füllen in langsamem Crescendo eine Klangfläche durch asynchrone Bewegungen aus; große Septimen und Flageolett-Töne sind bevorzugt vertreten. Jedes Instrument pendelt zwischen zwei Tönen. Ab [2] ändern sich die Elemente, die zweiten Geigen wiederholen nunmehr vier Töne pro Spieler, die sukzessive von den zwölf ersten Geigen übernommen werden.

Das rhythmisierte Aufschlagen des Bogenholzes (col legno) bewirkt ab [4] klanglichen Kontrast. Dazu treten ein Tremolo der Holzbläser und bei [8] Glissandi, welche sich aus der Quart zum Unisono verengen und dann sich wieder zur Quart auffächern.

Asynchron setzen die tiefen Streicher im fff ein, der Klang der Blechfolie ergänzt dies – ein Zwölfton-Cluster der ersten Geigen folgt.

Die Klangflächen auf der Partiturseite 9 ändern ihre Dichte (Vl. 2 – Kb.). Heterogen rhythmisierte Klänge sind auf der rechten Seite der Partitur angezeigt, die Detailausführung ist auf Seite 8 angegeben. Die prägnanten Akkorde der Blechbläser (ffff) markieren den ersten Höhepunkt des Klangstückes. Ab [14] produzieren die Streicher wie bei [1] irisierende Klänge, die bei [15] in asynchron einsetzende „Mordente" übergehen.

Innerhalb einer formal exakt notierten Komposition werden dauernd sich verändernde Mikrostrukturen hörbar, Klangflächen – welche ein bewegtes Innenleben aufweisen. Nicht die Polyphonie der Einzelstimmen sondern die Gegenüberstellung bzw. Überlagerung verschiedener Klangkomplexe garantiert die Farbigkeit und den Abwechslungsreichtum des Werkes. In der Diktion des Komponisten handelt es sich um ein „Stabile", ein vorgeformtes Werk. Die Platteneinspielung von Michael Gielen dehnt etwas den Verlauf der einzelnen Zeitblöcke, welche in Sekunden am unteren Rand der Partitur angegeben sind; es kommt jedoch dem Komponisten auf die Proportion der Zeitabschnitte an, nicht auf exakt mechanische Wiedergabe. Auf die Platte gebannt und wiederholt gespielt, entzieht sich das Gehörte dem Reiz der Live-Interpretation, die jedesmal im Detailbereich anders ausfallen muß. Diese Offenheit der Realisierung schwebt dem Komponisten vor, wenn er sagt „am schönsten sind die Rätsel, die verschiedene Lösungen zulassen".

ROMAN HAUBENSTOCK - RAMATI

born 27 February 1919 in Cracow

Studied composition and musicology at the University of Cracow. Representative of the avantgarde; strongly influenced by the work of Anton Webern, and by Olivier Messiaen and Pierre Schaeffer (Studio de Musique Concrète in Paris). Professor at the Music Academy in Tel Aviv, 1973 – 89 professor of composition at the Vienna Musikhochschule and director of its Institute for Electro-acoustic and Experimental Music. Member of the Austrian Kunstsenat (Arts Senate).

Work resumé

Stage works (Amerika, Comedie, Ulysses),
Vocal music (Credentials, Mobile for Shakespeare),
Orchestral music (Tableaux I – III, Nocturnes I – III),
Chamber music (String quartets),
Musique concrète and works in graphic notation,
Writings (Musik-Graphik / Pre-Texte).

Literature

Roman Haubenstock-Ramati zum 70. Geburtstag, published by Ariadne Verlag, Vienna, 1989

Tableau III (1971)

(Excerpt)

The three Tableaux were composed as parts of a cycle influenced by ideas from another of the arts, painting, namely tachism or action painting. The French word tableau means picture or painting. Tableau III combines sound occurrences from the other two Tableaux.

In a slow crescendo, the twelve first violins cover a sound surface in asynchronous motion; major sevenths and harmonics predominate. Each instrument oscillates between two tones. After [2] the elements change: the second violins repeat four tones per player, which are taken over successively by the twelve first violins.

After [4], a rhythmic col legno (striking the strings with the wood of the bow) produces a contrast of sound. It is joined by a tremolo in the woodwinds and, at [8] by glissandos which narrow from a fourth to a unison and then spread out to a fourth again.

The low strings enter asynchronously in fff; this is augmented by the sound of the lastra (thunder sheet), and a twelve-tone cluster in the violins follows.

The sound surfaces on p. 9 of the score change their density (Vl. 2 – Cb.). Sounds in heterogeneous rhythms are indicated on the right side of the score, the detailed execution is shown on p. 8. Trenchant chords in the brass (ffff) mark the first climax of the piece. After [14] the strings produce iridescent sounds as at [1] ; at [15] these turn into asynchronously entering "mordents".

Within a precisely notated composition, constantly changing microstructures become audible, sound surfaces which have an animated inner life. The work's colourfulness and variety are the result not of a polyphony of individual parts but of the contrast or overlaying of various sound complexes. The composer calls this work a "stabile" (as opposed to a mobile), a preformed piece. In the recording by Michael Gielen, the durations of the individual time blocks – given in seconds in the lower margin of the score – are somewhat lengthened, but what is important for the composer is the proportion of the time segments, not a precise mechanical rendering. On a record, and played several times over, what one hears lacks the spontaniety of a live performance, which cannot help but differ in details. This "open realization" is what the composer has in mind when he says, "The most interesting riddles are those which permit a variety of solutions."

Besetzung/ *Instrumentation*

3 flauti (3° anche piccolo) / 2 oboi / 3 clarinetti in si♭ (3° anche clarinetto in mi♭) / fagotti
4 corni / 3 trombe in do / 3 tromboni
percussione (4 esecutori): 2 blocchi di legno / 3 blocchi di legno coreani / 3 campanacci / 2 bongos / conga / cassa rullante / 3 tom-toms / gran cassa / 3 piatti sospesi / foglia di latta sospeso / tam-tam grande / 2 timpani grande, con pedale
12 violini 1 / 12 violini 2 / 10 viole / 10 violoncelli / 6 contrabassi

Anmerkung des Komponisten zu Tableau I

Der Grundgedanke ist, daß die Aufzeichnung der Partitur gleichzeitig ein Bild des musikalischen Geschehens „auf einen Blick" ermöglicht. Dabei kann nicht stark genug unterstrichen werden, daß es sich hier keinesfalls um ein Werk der sogenannten „Musikalischen Grafik" handelt.

Formell gesehen ist „Tableau" ein Stabile (ein eindeutig festgelegter Formablauf), aus einer Reihe musikalischer Aktionen gegliedert, die – was die Tonhöhen betrifft – eindeutig sind, und – was den Zeitablauf (Rhythmus) betrifft – in drei verschiedenen Arten des Ablaufs eingeteilt werden können:

a) synchron: gleichzeitig scharf auf das Zeichen des Dirigenten eingesetzt,
b) non-synchron: gleichzeitig, aber unscharf (Reaktionszeit) eingesetzt,
c) ein begrenzt variabler Ablauf der Aktionen, die wie unter a) und b) eingesetzt werden.

So sind diese Aktionen die immer eindeutig festgelegten, musikalischen Objekte, die ihren streng festgelegten Platz im gesamten Zeitablauf (Form) des Stückes einnehmen.

Die Aufzeichnung der Partitur des „Tableau" ist so konzipiert, daß das musikalische Geschehen möglichst schnell vom Dirigenten übersehen werden kann, in Hinsicht auf das Essentielle: Einsätze, Ablauf des Geschehens (Zeitdauer, Dynamik usw.). Diese auf das Essentielle reduzierte Aufzeichnung befindet sich jeweils auf der rechten Seite der aufgeschlagenen Partitur; die linke Seite wird stets für die notwendigen Erklärungen und eventuellen Ergänzungen des Partiturbildes verwendet.

Zweifelsohne könnte diese Musik, partiturgemäß, auf die übliche Art notiert werden; einige Beispiele einer solchen „Orchester-Material-Partitur" wird man an einigen Stellen als Erklärung finden. Der Weg, den ich hier gegangen bin (und der keineswegs als Muster der Partituraufzeichnung schlechthin dienen kann), scheint mir berechtigt, allein schon dadurch, daß die Wahl des Materials gleichzeitig nach klanglichem und visuellem Aspekt getroffen wurde.

zur partitur

Im vorliegenden Werk ist – wie schon früher in "Tableau I" und "Tableau II" – die Aufzeichnung der Partitur auf je zwei einander gegenüberliegende Seiten verteilt.

Die rechte Seite ist eine Art "Dirigierstimme" – sie enthält Anweisungen für Zeichengebung, Synchronisation des musikalischen Geschehens und alles Sonstige, das der Kontrolle des Dirigenten unterliegt, ferner Andeutungen, wie die – mehr oder weniger begrenzten – aleatorischen Aktionen vom Dirigenten beeinflußt werden können oder sollen.

Die detaillierte Aufzeichnung dieser Aktionen – voll oder abgekürzt notiert – ist auf der linken Seite wiedergegeben.

zeichenerklärung

▼ – Schlag des Dirigenten

 – die Aktion beginnt (synchron) mit dem Schlag

 – die Aktion endet (synchron) mit dem Schlag

 – asynchroner Einsatz der Aktion; die Instrumentalisten reagieren auf den Schlag des Dirigenten – individuell – mit einer kleinen Verspätung. Die Größe des Kreises suggeriert die relative Größe des Zeitraumes innerhalb dessen die einzelnen Spieler einzusetzen haben.

 – wie oben, aber mit gelenkter Folge der einzelnen "verspäteten" Einsätze – hier beginnend vom ersten bis zum letzten Spieler.

 – wie oben, beginnend vom letzten bis zum ersten Spieler

 – asynchrone Beendung der Aktion

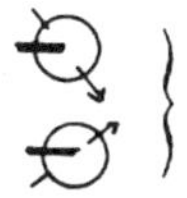 – wie oben

Hauptton (relativ notiert). Die absolute Tonhöhe wird jeweils für das betreffende Instrument angegeben; z. B.:

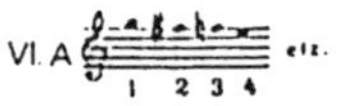

Abweichungen vom Hauptton; chromatisch aufwärts

Abweichungen vom Hauptton; chromatisch abwärts

N. B.: An den „sehr schnell" gespielten Stellen können die Abweichungen auch durch ... etz. dargestellt werden.

mordentartige Verzierungen durch die Schritte der kleinen und großen Sekunde und kleinen Terz aufwärts oder abwärts vom angegebenen Hauptton; z. B.:

Der Balken zeigt die Dauer der Aktion an.

1) z.B. (35) (36) = Einsätze, die vom Dirigenten gegeben werden. Die Dauern von Einsatz zu Einsatz werden auf dem unteren Ende der Seite angegeben (meist in Sekunden).

2) 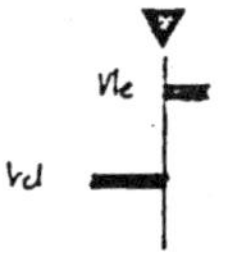

= Zeichen für den Einsatz einer Gruppe ist gleichzeitig Zeichen für das Absetzen einer anderen Gruppe.

3) : 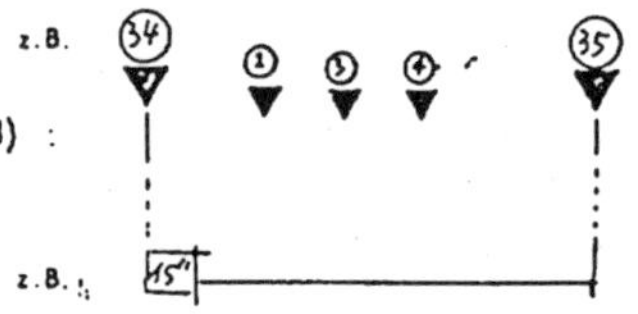

Werden die Zwischendauern nicht angegeben, so sind sie nach Proportionen (Zeit = Raum) zu werten.

4) Gewisse Aktionen "so schnell wie möglich" sind in der Aufzeichnung breiter notiert als ihr realer Ablauf.

5) Regelmäßige (gleich schnelle) Notengruppen:

a) so schnell wie möglich

b) schnell

c) nicht zu schnell

6) Unregelmäßige Notengruppen:

werden nach Proportionen gelesen.

7) Einzelne Noten:

kurz

gehalten (die Form der Aufzeichnung ist von Spielart und/oder Dynamik abhängig), z.B.:

▾ sfz ϙ pizzfff × col legno battuto ◇ Flag. cresc.

dim. tremolo, usw.

8) oder Tonrepetitionen von ziemlich langsam bis so schnell wie möglich.

Die Zeichenerklärung ist aus entsprechenden Angaben der Partituren der drei Tableaux zusammengestellt.

CD 1 – Track 16

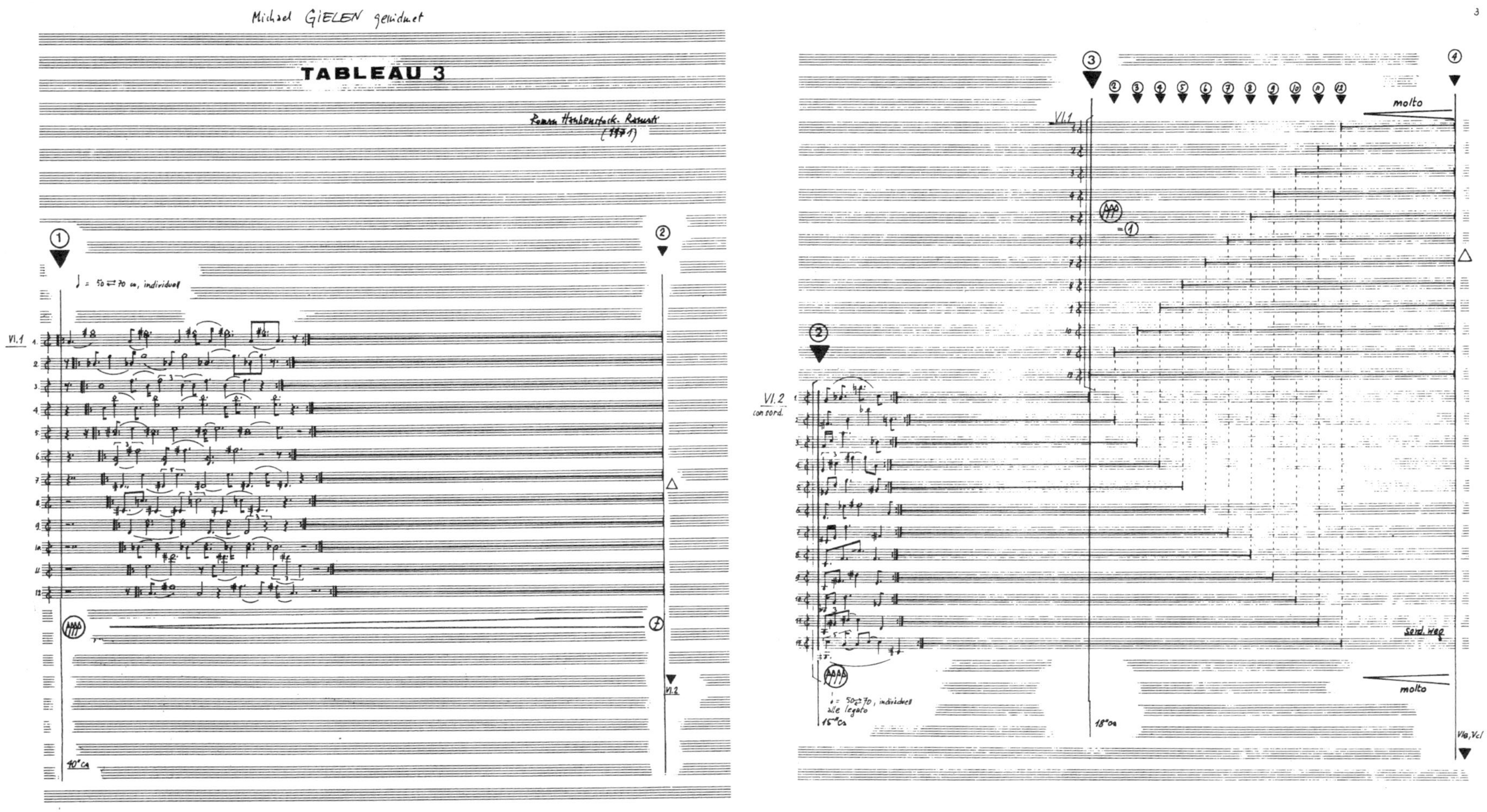
Michael GIELEN gewidmet
TABLEAU 3
Roman Haubenstock-Ramati
Vl.1
Vl.2
con sord.
molto
Vla, Vcl
40"ca
18"ca
15"ca
sord. weg
3

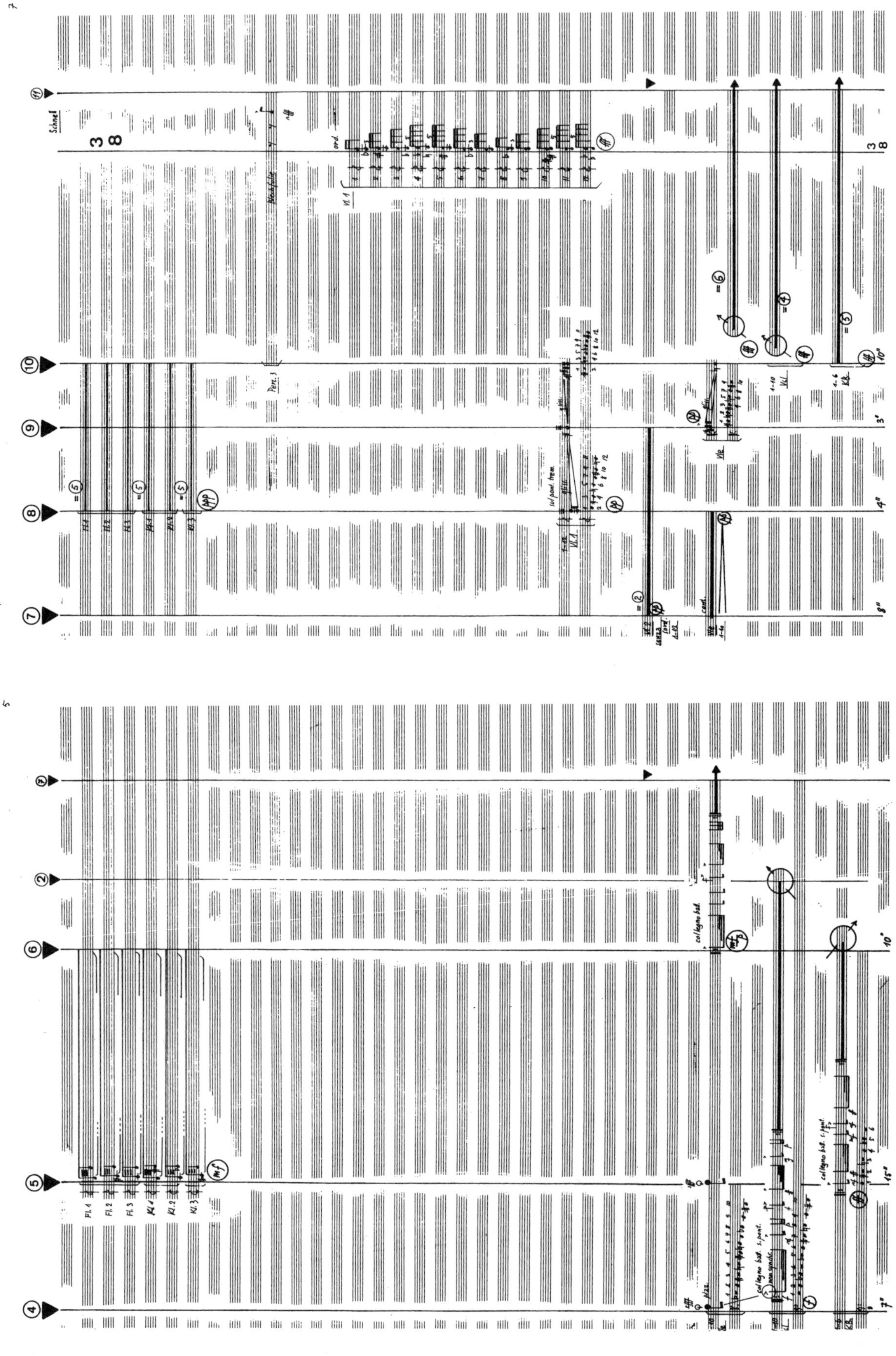

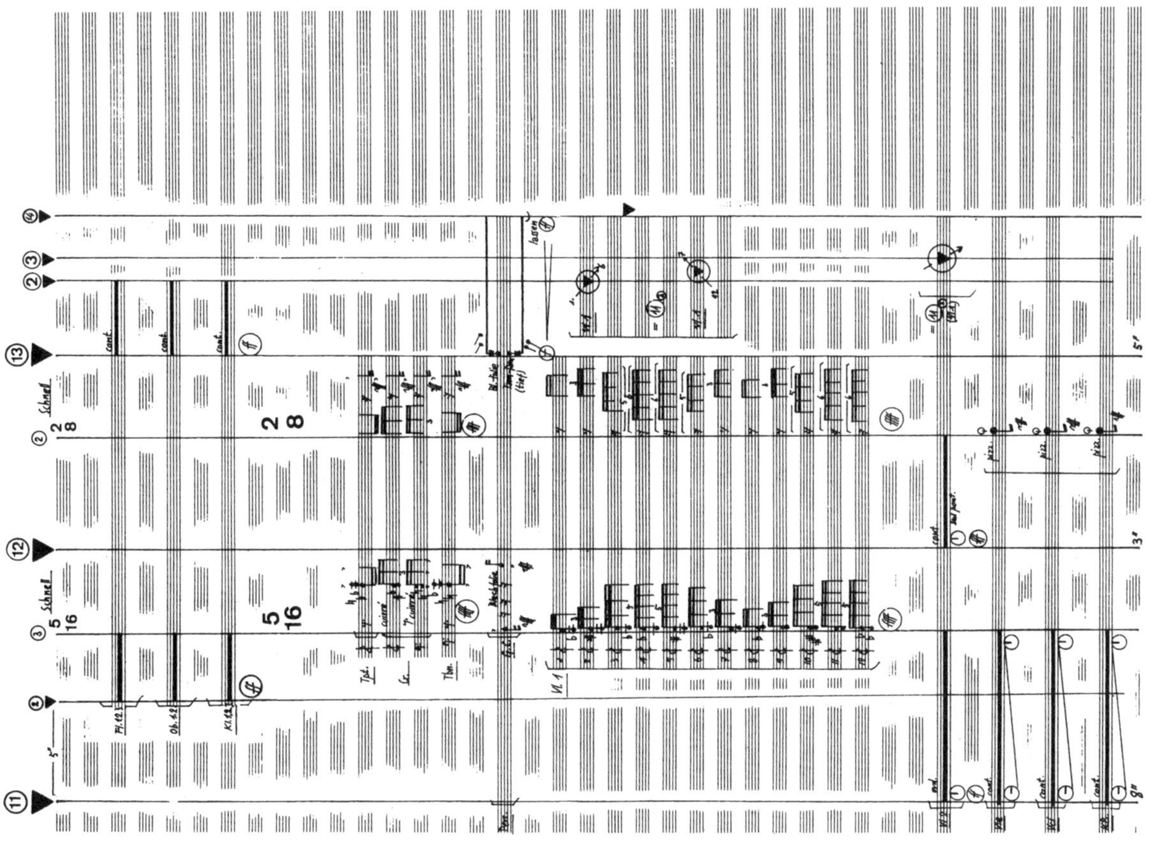

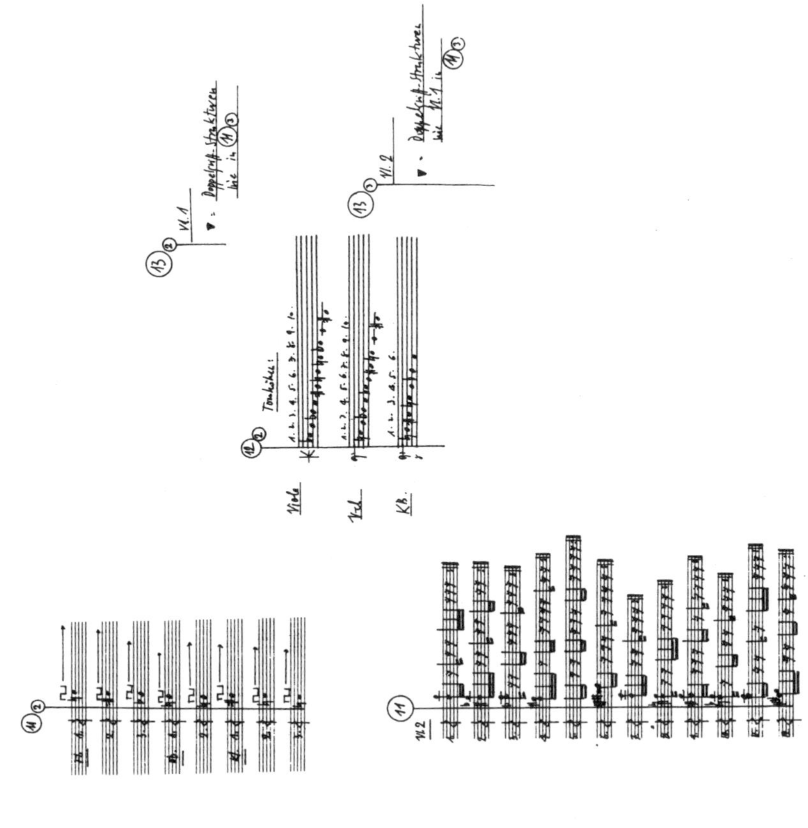

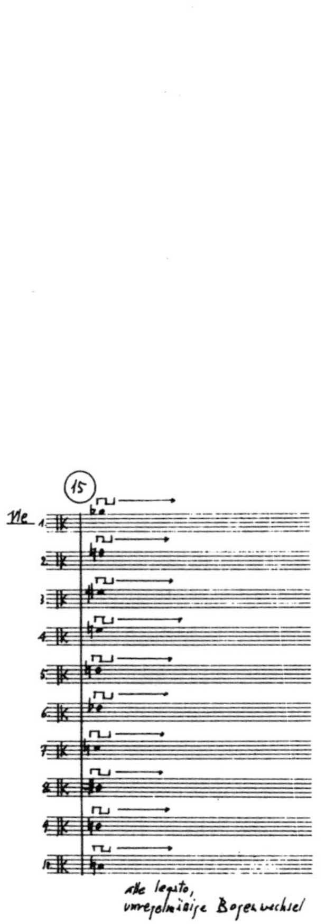
10
Vle
alle legato,
unregelmäßige Bogenwechsel

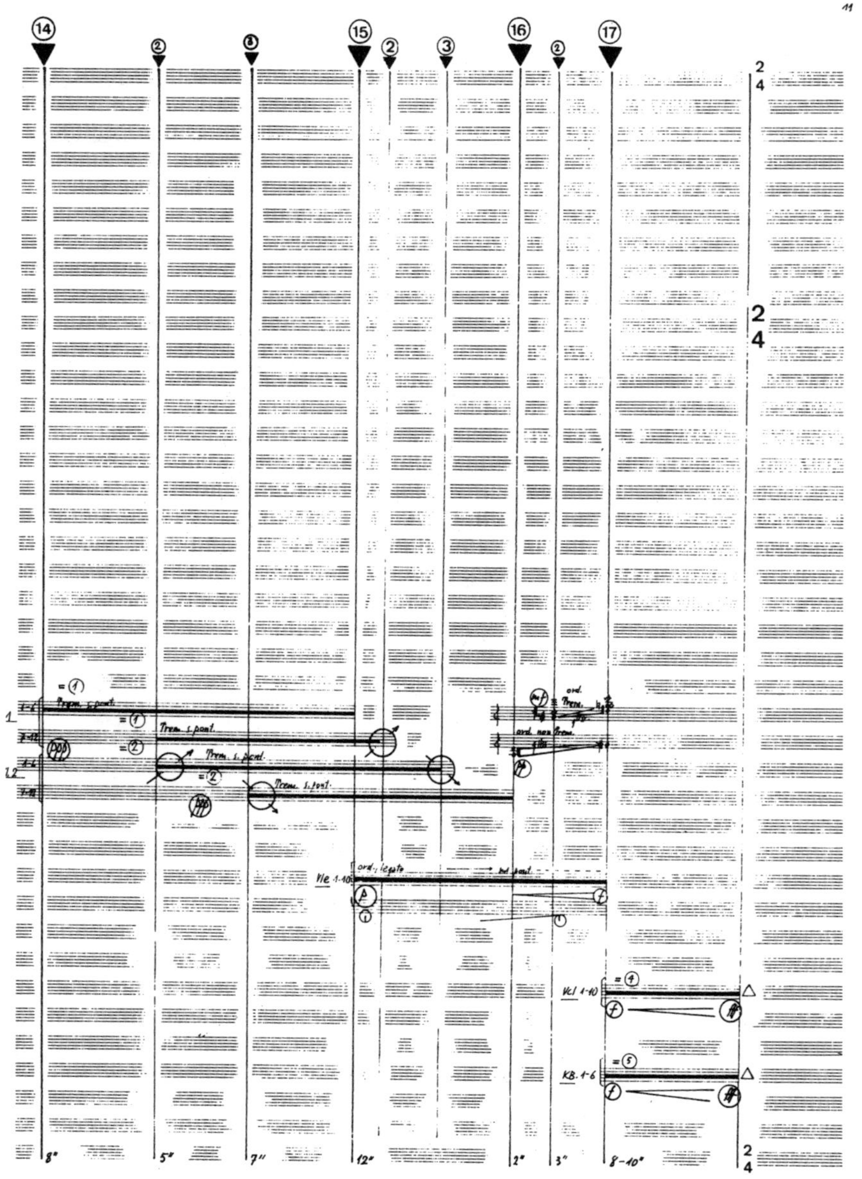
11
Trem. s.pont.
ord.; legato
Vle 1-10
Vcl 1-10
KB. 1-6
8"
5"
7"
12"
2"
3"
8-10"

(etc.)

DIETER KAUFMANN

geb. am 22. 4. 1941 in Wien

Studium an der Musikhochschule Wien (Komposition bei Karl Schiske und Gottfried von Einem) sowie in Paris (bei Olivier Messiaen, René Leibowitz und Elektroakustische Musik bei Pierre Schaeffer). Gründer des „K & K Experimentalstudios" (K & K steht für Dieter Kaufmann und Gunda König, die Gattin des Komponisten). Seit 1991 Professor für Komposition unter besonderer Berücksichtigung der experimentellen und elektroakustischen Musik an der Musikhochschule Wien, Komposition am Kärntner Landeskonservatorium.

Werkübersicht

Bühnenwerke (Volksoper, Bruder Boleslaw),
Vokalmusik (Evocation, Heiligenlegende),
Instrumentalmusik (Ständchen für einen Potentaten, Klavierkonzert „Für Clara"),
Elektronische Musik (Herbstpathetique, Le voyage au paradis),
Multimediale Werke (vor allem für das K & K Experimentalstudio).

Ständchen für einen Potentaten

für Violoncello und Blasorchester, op. 45 (1982)

Der Komponist stellt dem Werk eine Erklärung voran, in der er seine Absicht erläutert, zwischen Hochkultur und Volkskultur, zwischen U- und E-Musik vermitteln zu wollen. Das „Ständchen" zählt zur Programmusik; die äußere Handlung ist von Kaufmann samt Hinweisen zum musikalischen Geschehen schriftlich festgehalten worden:

„Ruhe und Ordnung" – der Potentat (Violoncello) sonnt sich in barockem C-Dur, das Fußvolk huldigt durch Akkordfixierung; doch kann der Potentat auch anders – seine freitonalen Äußerungen schlagen sich zwölftönig nieder. (S. 2: Die Holzbläser übernehmen vom Violoncello sukzessive die Reihentöne – die Pfeile –, während das Blech auf C-Dur beharrt.)

„Druck von unten" – am Beispiel der ersten beiden Takte der Marseillaise (Rhythmus S. 2 f.) baut sich „von unten" Widerstand auf (S. 3: von g ausgehend umfaßt dies alle 7 Töne der C-Dur Tonleiter), während der Potentat intervall-ver-rückt in der Kaiserhymne schwelgt. (Das Kopfmotiv der Marseillaise – 1., 2. Trompete S. 5 – wird vom Geräusch „einer fallenden Guillotine" abgelöst.)

„Ein volkstümlicher Traum" (S. 6: beginnend in den Trompeten) wird zaghaft intoniert, unterbrochen von solistischen Überläufern aus den eigenen Reihen (Alt-Saxophon etc.).

„Einübung im Gesetz" ist die Reaktion des Potentaten. Er gibt den Ton an, seine Lieblingsmelodie findet sich in immer kürzeren Bruchstücken (die auf C-Dur basierenden Tonfolgen, von S. 7 mit Unterbrechungen bis zu den sich wiederholenden Achtelfiguren, S. 15 – 17).

„Anpassungsversuche" – kurzfristig sieht es so aus, als ob Haydn-Thema, Marseillaise und „der volkstümliche Traum" doch zueinander finden könnten (Collagetechnik, S. 8 – 12).

„Druck von oben" – durch ständiges Zerkleinern der Lieblingsmelodie und Übereinanderstapeln des volkstümlichen Traumes in Fertigteilen – Kompaktmusik – (S. 14 f. in Einheiten von 4, 2 Takten, zuletzt in einem Takt komprimiert) wird „die Menge" schrittweise ihrer melodischen Bedeutung beraubt und zur Rhythmusgruppe degradiert.

„Anarchie und Umkehrung der Verhältnisse" ist die Antwort darauf, geläuterter Volkszorn und ein im eigenen Machtmuster gefangener Potentat (nach der aleatorischen Explosion, S. 16, nimmt das Tutti an Tempo ab und findet in absteigendem Duktus zu C-Dur, während das Violoncello eine zwölftönige Folge bis zu Ende wiederholt).

Der Komponist versucht, in diesem musikalisch-politischen Lehrstück typische Verhaltensmuster darzustellen. Die beiden Hymnen dienen dabei als semantische Vokabel, sie sollen jedoch nicht ein spezielles historisches Ereignis suggerieren. Die musikalische Faktur beugt sich den programmatischen Absichten.

DIETER KAUFMANN

born 22 April 1941 in Vienna

Studied at the Musikhochschule in Vienna (composition with Karl Schiske and Gottfried von Einem) and in Paris (with Olivier Messiaen and René Leibowitz, as well as electro-acoustic music with Pierre Schaeffer). Founder of the "K & K Experimentalstudio" (K & K standing for Dieter Kaufmann and his wife Gunda König). Since 1991 professor of composition with special emphasis on experimental and electro-acoustic music at the Vienna Musikhochschule, previously composition teacher at the Carinthian Landeskonservatorium.

Work resumé

Stage works (Volksoper, Bruder Boleslaw),
Vocal music (Evocation, Heiligenlegende),
Instrumental music (Ständchen für einen Potentaten, Piano Concerto "Für Clara"),
Electronic music (Herbstpathetique, Le voyage au paradis),
Multimedia works (principally for the K & K Experimentalstudio).

Ständchen für einen Potentaten
(Serenade for a Potentate)

for cello and wind band, Op. 45 (1982)

In a prefatory note to this piece, the composer states that it was his aim to act as an intermediary between highbrow and low-brow culture, between "serious" and "light" or popular music. The Serenade is programme music; Kaufmann describes the action and what happens in the music:

"Peace and order": the potentate (cello) basks in baroque C major, the masses pay homage by chordal fixation; but the potentate can change his tune – his freer utterances take the shape of twelve-tone lines. (p. 2: the woodwinds successively take over the row tones from the cello – see arrows – while the brass sticks to C major.)

"Pressure from below": taking as a model the first two bars of the Marseillaise (rhythm p. 2 f.), resistance builds up "from below" (p. 3: proceeding from G this covers all seven notes of the C major scale), while the potentate revels madly in the imperial anthem. (The head motive of the Marseillaise – trumpet 1, 2, p. 5 – is superseded by the sound "of a falling guillotine blade")

"A populace's dream" (p. 6, beginning in the trumpets) is faint-heartedly intoned, and is interrupted by soloistic turncoats from the populace's own ranks (alto saxophone, etc.).

"Systematic exercise of the law" is the potentate's reaction. He calls the tune; his favourite melody turns up in ever shorter fragments (the sequences of notes based on C major, from p. 7, with interruptions, to the repeated eighth-note patterns, pp. 15 - 17).

"Attempts at adapting": for a short time it looks as though the Haydn theme, Marseillaise and "populace's dream" might reach an understanding after all (collage technique, pp. 8 - 12).

"Pressure from above": by constantly reducing the favourite melody and stacking up the populace's dream in prefabricated sections (compact music) – p. 14 f. in units of 4, 2 bars, finally compressed into one bar – "the masses" are gradually robbed of their melodic significance and degraded to a rhythm group.

"Anarchy and reversal of circumstances" is the answer, chastened popular anger and a potentate caught in his own power patterns (after the aleatoric explosion, p. 16, the tutti slows down and finds its way, in falling lines, to C major, while the cello repeats a twelve-tone sequence to the end).

In this musico-political didactic piece the composer tries to portray typical behaviour pattern. The imperial anthem and the Marseillaise serve as semantic terms, but they are not meant to suggest any specific historical event. The programmatic intentions determine the make-up of the music.

(Kaiserhymne)

(Marseillaise)

CD 1 – Track 17

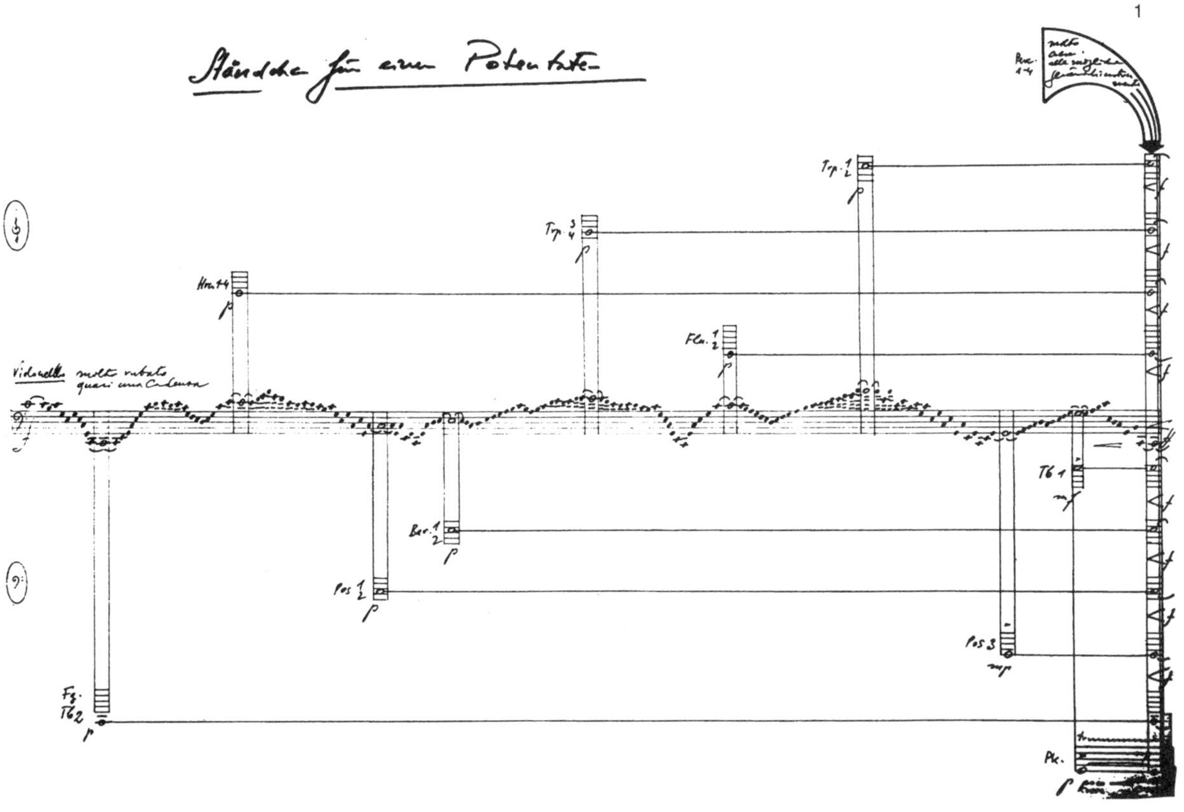

2

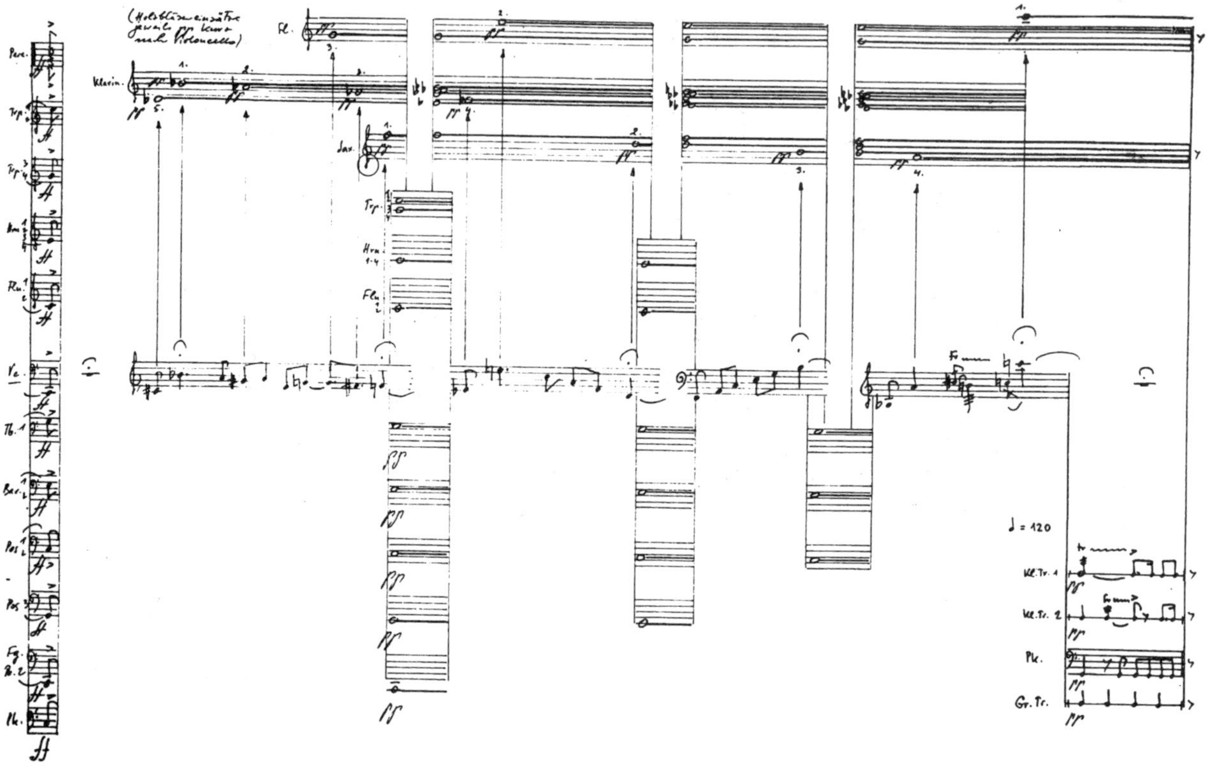

3

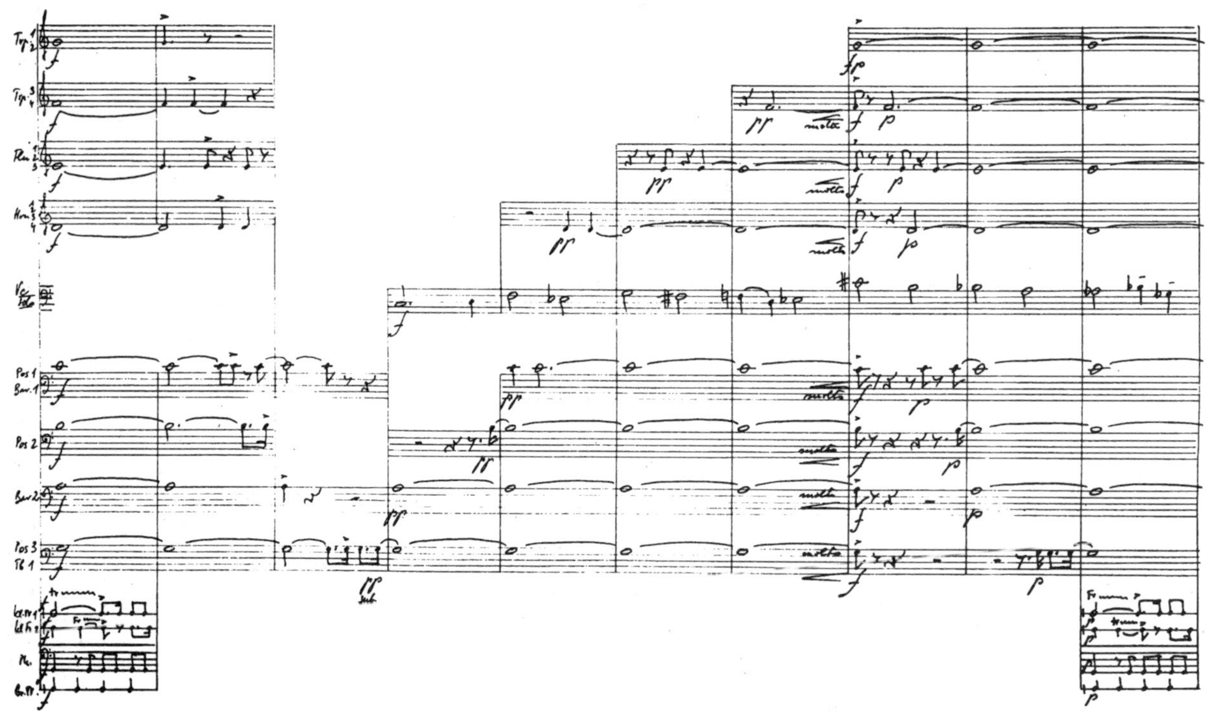

4

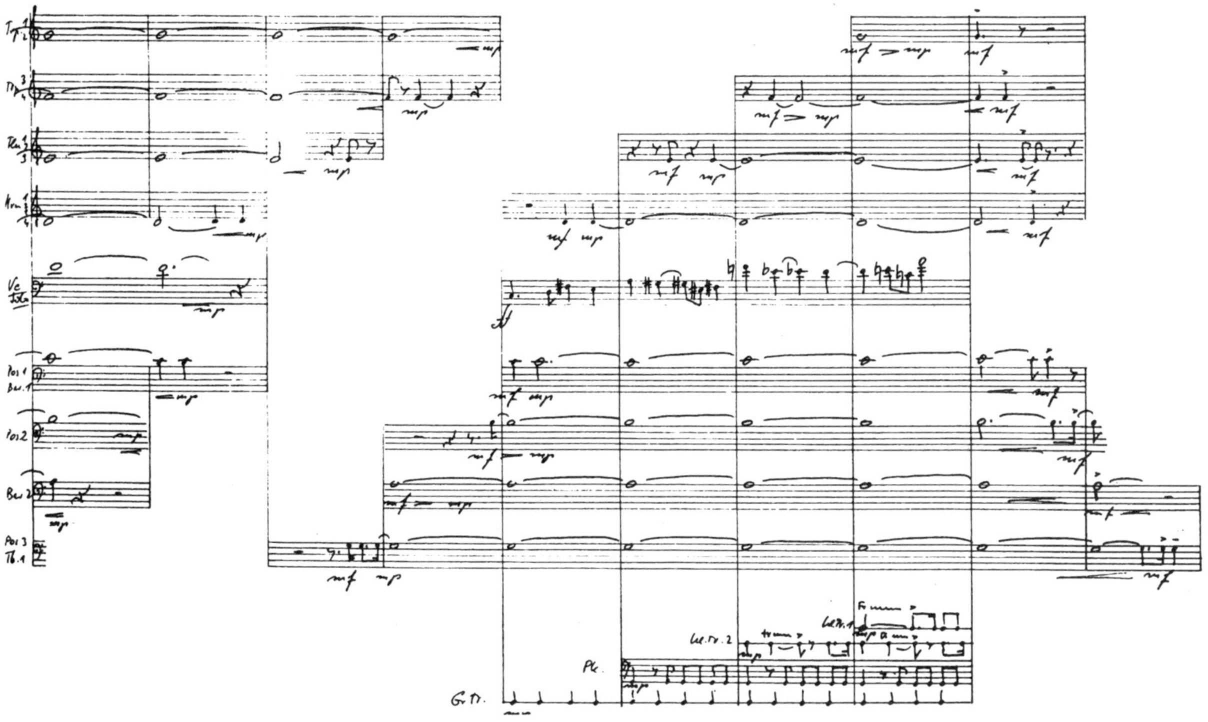

5

6

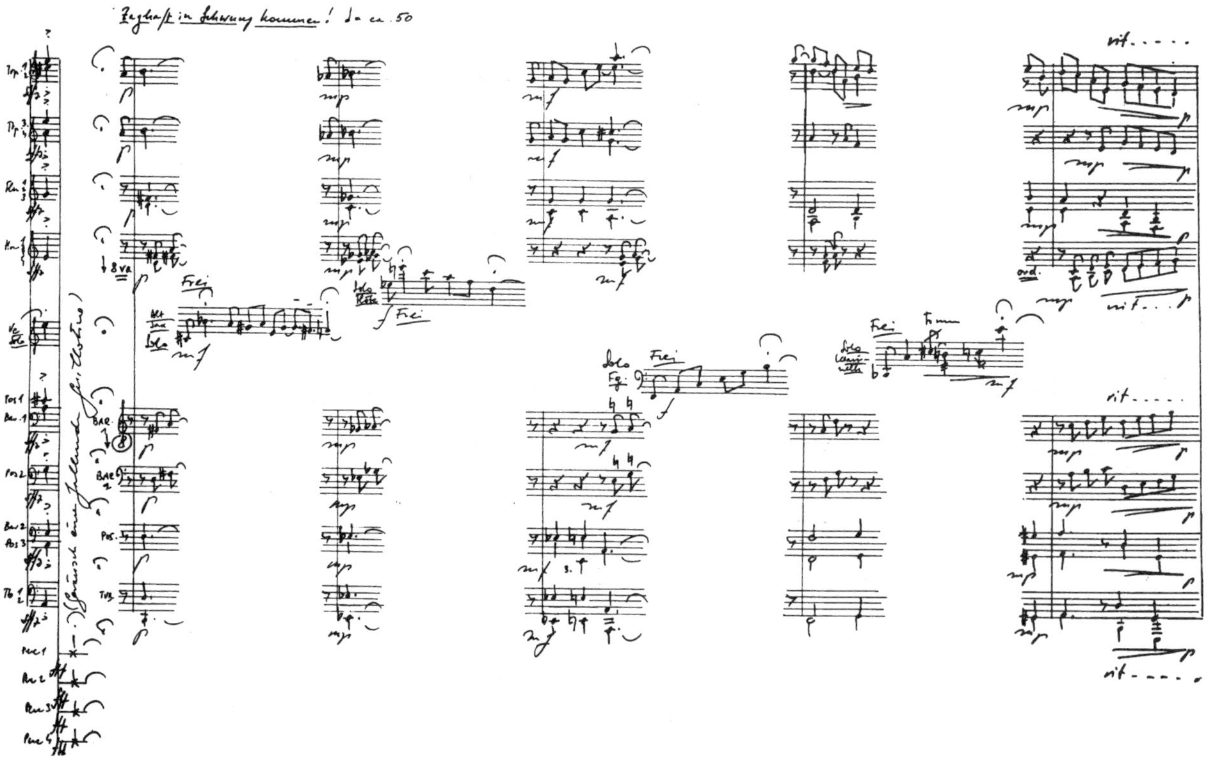
Frei
rit.

7

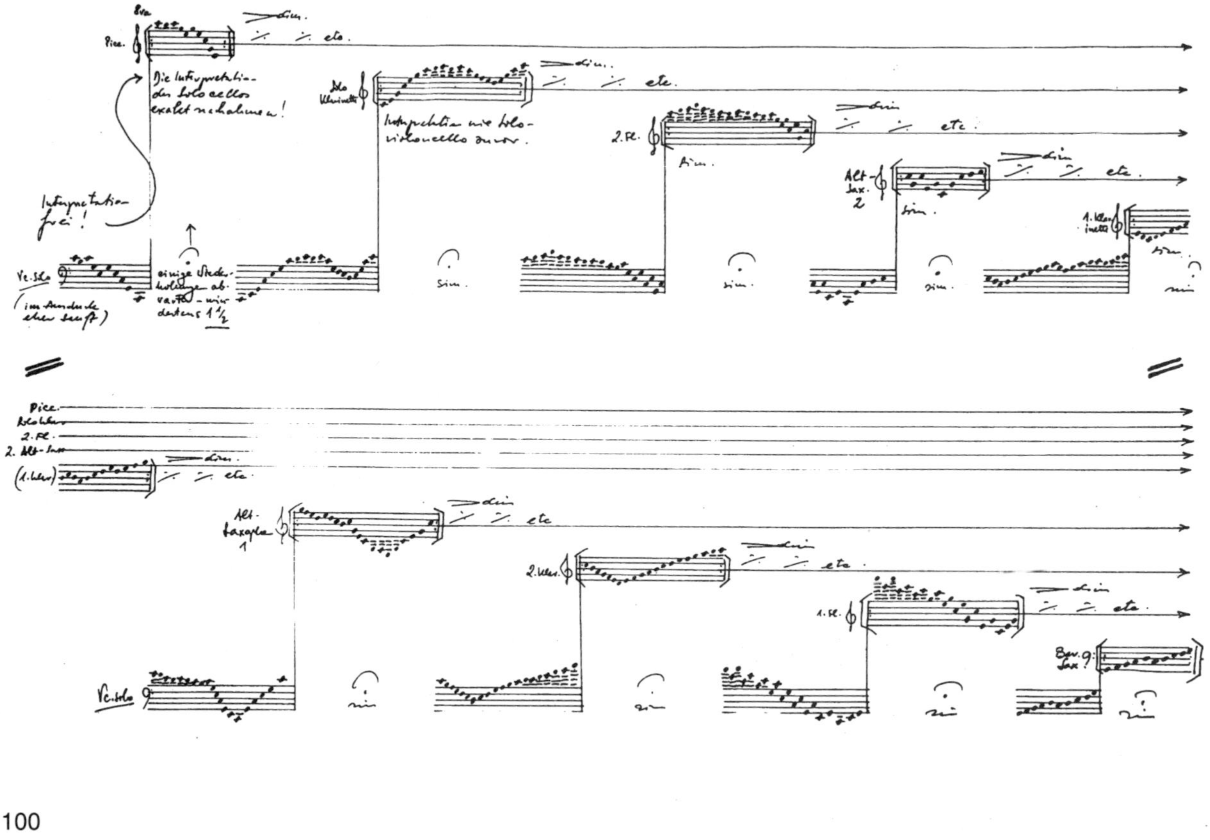
Picc.
Solo Klarinette
2. Fl.
Alt-Sax. 2
Vc. Solo
Die Interpretation des Solocellos exakt nachahmen!
Interpretation wie Solo-violoncello zuvor.
Interpretation frei!
etc.
sim.
dim.
Alt-Saxophon 1
2. Klar.
1. Fl.
Bar. Sax.
Vc. Solo

8

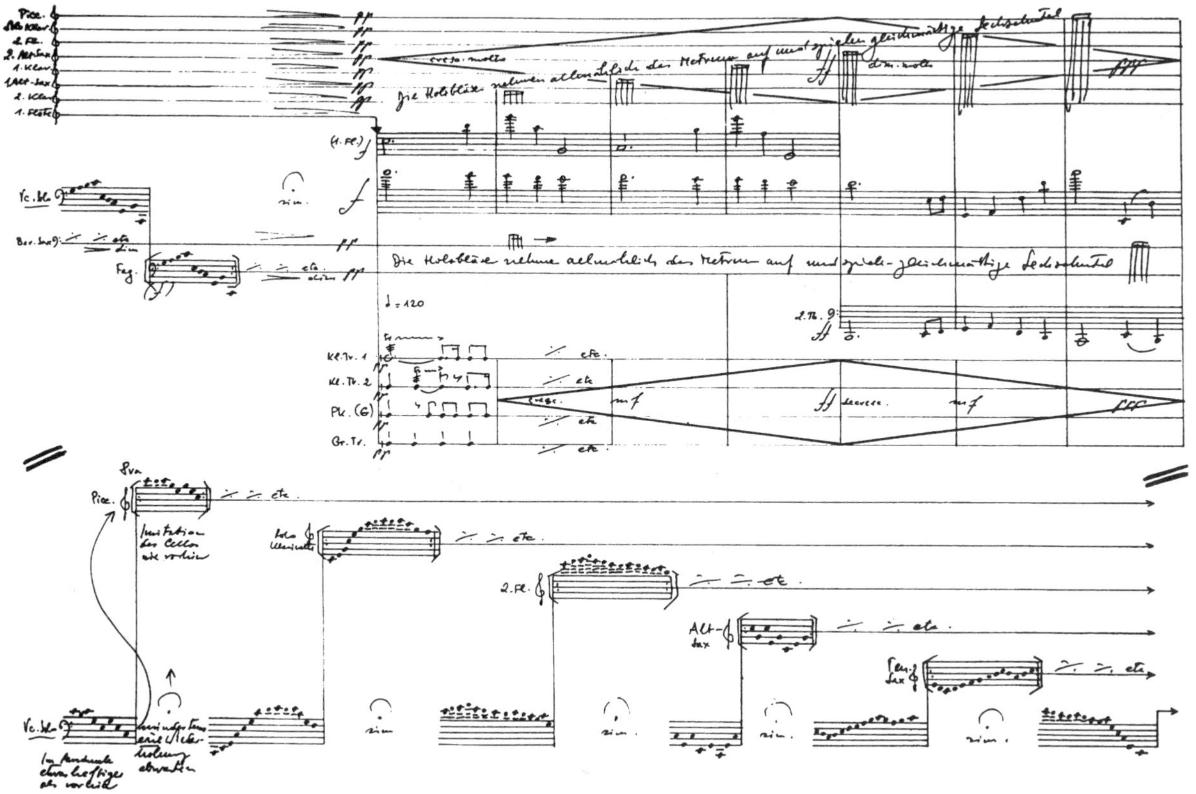

9

10

Picc.
Vc. Solo
Pos.

11

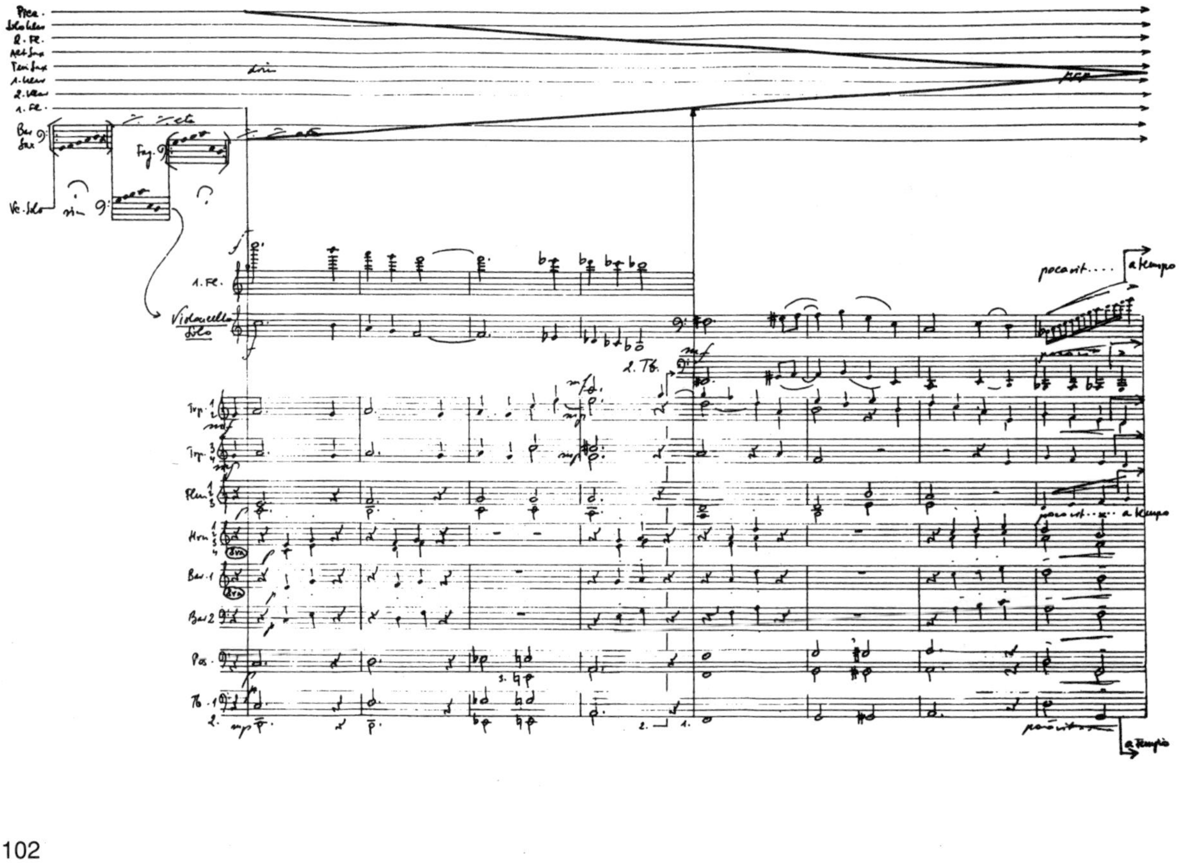

Picc.
1. Fl.
Violoncello Solo
Pos.
poco rit. . . . a tempo

12

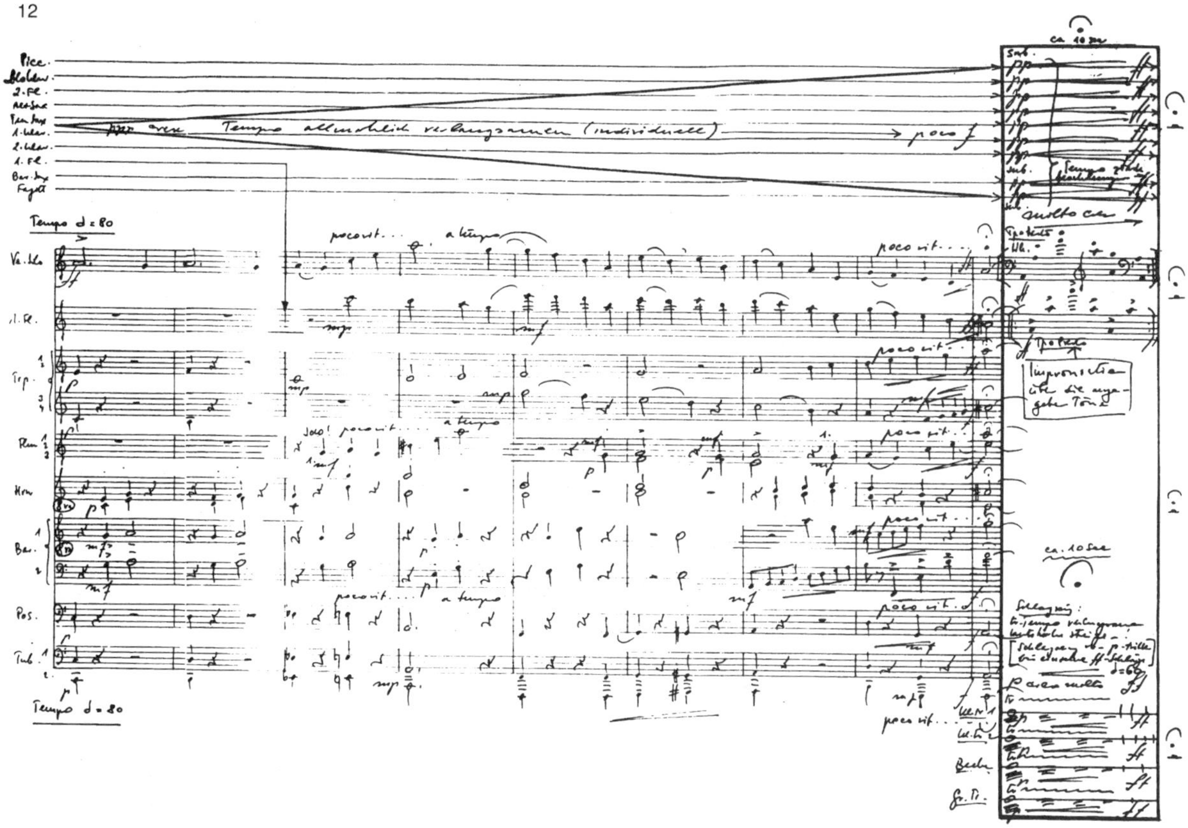
Picc.
Tempo allmählich verlangsamen (individuell)
poco f
Tempo ♩= 80
poco rit...
a tempo
Pos.
ca. 10 sec

13

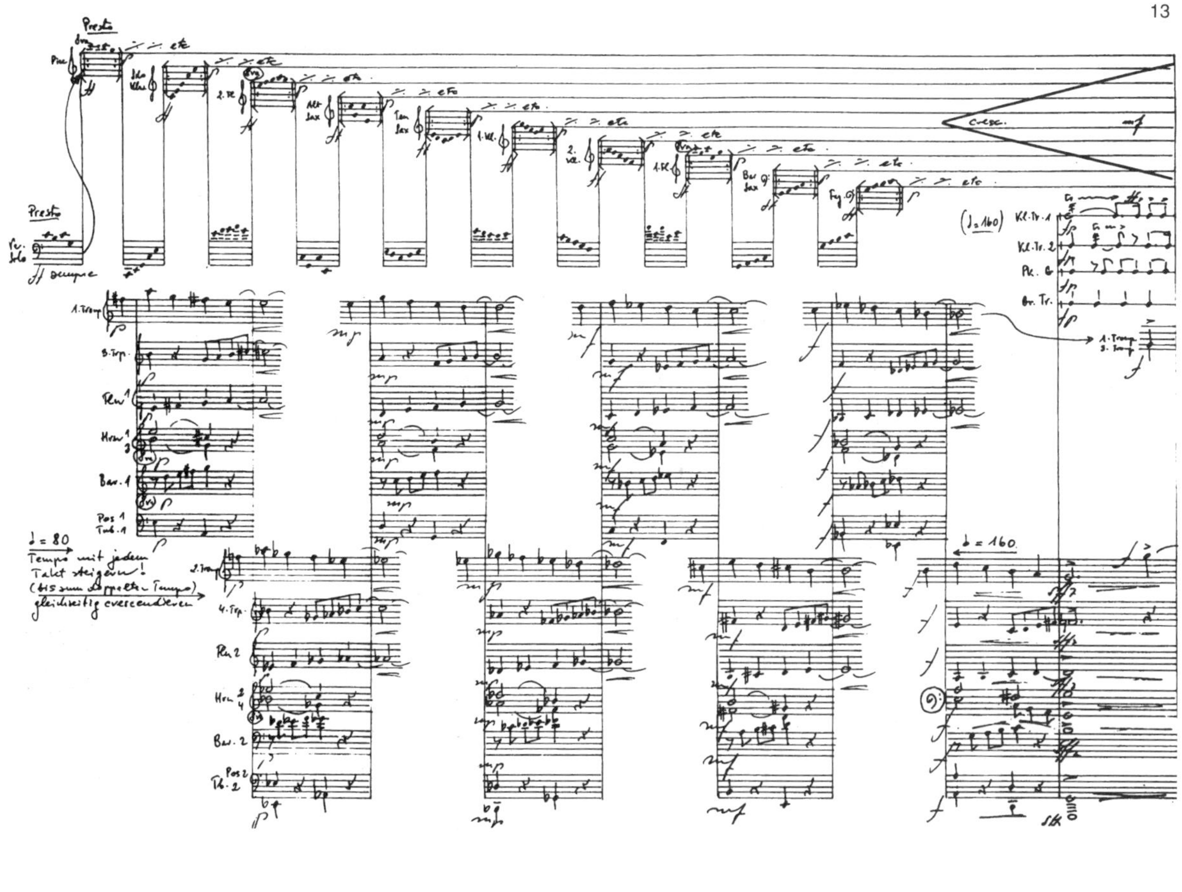
Presto
cresc.
mf
♩= 80
♩= 160

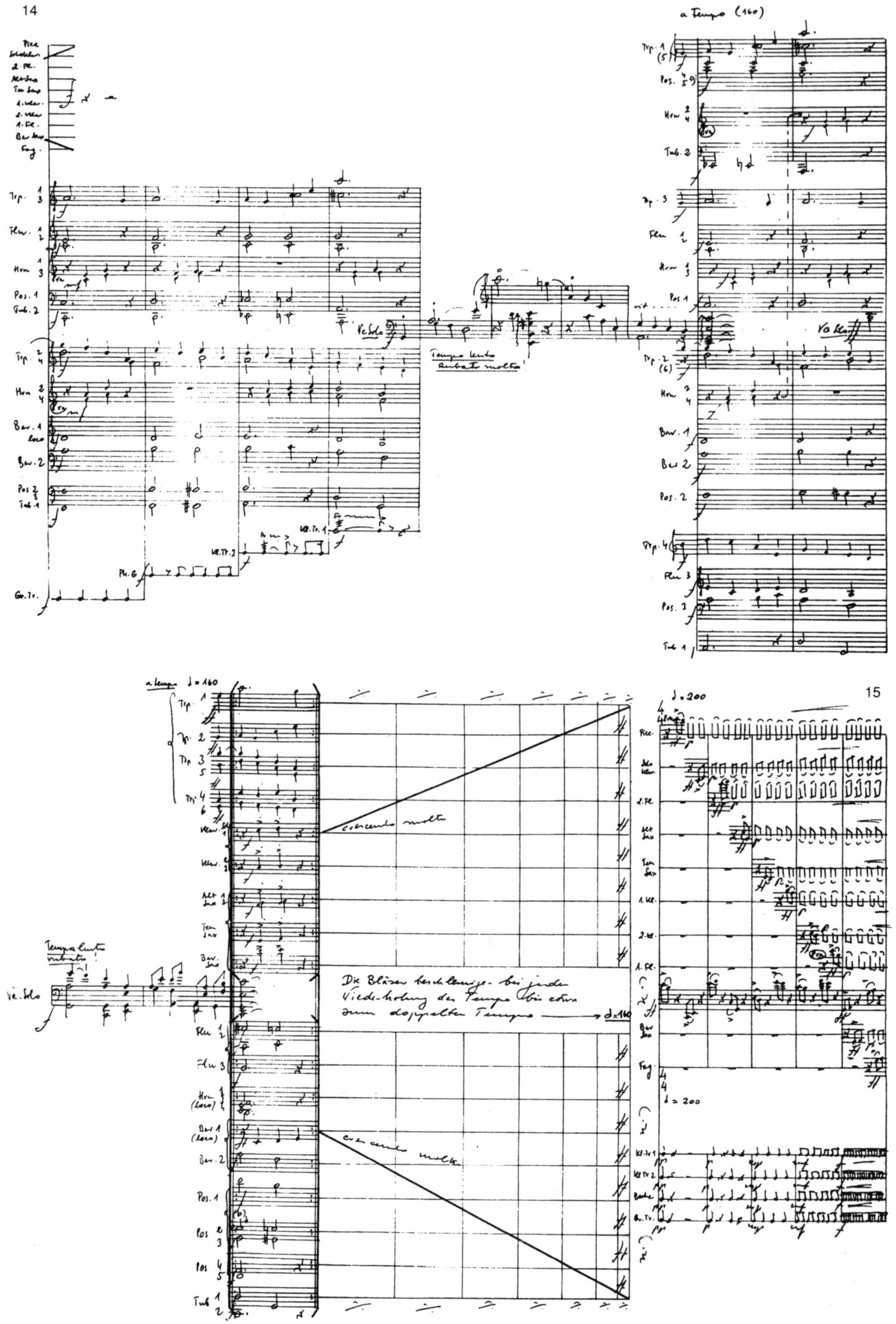
14
a Tempo (160)
Tempo lento
rubato molto
crescendo molto
Die Bläser beschleunigen bei jeder Wiederholung das Tempo bis etwa zum doppelten Tempo
15

16

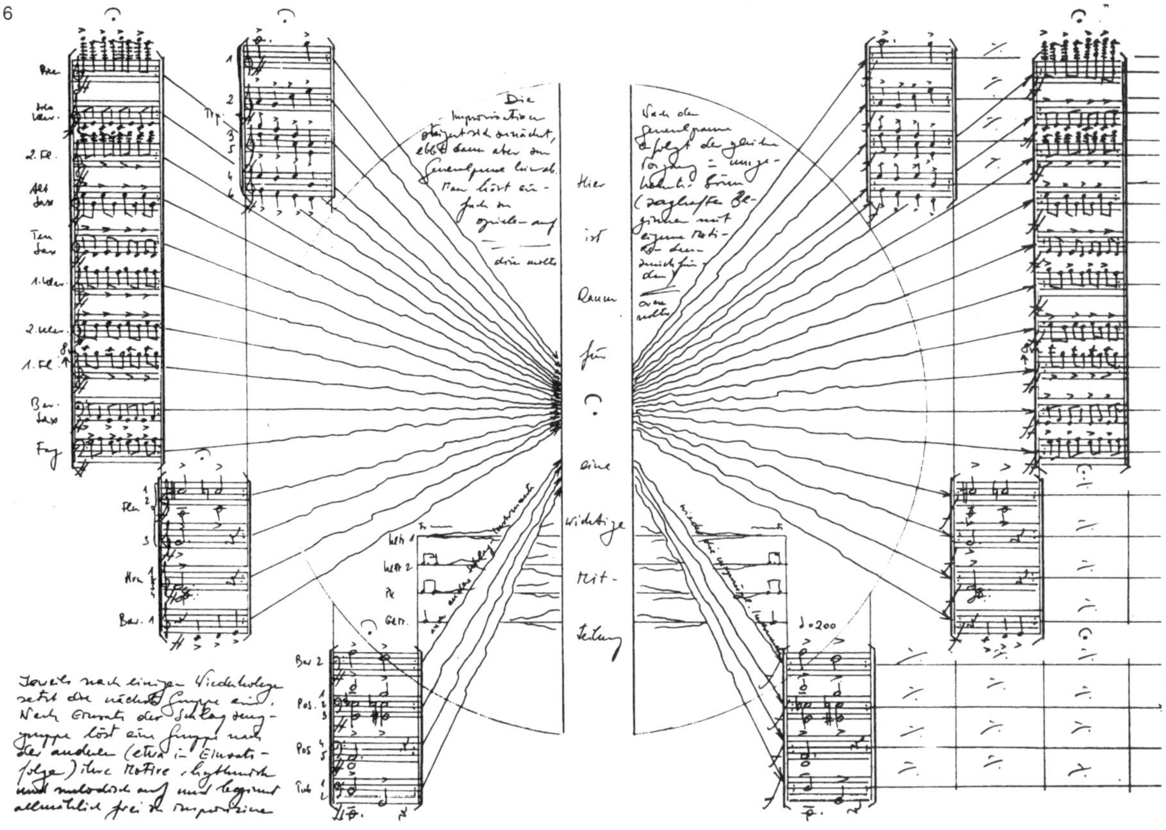
Hier ist Raum für eine wichtige Mitteilung
Jeweils nach einigen Wiederholungen setzt die nächste Gruppe ein. Nach Einsatz der Schlagzeuggruppe löst eine Gruppe nach der anderen (etwa in Einsatzfolge) ihre Motive, rhythmisch und melodisch auf und beginnt allmählich frei zu improvisieren

17

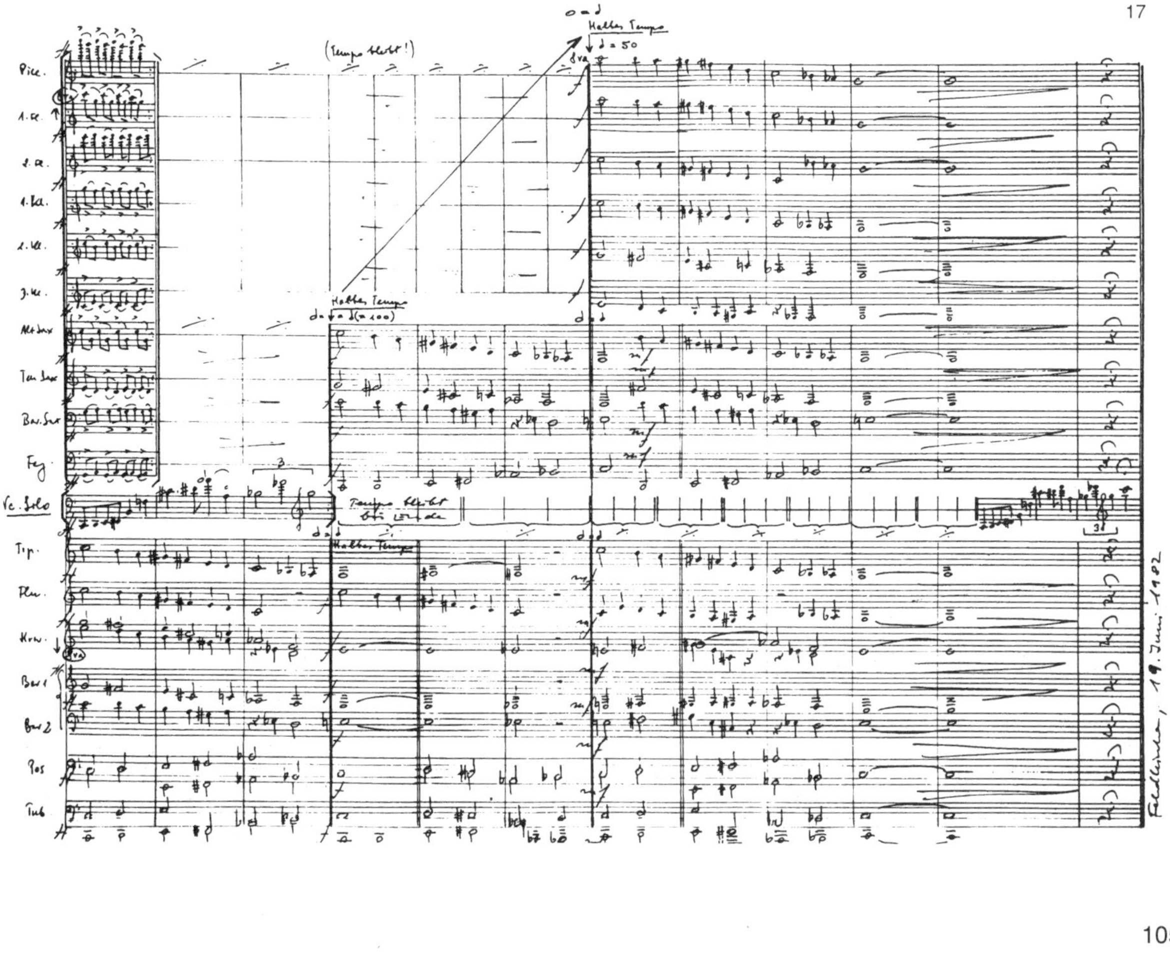
Halbes Tempo
(Tempo bleibt!)
Vc. Solo

ERNST KRENEK

geb. am 23. 8. 1900 in Wien
gest. am 22. 12. 1991 in Palm Springs (Kalifornien)

Studium an der Musikhochschule Wien (Komposition bei Franz Schreker) und an der Universität Wien (Philosophie). Professor an der Preußischen Hochschule für Musik in Berlin. Kontakte zu Ferruccio Busoni, Karl Kraus. Freischaffender Komponist, Dirigent, Feuilletonist, Literat. Nach der Emigration in die USA Professor an verschiedenen Universitäten.

Seine in den vergangenen 70 Jahren geschaffenen Kompositionen weisen stilistische Vielfalt auf. Krenek begann tonal zu schreiben, daraufhin folgte eine tonalitätsfreie Periode (1. – 3. Symphonie) sowie eine neoklassizistische. Einflüsse des Jazz sind in seiner Oper „Jonny spielt auf" zu finden, neoromantische Elemente im Liederzyklus „Reisebuch aus den österreichischen Alpen". Ab 1931 eignete sich Krenek die Zwölftontechnik an (Karl V.), serielle Kompositionsverfahren (Ausgerechnet und verspielt – eine Spieloper) sowie Techniken der elektronischen Klangerzeugung (Orga-Nastro) und der Aleatorik.

Werkübersicht

Bühnenwerke (Orpheus und Eurydike; Jonny spielt auf; Leben des Orest; Karl V.; Pallas Athene weint),
Vokalwerke (Reisebuch aus den österreichischen Alpen; Lamentatio Jeremiae Prophetae; Sestina; Spiritus intelligentiae, sanctus),
Ballette,
Orchesterwerke (5 Sinfonien),
Konzerte,
Kammermusik (8 Streichquartette),
Elektronische Musik,
Dichtungen, Schriften über Philosophie und Musik (Selbstdarstellung, Horizons circled – Reflections on My Music, Gedanken unterwegs).

Literatur

Friedrich Saathen: Ernst Krenek, München 1959
Lothar Knessl: Ernst Krenek, in: Österreichische Komponisten des XX. Jahrhunderts, Bd.12, Wien 1965
Claudia Maurer-Zenck: Ernst Krenek – ein Komponist im Exil, Wien 1980
Ernst Krenek – Musik-Konzepte, Heft 39/40, hrsg. von Heinz-Klaus Metzger und Rainer Riehn, Oktober 1984
John Stewart: Ernst Krenek, Tutzing 1990

2. Symphonie (1922)

3. Satz, Finale – Adagio (Ausschnitt)

Der Finalsatz von Kreneks 2. Symphonie gehört zu den erschütternden künstlerischen Expressionen unseres Jahrhunderts. Mannigfaltige Bezüge zur Sinfonik Bruckners sind evident, doch gleichzeitig wie in das pessimistische Gegenteil verwandelt. Krenek setzt wiederholt zu gewaltigen Steigerungen in Tempo, Dynamik und Klangfülle an. Sie erreichen nicht befreiende Höhepunkte, sondern spiegeln Vergeblichkeit, Destruktion und Zerfall wider. Die Symphonie schließt mit einem Schock; Krenek schrieb dazu: „Ich erinnere mich lebhaft, daß die letzte Steigerung in dem abschließenden Adagiosatz den Eindruck hervorrief, daß, wenn diese Anhäufung von Klangmassen nur noch ein wenig länger fortginge, der Saal einstürzen oder sonst eine Katastrophe von unabsehbaren Ausmaßen eintreten würde" (Selbstdarstellung S. 14).

Das Problem der Formgestaltung in ausgedehnten sinfonischen Sätzen wächst mit der Abkehr von Tonalität und prägnanten Themen. Im Finalsatz versucht Krenek eine Gliederung, welche in mehreren Stufen aus gleichem thematischen Ausgangsmaterial monumentale Steigerungen aufbaut. Im Unterschied zum 1. Satz dieser Sinfonie kann man im Finale von charakteristischen Themen sprechen. Zwei thematische Gedanken liegen dem konsequent tonalitätsfreien Satz zugrunde: eine rhythmisch-pointierte Auf-Ab-Bewegung und als deren freier Kontrapunkt ein beklemmender Marschrhythmus.

Die erste Steigerung vollzieht sich im Adagio, die zweite vom Andante bis zum Allegro. Beide verebben im *ppp*. Sowohl die großen Einheiten als auch kleine Phrasen sind jeweils bogenförmig angelegt – ein beharrliches, intensives Aufwärtsstreben wird von einem chromatischen Abwärtssinken begleitet. Der Gestus erinnert an die Mühen des Sisyphos.

Der dritten großen Steigerung ist ein lyrisch expressiver Abschnitt der unisono geführten Geigen im Adagio vorangestellt. (Hier setzt das Exzerpt ein.) Dieser monophone Teil ist einzigartig in der neuen Sinfonik. Er enthält im Keim die Gestaltungsmerkmale des gesamten Satzes.

Die durchwegs atonale Melodie umspielt das Tonzentrum d. Der Adagio-Teil bezieht sich auf das Anfangsthema des Satzes, das frei und unperiodisch, expressiv weitergesponnen wird. Eine Kette von Seufzermotiven prägt die Stimmung. Zuletzt steigt aus der verminderten Quint 94 sukzessive eine Linie auf, welche accelerando und crescendo jene Kräfte vorstellt, aus denen die letzte Steigerung gebildet wird. Im zweiten Teil (Largo) wird vom Kopfmotiv ausgehend eine dynamische Spannung erzielt, deren Melodielinie einen gewaltigen Tonraum ausfüllt. Beide unisono-Abschnitte verebben nach expressivem Aufbäumen.

Im Agitato (S. 138) wird das Eingangsthema des Satzes von den Celli aufgenommen. Motive und Klänge von vorher werden in polyphoner Gegenüberstellung verklammert. Die Hörner erkämpfen sich ab 96 einen Aufstieg, der von den Holzbläsern und hohen Streichern weitergeführt wird – aber auch dies führt ins Nichts. Eine weitere Anspannung setzt mit dem Poco meno mosso ein. Diesmal versuchen die Fagotte, in ständig neuem Ausholen an Höhe zu gewinnen, Hörner und Trompeten setzen die Bemühung fort, unterstützt von den Passagen der Achtelnoten. Mit dem Fortissimo-Höhepunkt (S. 144 – T. 4) kehrt sich das Geschehen um: abwärtsgerichteter Duktus, diminuendo. Gleichzeitig jedoch drängen einzelne Instrumente innerhalb des polyphonen Stimmengewebes zu einem neuen Höhepunkt. Das letzte Aufbäumen 102 erzeugt schmerzhaft expressive Lautstärke. Der langsame Marschrhythmus und die kreisende Baßfigur aus Quart und Tritonus zusammengesetzt führt in die von Krenek erwähnte Katastrophe. Ein Achtklang in maximaler Lautstärke innerhalb des Rahmenintervalls einer auf sieben Oktaven gedehnten kleinen Non beendet den Satz.

Kaum je hat eine Sinfonie ein so tragisches, nihilistisches Ende gefunden. Ohne das Vorbild Gustav Mahlers in Marsch, Melodiegestaltung und Instrumentation hätte der 22-jährige Krenek diese Sinfonie nie geschrieben.

Was der Komponist sich damals dachte, ist uns nur in Einzelaussagen zugänglich. Jedoch besitzen wir ein interessantes Dokument aus dem Jahre 1943: von Krenek niedergeschriebene Impressionen beim damaligen Anhören einer Aufführung dieser Sinfonie. Sie erschien unter dem Titel „Über die Bedeutung von Musik" in einem Aufsatz des Komponisten, aus dem Englischen übersetzt von Willi Reich, in der Schweizerischen Musikzeitung Nr. 93, 1953, und sei im folgenden ausschnittsweise wiedergegeben:

„. . . Ich finde die Stimmung in dieser Sinfonie nicht sehr heiter, die meiste Zeit sogar ziemlich grimmig. Hingegen erscheint mir ihre Intensität ganz außerordentlich, und ich wage zu behaupten, daß es mir nur in wenigen meiner Kompositionen gelungen ist, einen so hohen Grad der Spannung so lange durchzuhalten; denn die Sinfonie ist wahrscheinlich das längste Stück, das ich komponiert habe, mit Ausnahme der Opern, in denen aber noch viele andere Mittel angewandt werden als in einem reinen Orchesterwerk.

. . . Wenn ich den Eindruck analysiere, den mir das objektive Anhören des Werkes machte, so fühle ich, daß die beiden ersten Sätze an das Bild eines Riesen gemahnen, der in einer Höhle oder in einem Käfig umhergeht. . . . Der dritte – langsame – Satz ist ganz anders gebaut: er ist auf sehr ausdrucksvolle weitgespannte Melodien gegründet. Gewiß, er klingt nicht wie der Durchbruch zur Freiheit, wie vielleicht das Finale von Beethovens Fünfter; er klingt eher wie das leidenschaftliche Gebet um Freiheit, gesprochen von einem, der endlich die Hemmungen überwunden hat, die ihn am Aussprechen eines solchen Gebetes hinderten. Und er klingt gerade so, als ob er wüßte, daß der Gegenstand seines Gebetes für ihn unerreichbar ist. Die gewaltige Steigerung im Finale mit ihrer Kombination des thematischen Materials hat, wie ich es jetzt empfinde, mehr aufrichtende als niederdrückende Eigenschaften, es wirkt aber nicht als Lösung des Konflikts; es klingt eher wie ein verzweifelter Versuch, die Widrigkeiten hinzunehmen als von einer höheren Macht angeordnet und die einander widerstreitenden Elemente in einer Art kosmischen Pandämoniums zu vereinen.

Ist diese Analyse der ausdruckshaften Eigenschaften bezeichnend für die Tatsache, daß das Liebeserlebnis, das begann, als ich jenes Werk komponierte, schließlich ein unglückliches werden sollte? Und ist diese Analyse ex post facto bedingt durch mein Wissen von dem unglücklichen Ausgang des Erlebnisses? Hat der Umstand, daß seither zwanzig Jahre verflossen sind, irgend etwas mit meinem gegenwärtigen Eindruck zu tun? Und wie hängt dieser Eindruck mit meinem gegenwärtigen Gemütszustand zusammen, von dem ich nichts sage, gemäß dem Charakter dieser Aufzeichnungen, die kein Tagebuch sind, sondern die Geschichte vergangener Ereignisse, so daß das Gegenwärtige erst dann diskutiert wird, wenn es ein Teil der Vergangenheit geworden ist?

Von einem rein musikalischen Standpunkt aus könnte behauptet werden, daß der Ausdruck qualvoller Spannung, der in der ganzen Sinfonie und besonders im letzten Satz zu verspüren ist, dem stilistischen Dualismus jener atonalen Landschaft zuzuschreiben ist, in die das Stück eingebettet ist, und die mit Überbleibseln der tonalen

Tonsprache durchsetzt ist. Der von diesen isolierten Elementen ausgehende Eindruck ist oft sehr pathetisch und ruft jenes schwermütige Heimwehgefühl hervor, das man beim Anblick von Ruinen empfindet, die inmitten von gewaltigen, aber nüchternen und trostlos modernen Bauwerken an eine glücklichere Vergangenheit erinnern. Ich bin ganz sicher, daß ich solche Wirkungen in keiner Weise vorher plante, und daß ich mir des Dualismus der Tonsprache nicht bewußt war. Die philosophische Deutung des Inhaltes der Komposition in bezug auf Freiheit und Gebundenheit könnte sehr gut mit der obigen Stilanalyse verbunden werden. Aber auf welcher Seite sollte die Freiheit angenommen werden? Dies würde vom Standpunkt des Beobachters abhängen, ob er die alten Freiheiten dargestellt sehen würde durch die tonalen Reste, beeinträchtigt durch die Strenge der neuen atonalen Prinzipien, oder ob er die vollständige Freiheit erkennen würde in dem totalen Sieg der Atonalität, und annehmen würde, daß die zwiespältige Atmosphäre des vorliegenden Stückes dem Umstand zuzuschreiben wäre, daß die letzten Überbleibsel der Tradition nicht vollständig weggeräumt seien. Die Wahl zwischen diesen beiden Deutungen wird bedingt sein durch die Meinung des Beobachters über den Weg, den die Musik geht, und vielleicht durch seine Wünsche von dem Weg, den sie gehen sollte. Wenn er das Ziel seiner Analyse auf meinen individuellen Fall beschränkt, so wird er den Weg zu betrachten haben, den meine Musik gegenwärtig eingeschlagen hat, und dies wird die ganze Sache noch verwirrender machen.

Als anderer Ausgangspunkt könnte der politische und soziale genommen werden. Die Symbole der Einkerkerung und der Sehnsucht nach Freiheit könnten leicht interpretiert werden als bezeichnend für den Geisteszustand des deutschen Volkes nach dem Vertrag von Versailles, und wenn der Beobachter noch den Nebenumstand berücksichtigen würde, daß ich kein Deutscher bin, so könnte er ganz nach seinem Belieben noch weitere interessante Parallelen ziehen zu dem Kampf der benachteiligten Völker um Freiheit und zu anderen Beispielen von Unterdrückung und Freiheitskämpfen. Und diejenigen, denen mein Werk einfach mißfällt, können es als ein typisches Produkt der chaotischen, unfruchtbaren und allgemeinen üblen Lebensbedingungen nehmen, wie sie nach dem Ersten Weltkrieg herrschten.

Was macht dies alles aus? Aus der Möglichkeit so verschiedener und einander sogar direkt widersprechender Deutungen könnte leicht geschlossen werden, daß Musik überhaupt keine Bedeutung hat, und daß der einzige sichere Weg, sich mit ihr zu befassen, in einer rein technischen Beschreibung des musikalischen Verfahrens und in nichts anderem besteht."

ERNST KRENEK

born 23 August 1900 in Vienna
died 22 December 1991 in Palm Springs, California

Studied at the Musikhochschule in Vienna (composition with Franz Schreker) and at the University of Vienna (philosophy). Professor at the Preussische Hochschule für Musik in Berlin. Contact with Ferruccio Busoni, Karl Kraus. Freelance composer, conductor, feuilletonist, author. After emigrating to the United States, professor at several universities.

His compositions, written over a span of 70 years, show a great deal of stylistic diversity. Krenek began by writing tonally; there followed a non-tonal period (Symphonies 1 – 3) and a neo-romantic period. Jazz influences can be found in his opera "Jonny spielt auf" and neo-romantic elements in the song cycle „Reisebuch aus den österreichischen Alpen". In 1931, Krenek began working with the twelvetone method (Karl V); later he turned to serial procedures (Ausgerechnet und Verspielt – a comic opera) and techniques of electronic sound production (Orga-Nastro), as well as to aleatoric music.

Work resumé

Stage works (Orpheus und Eurydike; Jonny spielt auf; Leben des Orest; Karl V; Pallas Athene weint),
Vocal music (Reisebuch aus den österreichischen Alpen; Lamentatio Jeremiae Prophetae; Sestina; Spiritus intelligentiae, sanctus),
Ballets,
Orchestral works (5 symphonies),
Concertos,
Chamber music (8 string quartets)

Electronic music,
Poetic works, writings on philosophy and music (Selbstdarstellung, Horizons Circled - Reflections on My Music, Gedanken unterwegs).

Literature

Friedrich Saathen: Ernst Krenek, Munich, 1959
Lothar Knessl: Ernst Krenek, in: Österreichische Komponisten des XX. Jahrhunderts, Vol. 12, Vienna, 1965
Claudia Maurer-Zenck: Ernst Krenek - ein Komponist im Exil, Vienna, 1980
Ernst Krenek – Musik-Konzepte, booklet 39/40, edited by Heinz - Klaus Metzger and Rainer Riehn, October 1984
John Stewart: Ernst Krenek, Tutzing, 1990

Symphony No. 2 (1922)

3rd movement, Finale – Adagio (Excerpt)

The last movement of Krenek's Second Symphony is one of the most deeply moving artistic expressions of our century. Manifold references to Bruckner's symphonic art are evident, but it is though they had been transformed into a pessimistic opposite. Krenek repeatedly begins colossal intensifications of tempo, dynamics and volume. They do not reach a liberating climax but instead reflect futility, destruction and dissolution. The Symphony ends with a shock, about which Krenek wrote, "I remember vividly that the last intensification in the concluding Adagio movement created the impression that if the accumulation of massed sounds were to go on just a little longer the hall would collapse or another kind of disaster of unforseeable scope would occur" (Selbstdarstellung, p. 14).

The problem of formal structure in extensive symphonic movements increases with the abandonment of tonality and clearly-shaped themes. In the final movement Krenek essays a formal organization which, in several stages, builds up monumental intensifications from identical root themes. In contrast to the first movement of this Symphony, one can speak of characteristic themes in the finale. Two thematic ideas form the basis of the consistently non-tonal movement: a rhythmically accentuated up-down motion and, as its free counterpoint, an oppressive march rhythm.

The first intensification takes place in Adagio, the second from Andante to Allegro. Both subside ppp. The large units as well as small phrases are arch-shaped; a persistent upward push is accompanied by a chromatic decline. One is reminded, with regard to the musical gesture, of the labours of Sisyphus.

The third big intensification is preceded by a lyrical, expressive Adagio section with the violins in unison. (This is where our excerpt begins.) This monophonic section is unique in modern symphonic writing. It contains the "germ cells" of the whole movement's formal features.

The consistently atonal melody revolves aroud the tonal centre D. The Adagio section is related to the movement's opening theme which is developed freely, aperiodically and expressively. A chain of sighing motives sets the mood. Eventually, a line rises successively from the diminished fifth [94]; it presents, accelerando and crescendo, the forces from which the final intensification is made. In the second part (Largo), the head motive is the source of dynamic tension, with a melodic line filling a huge tonal space. Both unison sections subside after rearing up expressively.

In the Agitato (p. 138) the opening theme of the movement is taken up by the cellos. Earlier motives and chords are clamped together in polyphonic juxtaposition. After [96] the horns gain an ascent which is continued by the woodwinds and high strings – but this, too, leads to naught. A further exertion begins at the Poco meno mosso. This time the bassoons which, with constantly renewed efforts, strive upwards; horns and trumpets continue the effort, supported by eighth-note passages. After the fortissimo climax (p. 144, bar 4), the action is reversed: downward motion, diminuendo. At the same time, however, some instruments within the polyphonic web of parts push towards a new climax. The final convulsion [102] produces a painful dynamic level. The slow march rhythm and the circling bass figure made up of fourth and tritone lead to the disaster Krenek mentions. The movements ends with a eight-tone chord at maximum volume and an outer interval of a minor ninth spread over seven octaves.

Hardly ever has a symphony come to such a tragic, nihilistic end. Without the example of Gustav Mahler in the march, melodic formation and orchestration, the 22-year-old Krenek would never have written his Second Symphony.

We have only scattered statements as to what was in the composer's mind at the time, but we do have an interesting document dating from 1943, namely the impressions Krenek had on hearing a performance of this work. Those impressions are found in an essay by the composer entitled "On the Meaning of Music" and published in the Summer 1950 issue of the magazine "Measure" by the Henry Regnery Company of Chicago, Illinois. An abridged version follows:

" . . . I find the Second Symphony not particularly cheerful, but rather grim most of the time. I do, however, find it highly intense, and I venture to say that I succeeded in few compositions of mine in maintaining so high a degree of tension for so long a time, for the piece is probably the longest I have written, with the exception of operas, in which, however, many more resources are brought into action than in a purely orchestral work.

. . . Analyzing the impression which I have gathered so far from objectively listening to the work, I feel that the first two movements evoke very much the picture of a giant moving about in a cage, or cave. ...The third, slow, movement is quite different, based as it is on strongly expressive patterns of great expansiveness. Yet, it does not sound like freedom conquered, as perhaps in the finale of Beethoven's *Fifth*. It rather sounds like the passionate prayer for freedom uttered by someone who has finally broken down the inhibitions that prevented him thus far even to burst out in such a prayer. And it definitely sounds as if he knew that the object of his prayer is well-nigh unattainable. The terrific climax at the end with its combination of thematic materials has, as I feel it now, more uplifting than crushing quality, but it does not act as solution of the conflict, it rather sounds like a delirious attempt to accept the contradictions as ordained by a supreme power and to integrate the conflicting elements into a sort of cosmic pandemonium.

Is this analysis of expressive qualities indicative of the fact that the love experience I was entering into when writing this piece was eventually to become an unhappy one? And is this analysis *ex post facto* conditioned by my knowledge of how this experience turned out? Has the fact that twenty years have elapsed since it happened anything to do with my present reaction? And how is this reaction affected by my present emotional condition, of which I am not telling anything now, according to the character of this paper which is not a diary but a story of past events, so that present affairs shall not be discussed before they have become parts of the past?

From a purely musical vantage point it could be maintained that the expressive quality of painful tension throughout the symphony, and especially in the last movement, is due to stylistic dualism in that the atonal landscape in which the piece is set is littered with erratic remnants of the tonal idiom. The impression emanating from those isolated elements is frequently quite pathetic, creating a melancholy sentiment of nostalgia such as one would experience in viewing ruins suggesting a happier past amidst powerful but austere and forbidding modern constructions. I am quite sure that I had not at all premeditated such effects, unaware as I was of the duality of the idiom. The philosophical interpretation of the contents of the composition with respect to bondage and freedom could very well be attached to the above stylistic analysis. However, on what side should freedom be supposed to lie? It will depend on the perspective of the observer whether he would see the 'old liberties,' represented by the tonal remnants, engulfed by the rigidity of the new atonal principles, or rather identify ultimate freedom with the complete victory of atonality and assume that the twilight of the present piece was due to the last shackles of tradition not having been yet removed entirely. The choice between the two interpretations will be conditioned by the observer's theory as to which way music is going, and perhaps by his wishes as to which way it ought to go. If he narrows the scope of his analysis to my own individual case, he will have to consider the way my music actually has taken, and that will make the issue no less confusing.

Another horizon still might be chosen as frame of reference, the political and social one. The symbols of imprisonment and longing for freedom could easily be interpreted as expressive of the mentality of the German people after the treaty of Versailles, or if the observer would care to take into account the little detail that I was not a German after all, he might find more satisfactory parallels in the struggle of the underprivileged masses for freedom, or choose any other example of oppression and fight for liberation, at his pleasure. And those who dislike my composition outright are apt to take it for a typical product of chaotic, sterile, and generally unhealthy post-war conditions of life.

What does all this amount to? It would be quite easy to conclude from the possibility of so divergent and even contradictory interpretations that music has no meaning whatever, and that the only safe way of dealing with it is analysis in purely technical terms descriptive of the musical process, and nothing else."

CD 1 – Track 18

Tempo I. (Adagio)
93
Viol. I. II.
Vla.
Vcll. u. Kb.
p
espr.
cresc. sempre
f
pp
94
acceler.
cresc. sempre molto
rit.
Largo.
ff
acceler.
fff sempre
95
Largo.
pp
dim.
rit.
ppp
G.P.

139

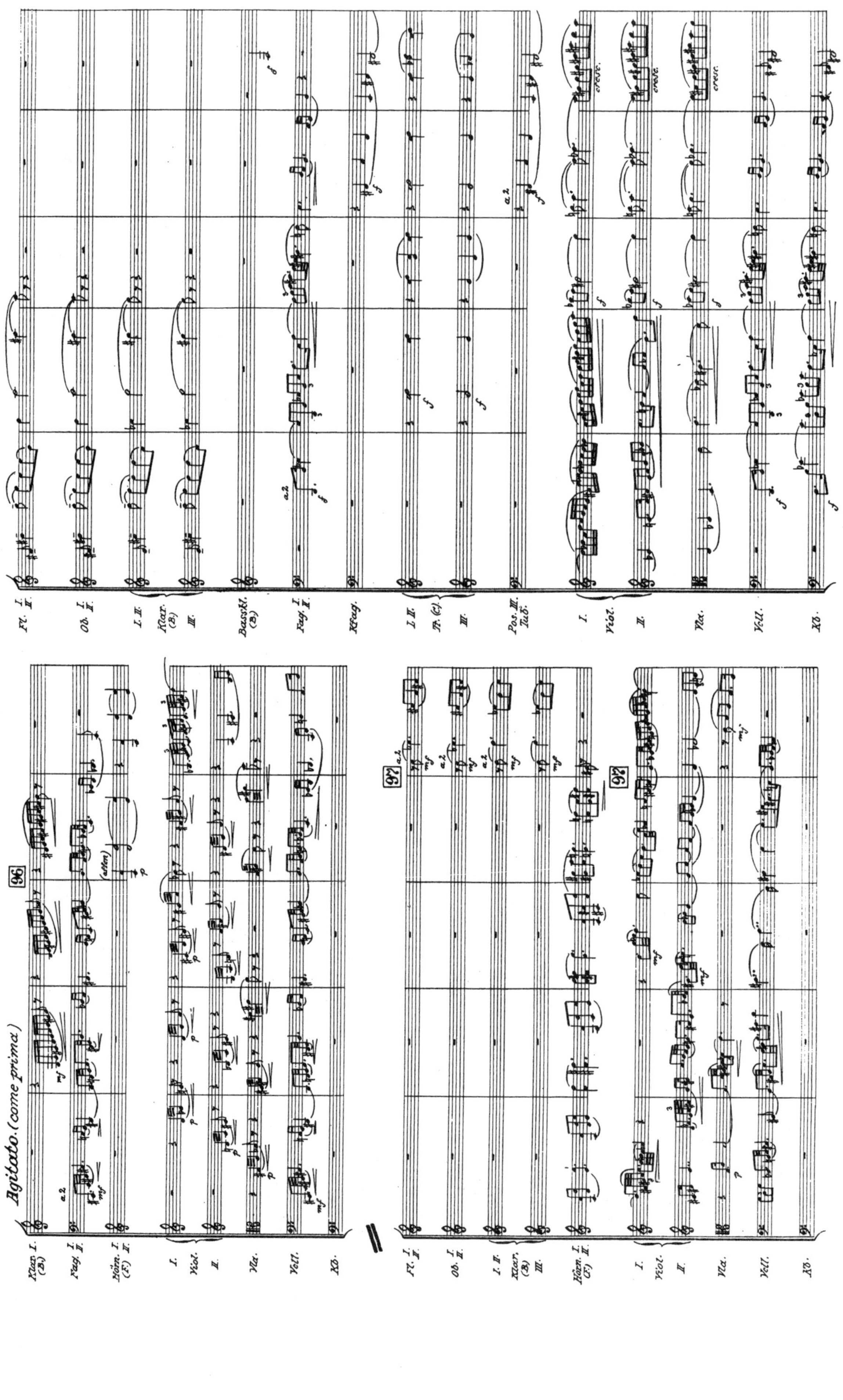
Agitato. (come prima)
96
97
98
Klar. I (B)
Fag. I II
Horn. I II (F)
Viol. I II
Vla.
Vcll.
Kb.
Fl. I II
Ob. I II
Klar. (B) I II III
Bassklar. (B)
Kfag.
Tr. (C) I II III
Pos. III Tub.
Horn. I II (F)
a 2
(offen)
cresc.

138

98
Kl.Fl.
Fl. I. II.
Ob. I. II.
Es-Klar.
I. II. Klar. (B) III.
Basskl. (B)
Fag. I. II.
Kfag.
I. II. Hörn. III. IV. (F)
V. VI.
I. II. Tr. (C)
III. IV.
I. II. Pos. III. Tub.
98
I. Viol. II.
Vla.
Vcll.
Kb.

Poco meno mosso.
II. Klar. (B) III.
Fag. I. II.
Kfag.
Hörn. I. II. (F)
Pos. III.
I. Viol. II.
Vla.
Vcll.
Kb.
99
II. Klar. (B) III.
Basskl. (B)
Fag. I. II.
I. Viol. II.
Vla.
Vcll.
Kb.

142
143
Poco a poco allargando sempre.
100

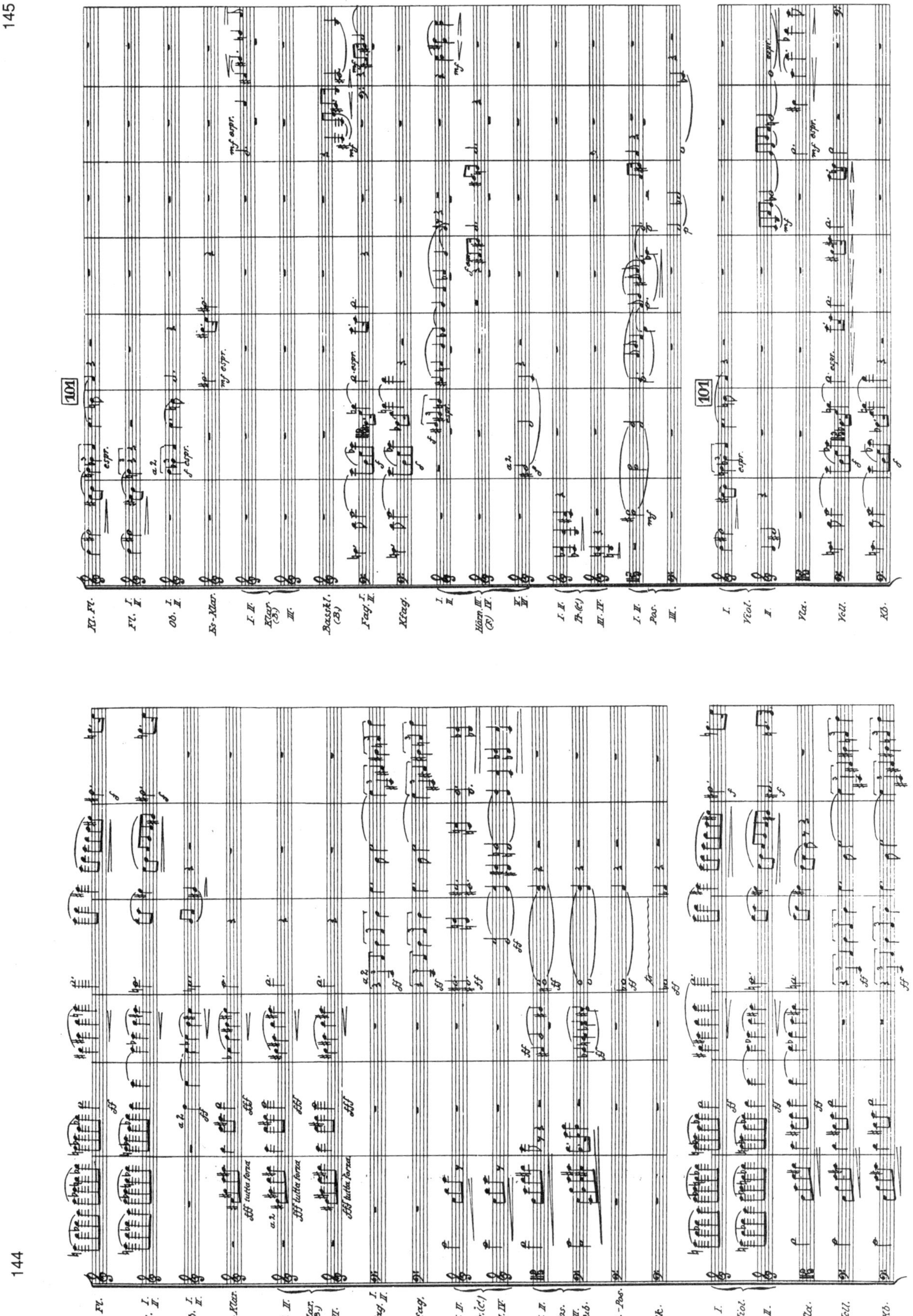
144
Kl. Fl.
Fl. I. II.
Ob. I. II.
Es-Klar.
I. II. Klar. (B) III.
Fag. I. II.
Kfag.
I. II. Tr. (C) III. IV.
I. II. Pos. III. Tub.
Kb.-Pos.
Pk.
I. Viol. II.
Vla.
Vcll.
Kb.
a 2
fff tutta forza
145
101
Kl. Fl.
Fl. I. II.
Ob. I. II.
Es-Klar.
I. II. Klar. (B) III.
Bassklar. (B)
Fag. I. II.
Kfag.
I. II. Hörn. III. (F) IV. V. VI.
I. II. Tr. (C) III. IV.
I. II. Pos. III.
I. Viol. II.
Vla.
Vcll.
Kb.
espr.
mf espr.
f espr.
a 2

102
Fl. I. II.
Ob. I. II.
Klar. I. (B.)
Basskl. (B.)
Fag. I. II.
Kfag.
I. II. Tr. (C.)
III.
Pos. I. II.
Viol. I.
II.
Vla.
Vcll.
Kb.

103
Largo.
Kl. Fl.
Fl. I. II.
Ob. I. II.
Es-Klar.
I. II. Klar. (B.) III.
Basskl. (B.)
Fag. I. II.
Kfag.
Hörn. (F.)
I. II. Tr. (C.) III. IV.
I. II. Pos. III. Tub.
Kb.-Pos.
Pk.
Schalltrichter hoch bis Schluss.
Viol. I. II.
Vla.
Vcll.
Kb.

149

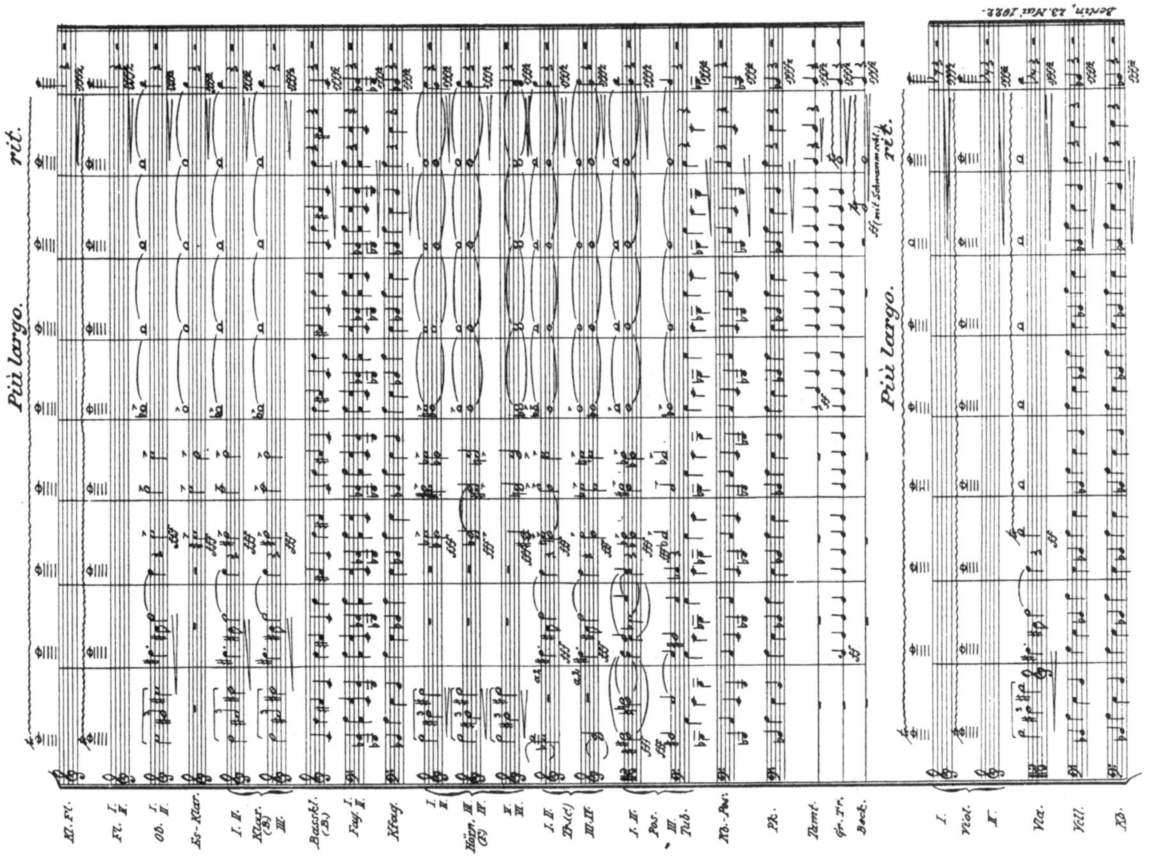
Più largo.
rit.
Kl. Fl.
Fl. I. II.
Ob. I. II.
Es-Klar.
Klar. (B)
Basskl. (B)
Fag. I II
Kfag.
Hörn. (F)
Tr. (C)
Pos.
Tub.
Kb.-Pos.
Pk.
Tamt.
Gr. Tr.
Beck.
Viol.
Vla.
Vcll.
Kb.

148

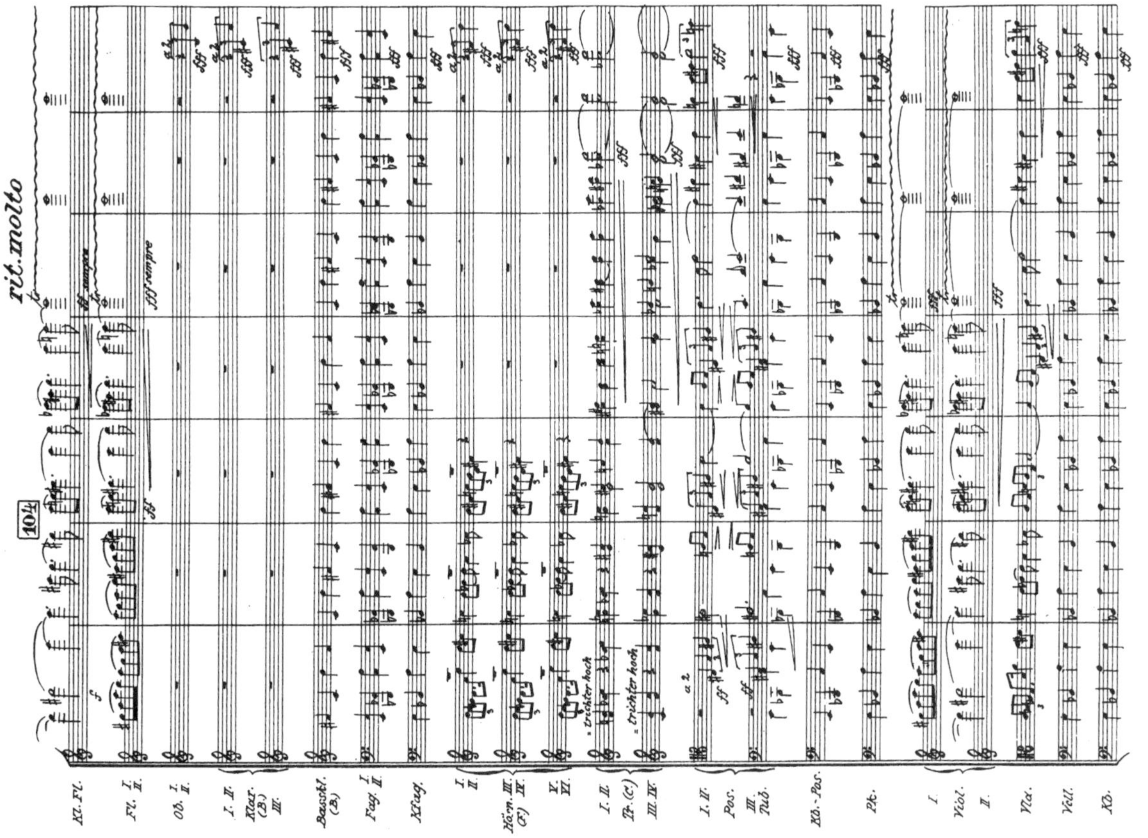
104
rit. molto
a 2
Kl. Fl.
Fl. I. II.
Ob. I. II.
Klar. (B)
Basskl. (B)
Fag. I II
Kfag.
Hörn. (F)
Tr. (C)
Pos.
Tub.
Kb.-Pos.
Pk.
Viol.
Vla.
Vcll.
Kb.

AUGUSTIN KUBIZEK

geb. am 15. 10. 1918 in Wien

Studium am Bruckner-Konservatorium Linz und an der Musikhochschule Wien (Komposition bei Alfred Uhl, Chorleitung bei Reinhold Schmid, Dirigieren bei Hans Swarowsky). Volksschullehrer, Chorleiter, Gründer der Wiener Schütz-Kantorei, bis 1985 Professor für Tonsatz und Komposition an der Musikhochschule Wien.

Werkübersicht

Vokalmusik (Neue Messe, Stationen, Vogelweider-Chorsuite),
Orchestermusik,
Konzerte (für Klarinette, Viola, Violoncello),
Kammermusik (17. Wurzel aus 2, Vergnügliche Miniaturen),
Chorsätze über europäische Volkslieder (Reihe „Mundus cantat")

Vergnügliche Miniaturen

über eine Zwölftonreihe, op. 28a (1966)

Aus dem Untertitel darf nicht geschlossen werden, daß die Miniaturen in strenger Reihentechnik geschrieben wurden. Der Komponist geht locker mit dem Reihenmaterial um, das er uns allerdings in der Partitur als Modell in allen vier Grundformen vorstellt.

In der Introduktion stehen einander die drei oberen Stimmen (unisono) und das Fagott als zweistimmiger Kontrapunkt gegenüber. Beide Stimmen bringen jede der Grundformen der Reihe, z.T. in Transposition gegenüber dem Modell; in den Takten 4/5,10,15 beginnt jeweils eine andere Grundform. Tongruppenwiederholungen kommen dem lebendigen Duktus des Einleitungsstückes entgegen.

Erwartungsgemäß herrschen im Walzer die melodisch-rhythmischen Tanzelemente vor. Auch die große Dreiteiligkeit (Takte 41, 73) mit Binnenwiederholung entspricht der Tanztradition. Violine (und Klarinette) bringen die Melodie – vergnügliche Erinnerungen an die Walzerseligkeit. Fagott und Posaune sorgen für den Walzerrhythmus, der an den Schnittpunkten der Form in einen Hemiolenrhythmus übergeht (Takt 22, 39, 67). Der Beginn des Fagottparts (Krebs auf dis) und jener der Violine (Reihe auf cis) erinnert nur ausschnittsweise an das vorgegebene Reihenmaterial. Ähnliches geschieht im weiteren Verlauf des Walzers.

Dem bekannten Rhythmus der tschechischen Polka ist die dritte Miniatur gewidmet. Diesmal liegt der melodische Duktus – kleine wiederholte Melodiefloskeln aus den ersten Tönen des Krebses auf a – in der Klarinette, alternierend mit der Posaune, die aber über repetierende Einwürfe nicht hinauskommt. Die Violine verstärkt den Polkarhythmus als Gegengewicht zu den Synkopen der Melodiestimme. Alte Volkstanzpraxis klingt im Ostinato des Fagotts nach.

Die vergnügliche Beschwingtheit der Tänze und ihre volkstümliche Ausdruckskraft lassen die Zwölftonreihe und ihre Behandlung vergessen.

AUGUSTIN KUBIZEK

born 15 October 1918 in Vienna

Studied at the Bruckner Conservatory in Linz and at the Musikhochschule in Vienna (composition with Alfred Uhl, choir directing with Reinhold Schmid, conducting with Hans Swarowsky). Primary school teacher, choir director, founder of the Vienna Schütz-Kantorei, until 1985 professor of harmony and composition at the Vienna Musikhochschule.

Work resumé

Vocal music (Neue Messe, Stationen, Vogelweider-Chorsuite),
Orchestral music,
Concertos (for clarinet, viola, cello),
Chamber music (17th Root of 2, Vergnügliche Miniaturen),
Choral settings of European folksongs ("Mundus cantat" series).

Vergnügliche Miniaturen
(Diverting Miniatures)

on a twelve-tone row, Op. 28a (1966)

The subtitle should not lead to the conclusion that the Miniatures are written in strict dodecaphony. The composer treats his row material with a light hand, though he does present the four basic row forms in the score as a model.

In the Introduction, the three upper parts (unison) and the bassoon are in two-part counterpoint. Both parts have each of the row's basic forms, some of them in transposition from the model; a different basic form begins in bars 4/5, 10, 15. Repeated groups of notes suit the lively character of this piece.

As one would expect, melodic-rhythmic dance elements predominate in the Waltz. The large three-part form (bars 41, 73) with repeats within the sections is also in keeping with the waltz tradition. The violin (and clarinet) have the melody – diverting reminiscences of "the whirl of the dance". The bassoon and trombone provide the waltz rhythm which changes to a hemiola at the intersections of the form (bar 22, 39, 67). The beginning of the bassoon part (retrograde on D#) and the violin part (row on C#) do not entirely match the row material, and the same sort of thing happens as the Waltz goes on.

The third miniature is devoted to the familiar rhythm of the Czech polka. This time the melodic line - little repeated melodic flourishes using the first notes of the retrograde on A – is in the clarinet, alternating with the trombone which, however, goes not get beyond repeated interjections. The violin strengthens the polka rhythm as a counterpoise to the syncopations in the melody. The bassoon ostinato is an echo of old folk dance practice.

The diverting vivacity of the dances and their folksy expressiveness allow us to forget the twelve-tone row and the way it is handled.

MODELL

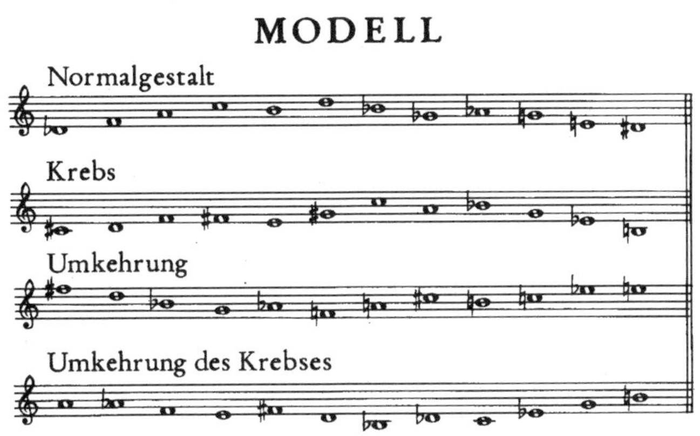

CD 2 – Track 1

Vergnügliche Miniaturen

über eine Zwölftonreihe

ca 10 Minuten

Augustin Kubizek
op. 28a

I. INTRODUCTION (♪= 112)

II. WALZER (𝅗𝅥 = 168)

13
poco rit.
22
a tempo
30
poco rit.
41
sim.

57
73

poco rit.
Dauer: 1'40"
III. POLKA (♩=84)
Viol.
Klar.
Pos.
Fag.
sim.
9
Solo
gliss.
16
22

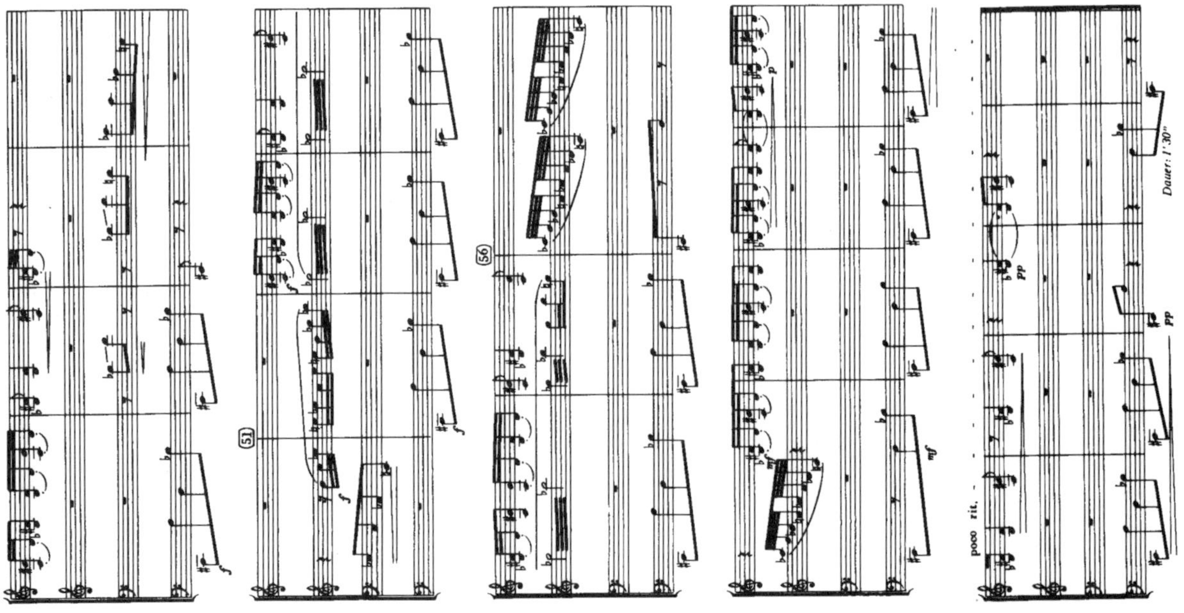
poco rit.
Dauer: 1'30"

ANESTIS LOGOTHETIS

geb. am 27. 10. 1921 in Burgas (Bulgarien)

Studien in Griechenland und an der Musikhochschule Wien (Komposition bei Alfred Uhl und Erwin Ratz; Klavier) sowie an der Technischen Universität Wien. Studienaufenthalte in Rom und Köln (Elektronisches Studio des Westdeutschen Rundfunks, bei Gottfried Michael König). Entwicklung einer fixen Tonhöhenschrift innerhalb der graphischen Notation (1958). Freischaffender Komponist.

Werkübersicht

Bühnenwerke (Aus welchem Material ist der Stein von Sisyphos?),
Ballette (Odyssee),
Hörspiele (Anastasis),
Orchesterwerke (Mäandros),
Multimediale Werke (Daidalia).

Anastasis (1969)

In vielen Werken von Logothetis werden Sprachelemente, Worte zu musikalischen Klangelementen ohne semantische Bedeutung, jedoch mit mannigfaltigen Assoziationsmöglichkeiten. Die Interpretation der Werke in graphischer Notation ist frei in Besetzung und Gestaltung, fixiert jedoch durch die „Klangcharaktere" (Tonhöhen innerhalb der Oktav, Dynamik, relativer Zeitablauf). Der Zufall vollzieht sich vor allem in der Aufeinanderfolge der Teile (Makro-Aleatorik), die Kleinstruktur ist weitgehend vom Komponisten festgelegt.

Anastasis (Auferstehungen) ist ein Werk, dessen großformaler Verlauf vom Komponisten nicht festgelegt ist, auch die Besetzung (auf der CD ein Zupfinstrumentarium und Schlagzeug) kann beliebig verändert werden. Die Reihenfolge der folgenden Partiturseiten entspricht dem auf der CD zu hörenden Verlauf. Zur Aufführungspraxis gibt der Komponist im Vorwort wichtige Hinweise.

Seite 1 weist zwei Melodieinstrumenten die Tonhöhen an (beginnend mit c und h in beliebiger Oktavlage), dazu bringt der (die) Sprecher einen Text von Logothetis, der ebenso wie die Instrumente in Form eines umgekehrten S rezitiert, immer tiefer und leiser wird, bis das phonetisch geschriebene „nein" einen explosionsartigen Schluß bringt.

Auf Seite 2 ist der aus dem Medikamentenbereich stammende Text in vielfacher Weise gestaltbar: doppelchörig simultan, alternierend, wobei mindestens drei Gruppen sprechen (linearer Text, kurviger Text nach oben, nach unten). Es bleibt der Ensembleleitung vorbehalten, den linearen Text allein durch vier Sprechergruppen aufzuführen. Alle Sprecher können gestisch oder am Podium herumwandernd interpretieren. Die Kurven signalisieren die Tonhöhe. Die Mittelfigur ist von fünf Melodieinstrumenten und etwa vier Geräuschinstrumenten zu spielen.

Die Graphikseite 3 läßt beliebig viele Melodieinstrumente zwischen fixierten Tonhöhen gleiten. Die Akkordkonstellationen sind vom Komponisten festgelegt, sie sind aus einer von Logothetis 1960 entwickelten Theorie abgeleitet, welche 19 verschiedene dreitönige Konstellationen nennt, die auf einen Zwölftonzirkel projiziert werden. Die Abfolge der Gestaltung auf Seite 3 bleibt offen.

Seite 3a (im Text nach Seite 4) zeigt einen futuristisch anmutenden Text, der entsprechend dem Linienverlauf zu sprechen ist. Auf der CD wird dieser, wie auf Seite 4 zu sehen ist, in die Wiederholung der Seite 3 hineingesprochen. Anastasis besteht aus weiteren Blättern, welche dem Material der gezeigten Abschnitte weitgehend entsprechen. Die großen Freiheiten, welche die von Logothetis entwickelte graphische Notation der Aufführung gestattet, sollen auch die Interpreten ermuntern, immer neue klangliche Realisierungen zu suchen. Die Idee eines fixierten Werkes ist damit außer Kraft gesetzt.

ANESTIS LOGOTHETIS

born 27 October 1921 in Burgas (Bulgaria)

Studied in Greece and at the Vienna Musikhochschule (composition with Alfred Uhl and Erwin Ratz, piano), as well as at the Technical University in Vienna. Study periods in Rome and Cologne (Electronic Studio of Westdeutscher Rundfunk, with Gottfried Michael König). Developed a fixed pitch notation within graphic notation (1958). Freelance composer.

Work resumé

Stage works (Aus welchem Material ist der Stein von Sisyphos?),
Ballets (Odyssee),
Radio plays (Anastasis),
Orchestral works (Mäandros),
Multimedia works (Daidalia).

Anastasis (1969)

In many of Logothetis's works, speech elements (words) become musical sound elements without semantic meaning but with manifold association possibilities. The interpretation of works in graphic notation is free with regard to the ensemble and formal organization but is fixed by "tonal characteristics" (pitches within the octave, dynamics, relative lapses of time). The element of chance is present mainly in the order of the parts of the piece (macro-aleatoric structure), while the micro-structure is largely determined by the composer.

Anastasis (Resurrections or Resurgences) is a work whose large-scale formal structure is not fixed by the composer. The ensemble (plucked instruments and percussion on the CD) can also be changed at will. The order of the following score pages is that of the performce on the CD. In his preface, the composer gives important performance instructions.

Page 1 assigns pitches to two melody instruments (beginning with C and B in any octave position); along with this, the speaker(s) recite(s) a text by Logothetis. Like the instruments play, the words are spoken in the shape of a reversed S, becoming lower and softer until a phonetically written "nein" provides an explosive conclusion.

On Page 2, the text – which has to do with medicines – can be handled in a variety of ways: as a double chorus, simultaneously, alternating, with at least three groups speaking (linear text; text curving upwards, text curving downwards). It is up to the ensemble leader to decide whether the linear text is performed alone by four groups of reciters. All of them can add gestures to their interpretation or roam about the stage. The curves signalize the pitches. The middle figure is to be performed by five melody instruments and about four noise instruments.

Page 3 of graphic notation has an optional number of melody instruments gliding between fixed pitches. The chord constellations are set by the composer; they are derived from a theory developed by Logothetis in 1960 which names 19 different three-tone constellations that are projected on a twelve-tone circle. The sequence of formal components on page 3 remains open.

Page 3a (after page 4 in the text) has a futuristically sounding text which is spoken according to the shape of the lines. On the CD, this is spoken into the repeat of page 3 (as can be seen on page 4). Anastasis consists of further pages which correspond largely to the material of the sections shown. The freedoms permitted by the graphic notation developed by Logothetis should encourage performers to experiment with new realizations. Thus the idea of a fixed form is abolished.

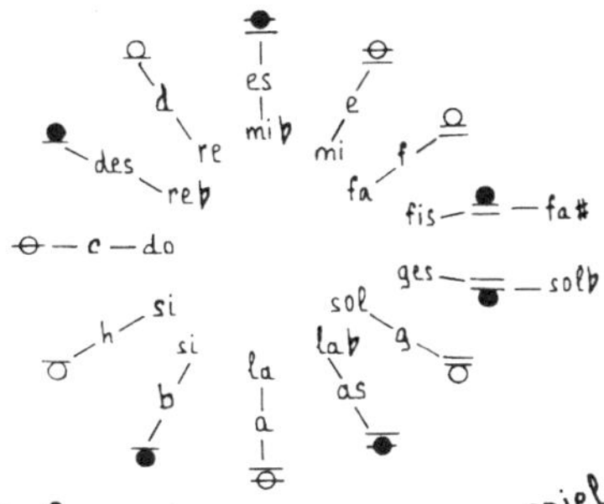

Tonhöhen-Symbole in jeder Oktave zu spielen

die Reihenfolge der Blätter ist beliebig jedoch sollen die einzelnen Blätter zunächst von oben nach unten und von links nach rechts gespielt werden die Besetzung des Blattes mit den Vokalen AEIOU ist übersichtshalber auch getrennt abgebildet diese beiden Blätter sind aber gleichzeitig zu interpretieren so

wie ihre Partitur es anzeigt das grüne Blatt ist ein "stummes Vorspiel" während dessen Dauer von ca 30" die Interpreten sich still und konzentriert verhalten sodaß das folgende Blatt als dazugehörende Fortsetzung empfunden wird der Name "ANASTA'SIS" (Auferstehungen) bezieht sich auf die Wiedererweckung alter verschütteter Gedanken ein Werk in einer Kreuzform abzufassen mit erotischen Wortspielinhalten und Wortketten aus chemischen Formeln Medikamenten und Götternamen die Bestellung Siegfried's Behrend etwas für eine Aufführung in Rom zu komponieren kam mir daher sehr gelegen um so mehr da die begrifflichen Inhalte aus den Buchstabenpermutationen des Wortes ROMA: AMOR-AROM-MORA-RAMO-OMAR-rMAO-ORMA-MARO-ORAM meinen phonographischen wie auch kryptographischen Intentionen entsprachen etwa in der Form:

Assoziations-Faktoren

- = leise laut und kurz [staccato]
- = crescendo diminuendo [auch als zu- und abnehmende Tonanhäufung]
- = leise und lang / = laut und kurz [auch Tonhaufen]
- = mehrere Töne gleichzeitig [spektrale Schicht]
- = Klangfarbenwechsel
- = obertonreicher Ton [geräuschvoll]

wer
Verifix
Versifex
Theba
Theben
Thebametten
isst
ist
Thebaner Inn
in
Delfen
Delphicort
Delphi n'Um
Kommpiù Tor
Theti Logo
Nesti A

Verschmelzungen der Zeichen

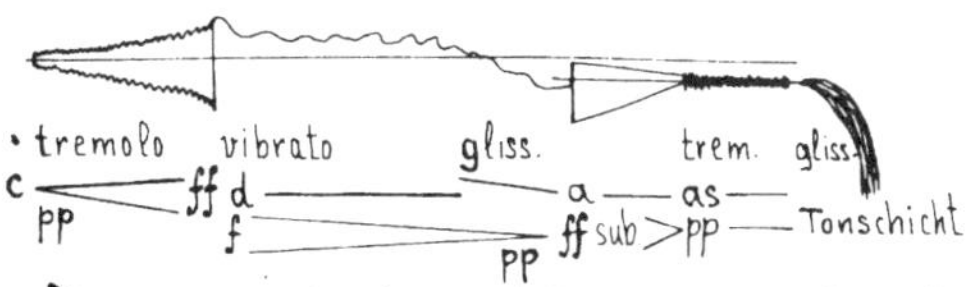

= spektralreiches A [diminuierender Schrei]
= tremolierendes gleitendes O [dimin.]
iiiiiiiiii = trillendes i
iiiüüüuuuööooo = Übergang von i-ü-u-ö-o [trem.]

Dreitönige Konstellationen und ihre Projektionen auf die Zwölftonzirkel [Chromatischer und Quintenzirkel]. Die Konstellationen sind auf dem Ton C = aufgebaut. Transpositionen sind nicht berücksichtigt, da sie die Intervallverhältnisse nicht verändern. Die beliebige Oktavversetzung der einzelnen Töne verändert die nummerische Bezeichnung der Konstellationen nicht, so sind hier sämtliche 3-tönige oder 2-intervallige Konstellationen aufgestellt, außer der Oktave und der Oktavversetzungen.

[Die Projektionen auf den Quartenzirkel ergeben Transpositionen oder Intervalumkehrungen, die hier berücksichtigt worden sind. Im ganzen sind es 19 verschiedene 3-tönige Konstellationen.]

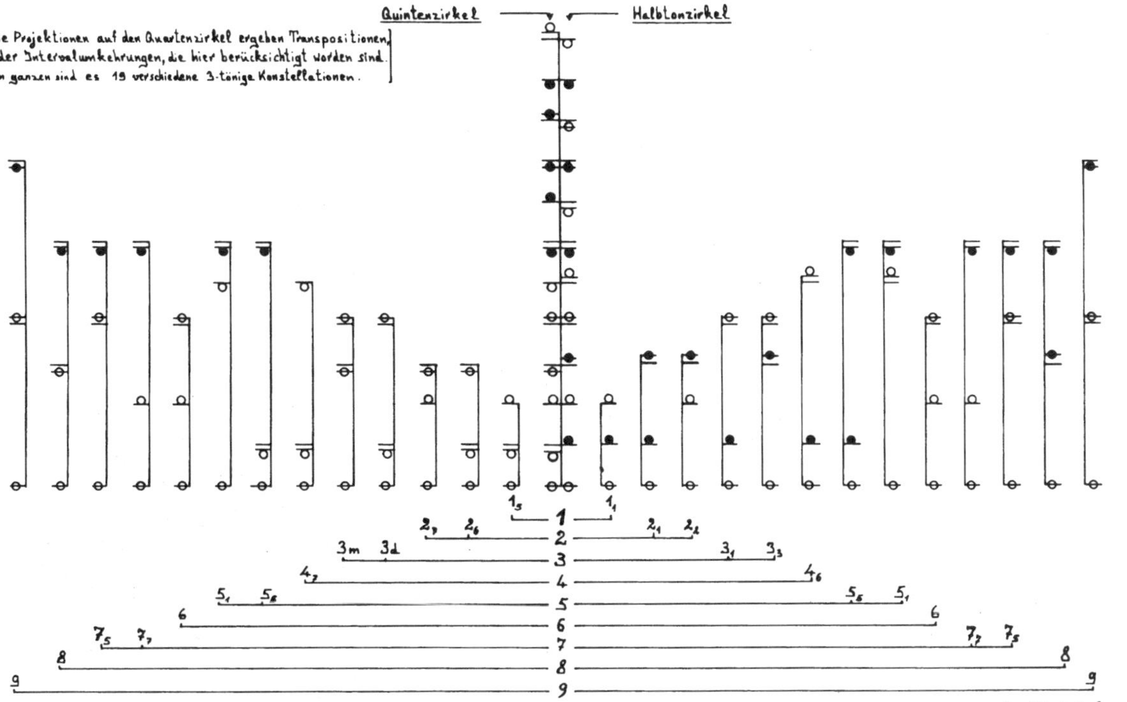

[aus dem Jahr 1960]

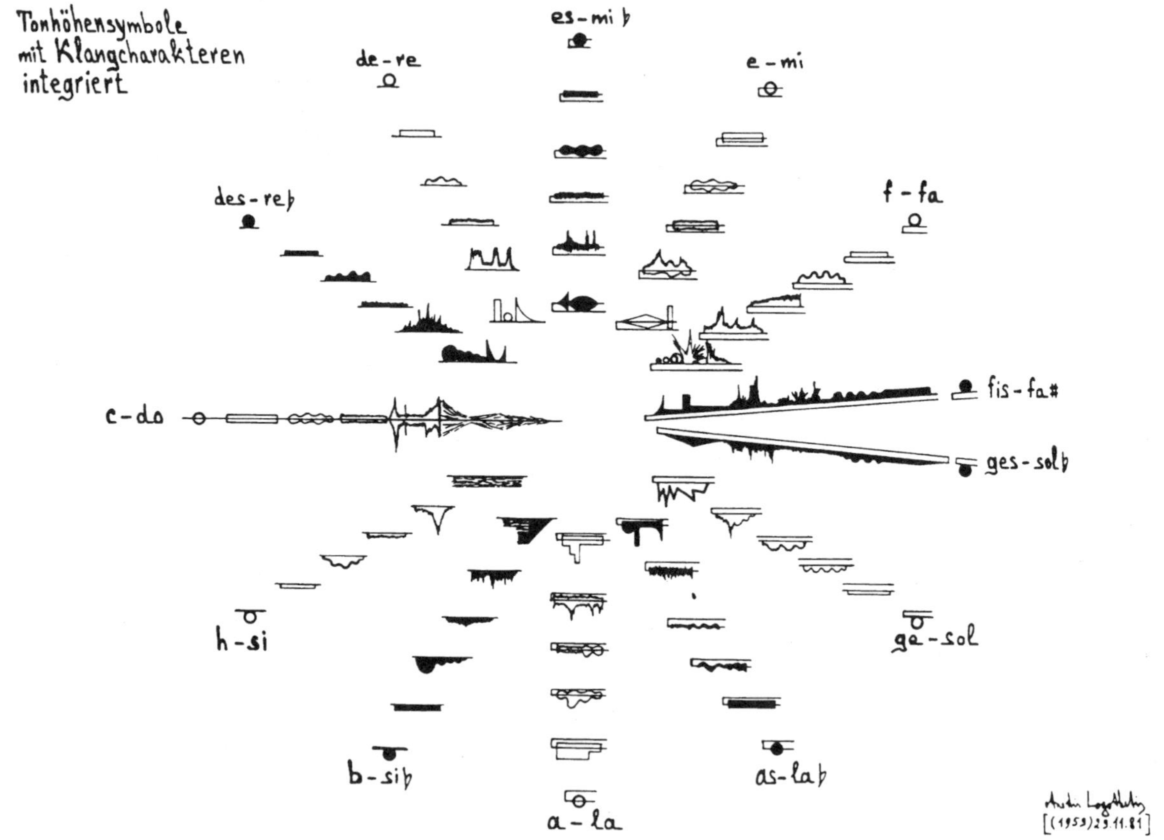
Tonhöhensymbole
mit Klangcharakteren
integriert
es-mi♭
de-re
e-mi
des-re♭
f-fa
c-do
fis-fa#
ges-sol♭
h-si
ge-sol
b-si♭
as-la♭
a-la
[(1953)23.11.81]

1

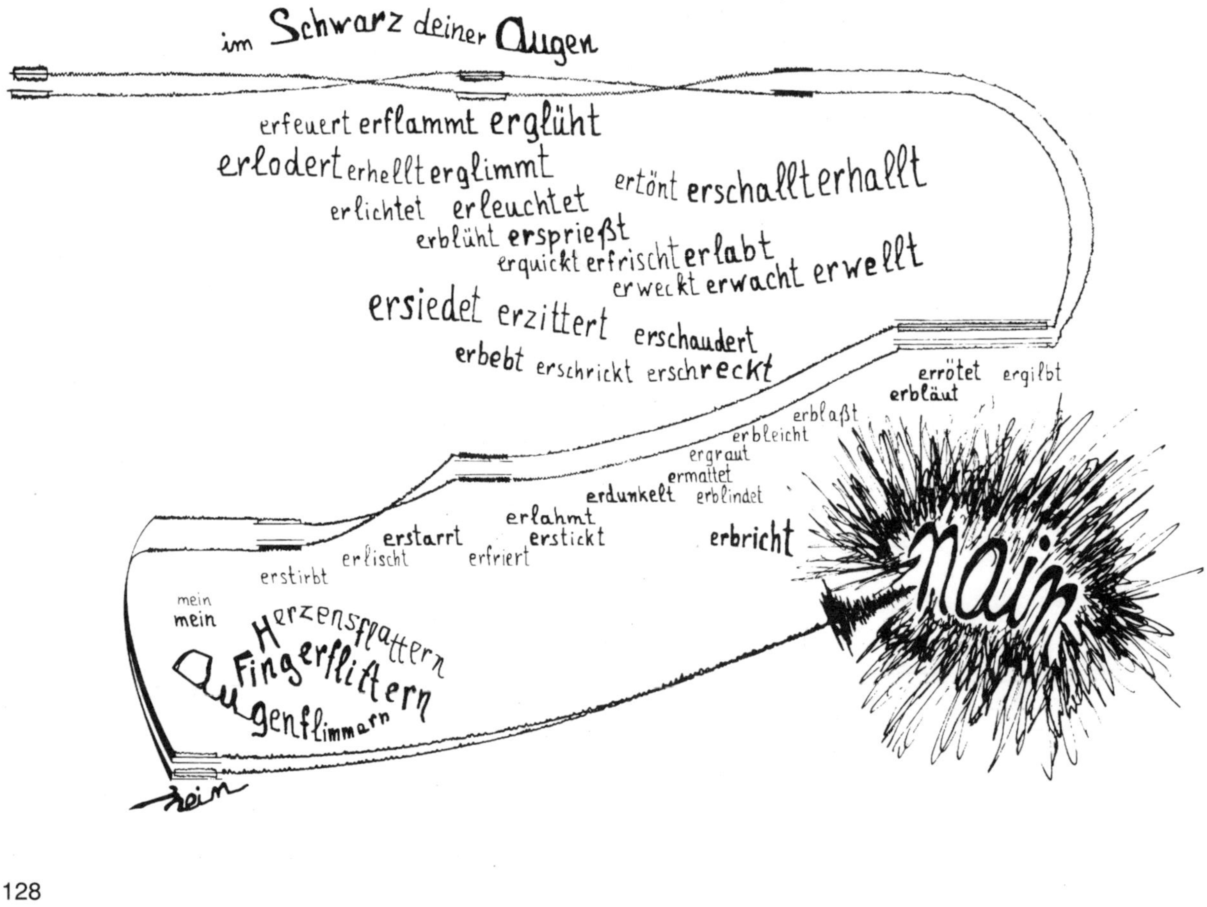
im Schwarz deiner Augen
erfeuert erflammt erglüht
erlodert erhellt erglimmt
erlichtet erleuchtet
ertönt erschallt erhallt
erblüht ersprießt
erquickt erfrischt erlabt
erweckt erwacht erwellt
ersiedet erzittert
erschaudert
erbebt erschrickt erschreckt
errötet ergilbt
erbläut
erblaßt
erbleicht
ergraut
ermattet
erdunkelt erblindet
erlahmt
erstarrt
erstickt
erbricht
erstirbt
erlischt
erfriert
nain
mein
mein
Herzensflattern
Fingerflittern
Augenflimmern
nein

2

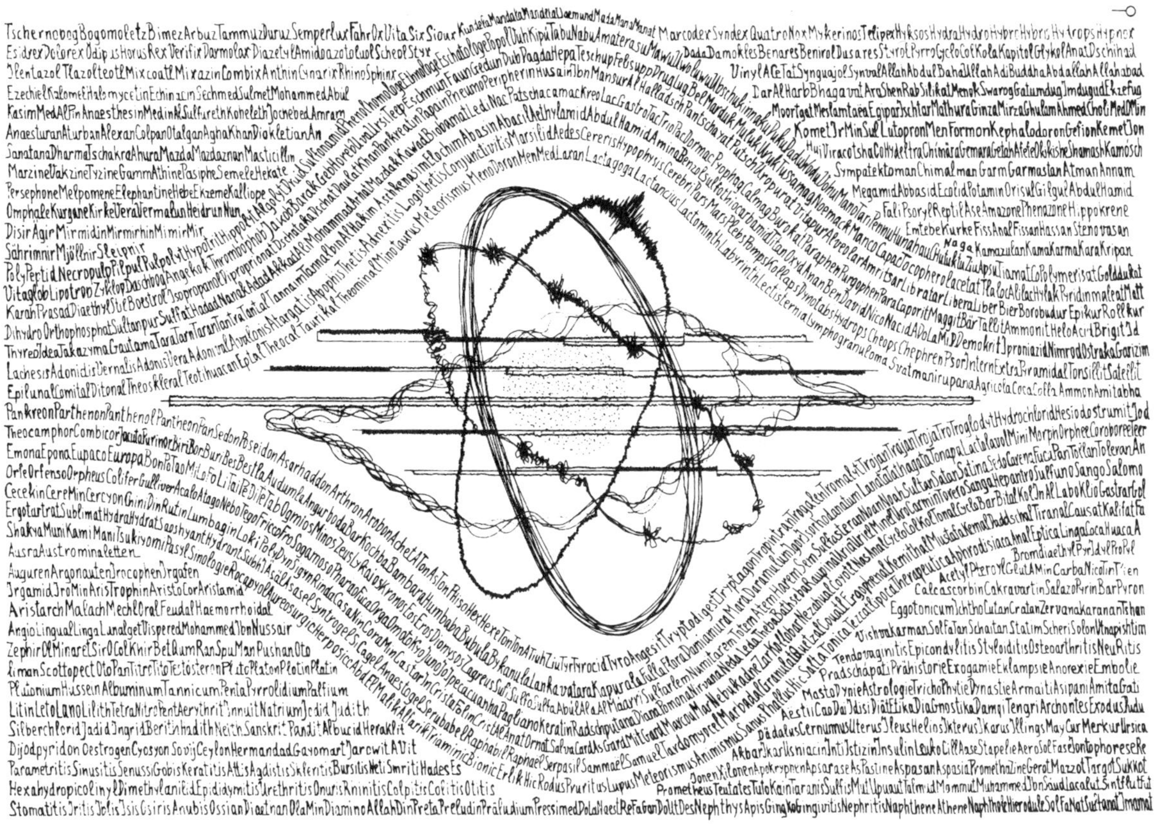

3

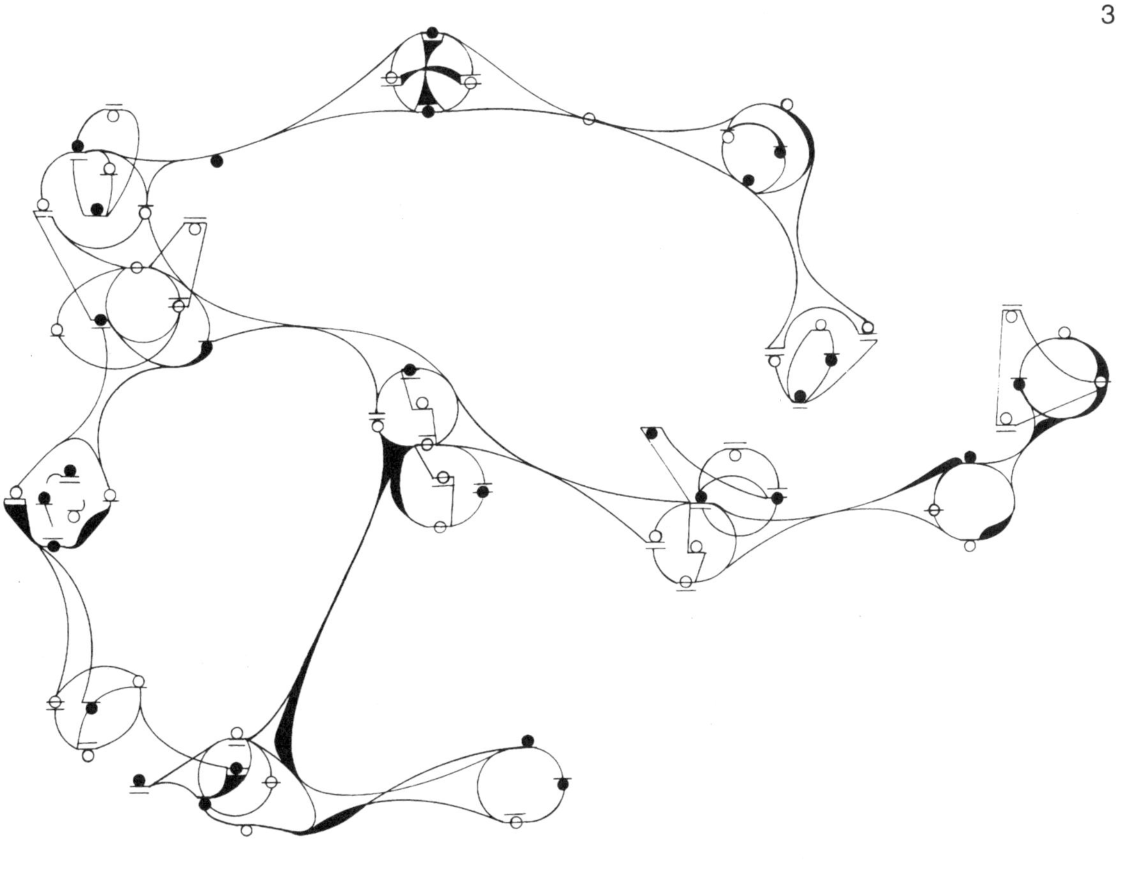

4

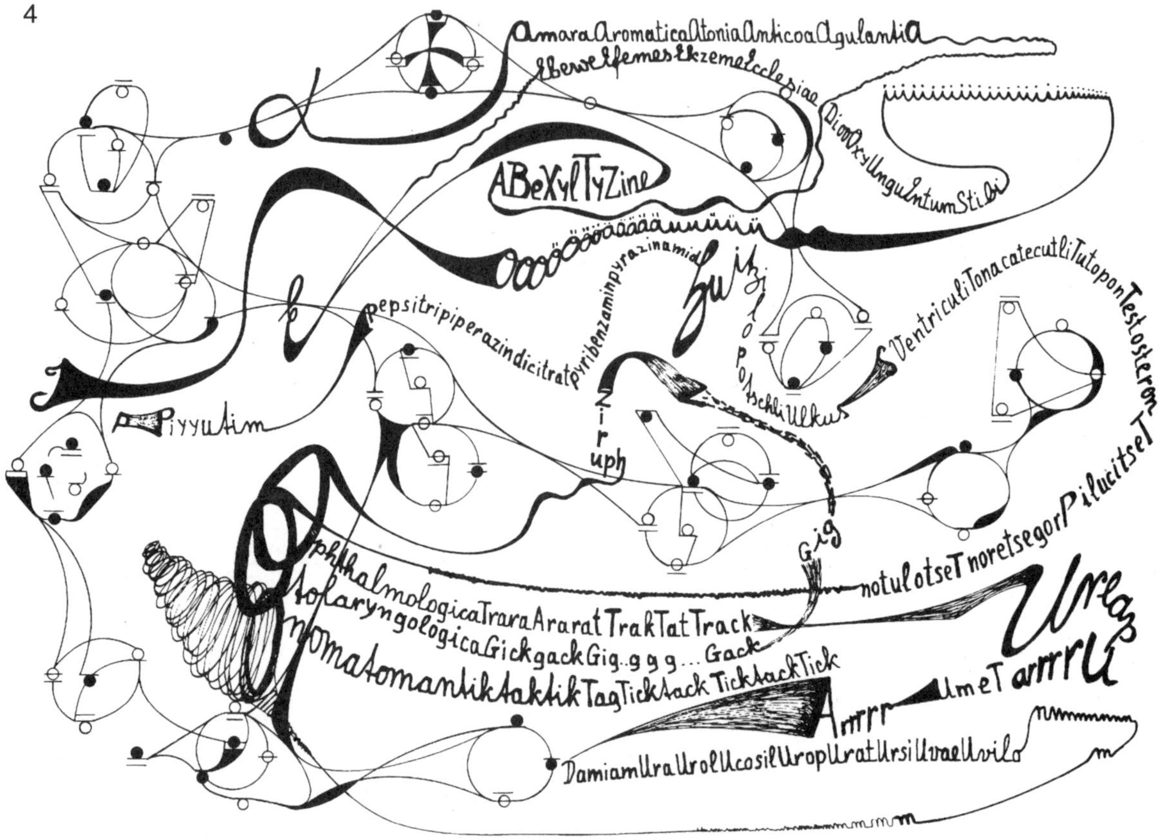

AmaraAromaticaAtoniaAnticoaAgulantiA
EberwelfemesEkzemeEcclesiae
ABeXylTyZine
pepsitripiperazindicitratpyribenzaminpyrazinamid
VentriculiTonacatecutliTutoponTestosteron
PilucitseT
Piyyutim
Ziruph
Gig
notulotseTnoretsegorP
OphthalmologicaTraraAraratTrakTatTrack
OtolaryngologicaGickgackGig..ggg...Gack
OnomatomantiktaktikTagTicktackTicktackTick
DamiamUraUrolUcosilUropUratUrsiUvaeUvilo

3a

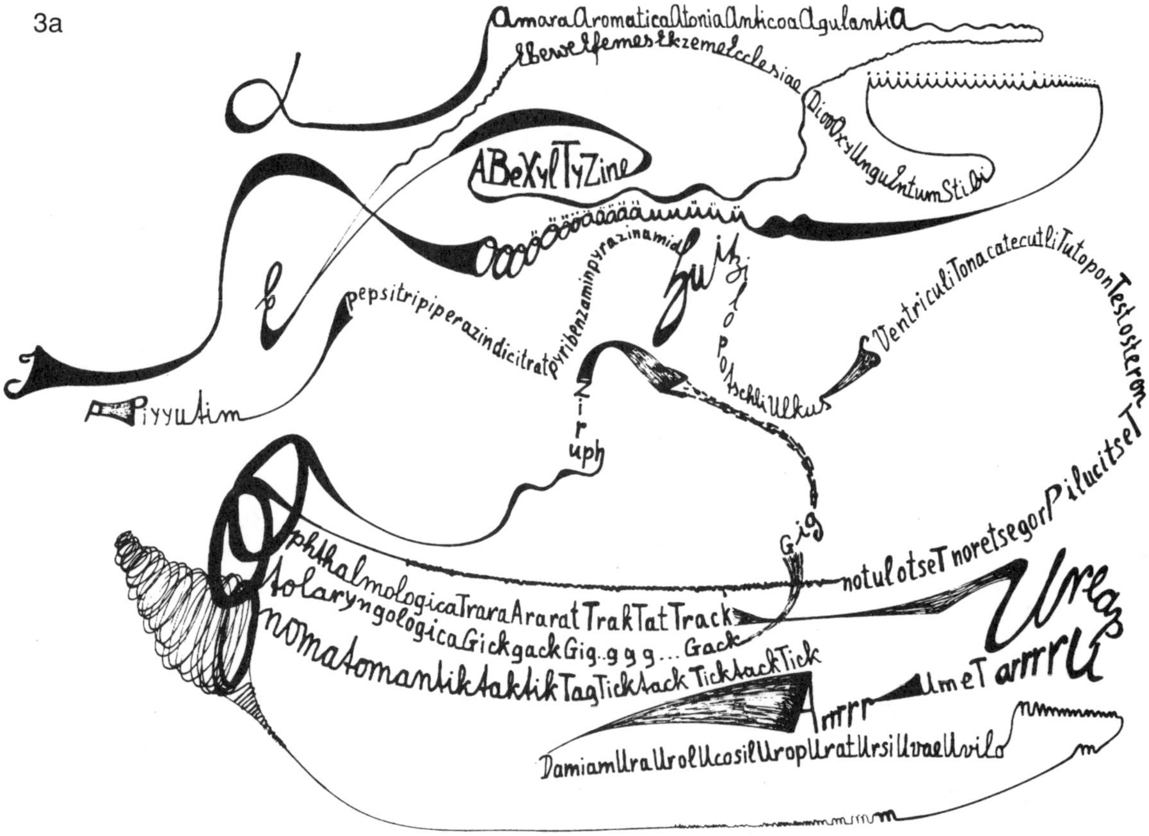

AmaraAromaticaAtoniaAnticoaAgulantiA
EberwelfemesEkzemeEcclesiae
ABeXylTyZine
pepsitripiperazindicitratpyribenzaminpyrazinamid
VentriculiTonacatecutliTutoponTestosteron
PilucitseT
Piyyutim
Ziruph
Gig
notulotseTnoretsegorP
OphthalmologicaTraraAraratTrakTatTrack
OtolaryngologicaGickgackGig..ggg...Gack
OnomatomantiktaktikTagTicktackTicktackTick
DamiamUraUrolUcosilUropUratUrsiUvaeUvilo

THOMAS PERNES

geb. am 25. 2.1956 in Wien

Studium an der Musikhochschule Wien (Komposition bei Alfred Uhl, Friedrich Cerha, Roman Haubenstock-Ramati), freischaffender Komponist.

Werkübersicht

Chorwerke (Rückblende),
Ballett (Alpenglühn),
Orchestermusik (Gleichsam eine Sinfonie),
Kammermusik (Gesänge für neun Instrumente),
Solowerke (Sonate für Violoncello solo),
Werke mit Einbeziehung elektronischer Techniken (Klangtheater).

Gleichsam eine Sinfonie

Einführung von Thomas Pernes
Wege in meiner Arbeit,
verdeutlicht anhand des Aufbaues der harmonischen Struktur
im 3. Satz „Scherzo" aus „Gleichsam eine Sinfonie"

Im allgemeinen finde ich in der Entwicklung meiner Arbeit und meines Denkens ein wesentliches Merkmal:

Ausdrucksformen von primär emotionaler und intuitiver Wichtigkeit möglich zu machen, oder unter dem Gesichtspunkt der Musikgestaltung der unmittelbaren Vergangenheit (und auch der Gegenwart) **wieder möglich zu machen.**

Im speziellen habe ich versucht, Entwicklungen in den einzelnen Parametern zu setzen:

Am Beispiel Harmonie: hier gilt: von einer harmonischen „Struktur an sich" zu einem „harmoniebetonten", diatonischen Gestus zu gelangen, ohne die Erarbeitungen der letzten Zeit ausschließen zu müssen.
Also letztlich: die Möglichkeit zu schaffen, einen Dur- bzw. Moll-Akkord unmittelbar und ohne Bruch (!) neben einen Cluster stellen zu können.

Es gibt hier in meiner Arbeit eine Entwicklungsfolge anhand dreier Werke; wenngleich der prinzipielle Weg hier **umgekehrt** gegangen wird – allerdings mit gleichzeitiger emotionaler Aufladung:

VARIATIONS ————	CONCERTO ————	GLEICHSAM EINE SINFONIE/ Scherzo
als Ausgangspunkt diatonische Akkorde/ auch Dreiklänge (Dur – Moll)	harmonische Entwicklung von diaton. Akkorden zu Clusterbildungen „Struktur an sich"	„darüber hinaus": über konstruktivistische Strukturbetonung zu emotional melodischem Gestus (CONCLUSIO)

„Gleichsam eine Sinfonie" / 3. Satz, Scherzo:
SKIZZE des harmonischen Struktur-Aufbaus

Ausgangspunkt für den harmonischen Struktur-Aufbau ist eine **primäre Harmonienfolge** (eine Abfolge von 38 nahezu ausschließlich diatonischen Akkorden ohne direkten funktionsharmonischen Zusammenhang / diese Harmonienfolge ist in ihrer Grundgestalt in „Variations" und „Concerto" verwendet):

Primäre Harmonienfolge

Aus dieser primären Harmonienfolge entstehen durch Mittel serieller und kontrapunktischer Techniken (Krebsgänge, Schichtungen, Überlagerungen, Gestaltungen aufgrund mathematischer Ton-Häufigkeiten etc.) weitere 132 Akkorde aus 7 Harmonienfolgen.
Der Entstehungsgang und die Möglichkeit einer kompositorischen Verarbeitung seien im folgenden an einem exemplarischen Beispiel erläutert:

Durch direkte Überlagerung des 1. und des 20. Akkordes der primären Harmonienfolge bekomme ich den 1. Akkord der 1. Ableitung der primären Harmonienfolge:

Primäre Harmonienfolge:

Erste Ableitung der primären Harmonienfolge:

Durch Überlagerung der 1. und 2. Ableitung der primären Harmonienfolge:

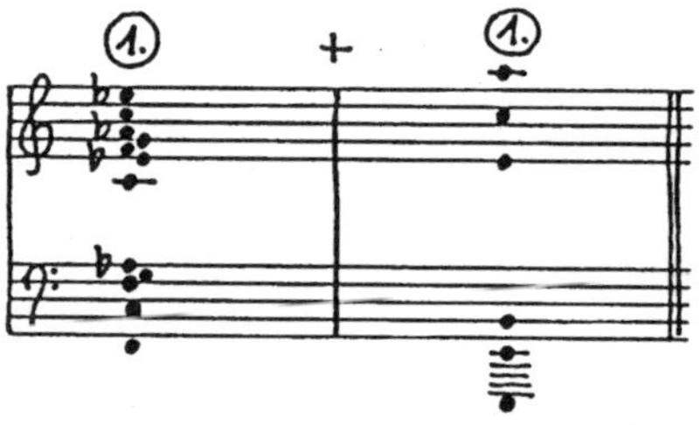

(im Beispiel jeweils der 1. Akkord)

erhält man den 1. Akkord der sekundären Harmonienfolge etc. etc.:

Durch all diese Mittel und Techniken gelangt man schließlich zur

Sekundären Harmonienfolge.

Diese besteht aus 19 Akkorden und ist eine direkte Überlagerung der 1. und 2. Ableitung der primären Harmonienfolge.

Die sekundäre Harmonienfolge wird in **dieser** Form allerdings nicht verwendet.

Sie wird klanglich korrigiert, um zu einem organischen Klangbild zu gelangen: Baß- und Diskantlinien werden verändert, andere Korrekturen sind: Auslassungen von Tönen (um Tonhäufigkeiten zu vermeiden), Umkehrungen, Verdichtung von Mittelstimmen, Oktavversetzung etc. etc.

Klang-korrigierte sekundäre Harmonienfolge

daraus
wird weiters
entwickelt
eine

Tertiäre Harmonienfolge

diese
in der kompositorischen Verarbeitung
im 3. Satz, Scherzo, aus „CONCERTO“:

Tertiäre Harmonienfolge
als Material für Scherzo aus
„CONCERTO“ (Beginn):

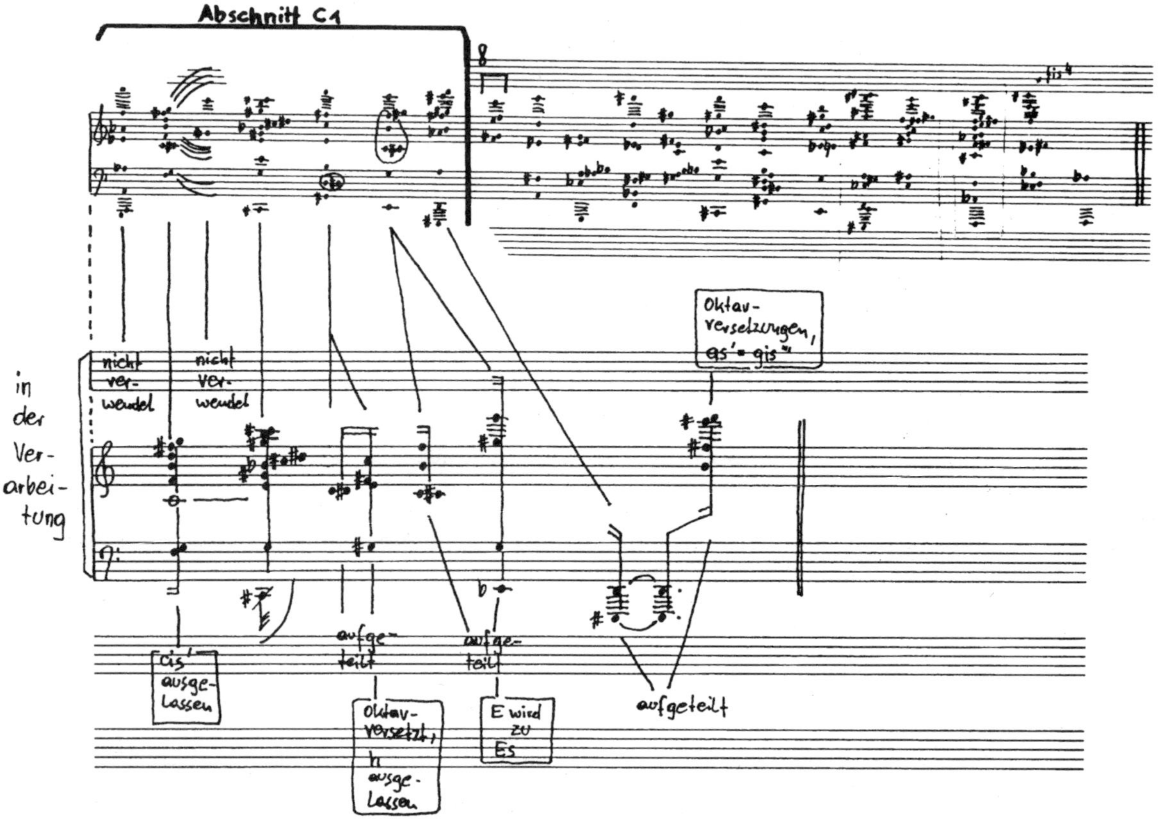

Im Particell des Scherzo aus „CONCERTO” wird die Anwendung dieser Struktur im Abschnitt C1 deutlich:

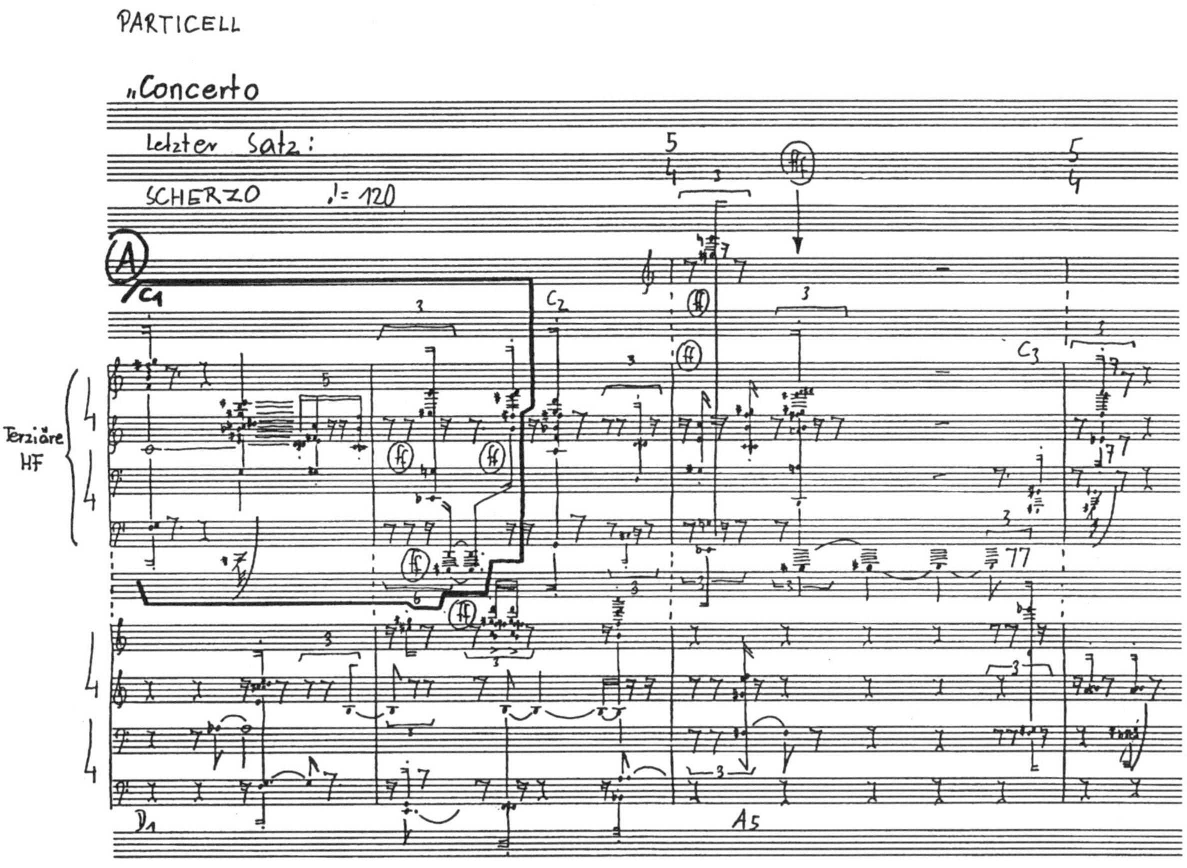

Zuletzt findet dieses Material Verwendung im 3. Satz, Scherzo, aus „GLEICHSAM EINE SINFONIE"; wobei die Motivik aus dem Scherzo des „CONCERTO" hier variativ zitiert wird. (Notenbeispiel nächste Seite)

Im Scherzo von „GLEICHSAM EINE SINFONIE" passiert weiters aber Entscheidendes:
Das „darüber hinaus", der emotionale Kippunkt über konstruktivistische Strukturbetonung zu emotional melodischem Gestus: Nach der stark pulsierenden Akkordabfolge zu Beginn der „Conclusio" und dem darauffolgenden orchestralen Ausbruch.

Ganz allgemein ist wichtig festzuhalten:

Die Harmonienfolgen sind stets **frei gearbeitet**, sind **GRUNDLAGE** FÜR DIE GESTALTUNG und werden nie orthodox gehandhabt:

> Sie sind z.T. figural aufgelöst,
> werden verändert durch: Klang- und Tonakzentuierungen (z.B. mittels Auslassungen aus Gründen einer Über-Komplexität im Klangbild / Auslassungen auch ganzer Akkorde)
> werden präzisiert durch: Oktavversetzungen, Alterationen . . .

Dies sollte für jedes Material gelten.

6. 10. 90, Thomas Pernes

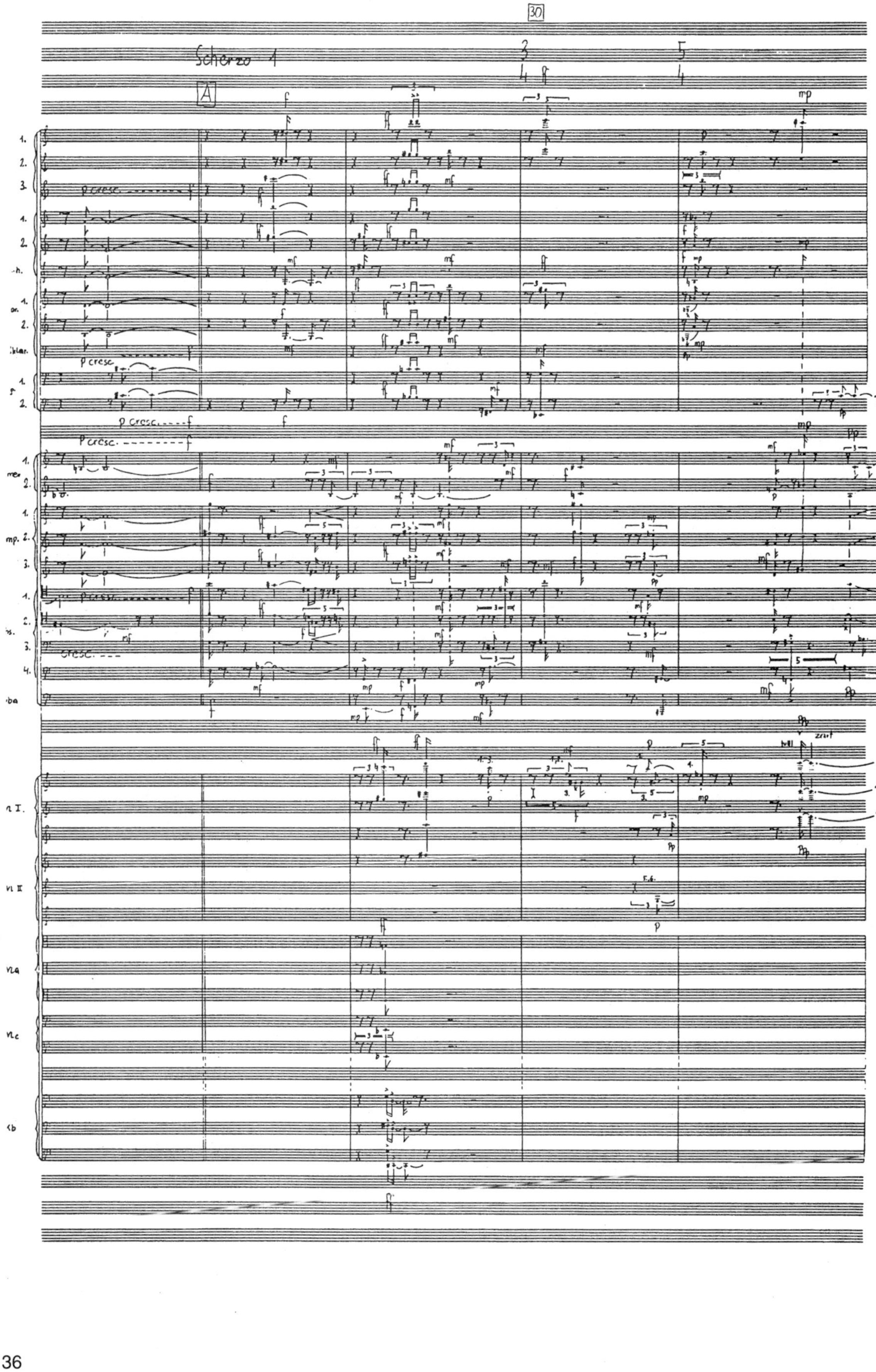
30
Scherzo 1
A
p cresc.
ff
mf
mp
pp
f
cresc.
zart
136

THOMAS PERNES

born 25 February 1956 in Vienna

Studied at the Vienna Musikhochschule (composition with Alfred Uhl, Friedrich Cerha, Roman Haubenstock-Ramati); freelance composer.

Work resumé

Choral works (Rückblende),
Ballet (Alpenglühn),
Orchestral music (Gleichsam eine Sinfonie),
Chamber music (Gesänge für neun Instrumente),
Solo pieces (Sonata for Cello Solo),
Works incorporating electronic techniques (Klangtheater).

Gleichsam eine Sinfonie

Introduction by Thomas Pernes
Paths in my work,
illustrated by means of the make-up of the harmonic structure
in the third movement, Scherzo, of "Gleichsam eine Sinfonie"

In general, I find a significant feature in the development of my work and thought:

To make possible forms of expression that are primarily of emotional and intuitive importance, or, in view of the music produced in the immediate past (and also at present), **to make them possible again**.

In particular, I have tried to set developments in the individual parameters in motion:

For example, harmony: the point is to pass from an harmonic "structure per se" to a "harmonically emphasized" diatonic gestus, without having to exclude recent gains.
That means, in the final analysis, making it possible to place a major or minor chord immediately (and without a rupture) next to a cluster.
In my work there is a course of development on the basis of three pieces, although the path of the principle is taken in reverse – and emotionally charged at the same time:

VARIATIONS ———	CONCERTO ———	GLEICHSAM EINE SINFONIE/ Scherzo
starting point: diatonic chords/ also triads (major, minor)	harmonic evolution from diatonic chords to cluster "structure *per se*"	"above and beyond" via constructivistic structural emphasis to emotional melodic gestus (CONCLUSIO)

"Gleichsam eine Sinfonie" / 3rd movement, Scherzo:
Sketch of the harmonic structural make-up:

The starting point of the make-up of the harmonic structure is a primary set of harmonies (a succession of 38 almost exclusively diatonic chords without direct functional harmonic connection; in its basic form, this set of harmonies is used in "Variations" and "Concerto"):

Primary set of harmonies

From this primary set of harmonies, serial and contrapuntal techniques (retrograde, superimposition, overlapping, arrangement on the basis of mathematical frequency of tones, etc.) are used to arrive at a further 132 chords from 7 sets of harmonies.
The formative procedure and the potential for compositional treatment can be elucidated by the following example:

By directly superimposing the 1st and 20th chords of the primary set of harmonies, I get the 1st chord of the 1st derivative of the primary set of harmonies.

Primary set of harmonies:

First derivative of the primary set of harmonies:

By superimposing the 1st and 2nd derivative of the primary set of harmonies

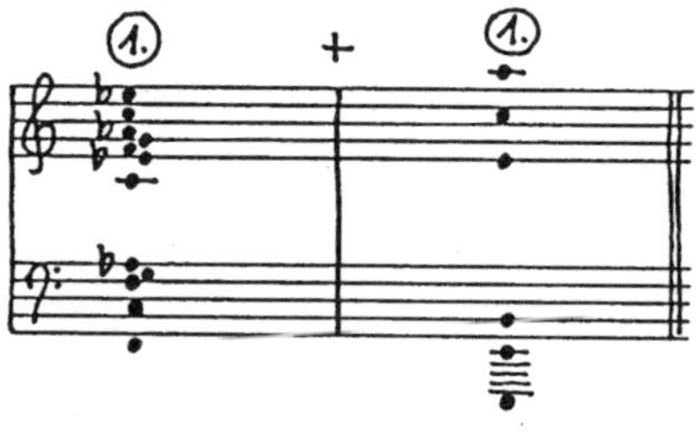

(in the example the 1st chord respectively)

one gets the 1st chord of the secondary set of harmonies, etc., etc.

By using all these means and techniques one eventually arrives at the

Secondary Set of Harmonies.

This consists of 19 chords and is a direct superimposition of the 1st and 2nd derivation of the primary set of harmonies.

However, the secondary set of harmonies is not used in **this** form.

It is corrected harmonically, in order to obtain an organic tonal structure: bass and treble lines are altered; other corrections include omission of tones (to avoid their too frequent occurrence), inversions, densification of middle parts, octave transposition, etc., etc.

Harmonically corrected secondary set of harmonies

from this
there is a
further evolution,
a

Tertiary Set of harmonies

the set
in the compositional treatment
in the 3rd movement, Scherzo, of
"CONCERTO:"

Tertiary set of harmonies
as material for the Scherzo of
"CONCERTO" (beginning):

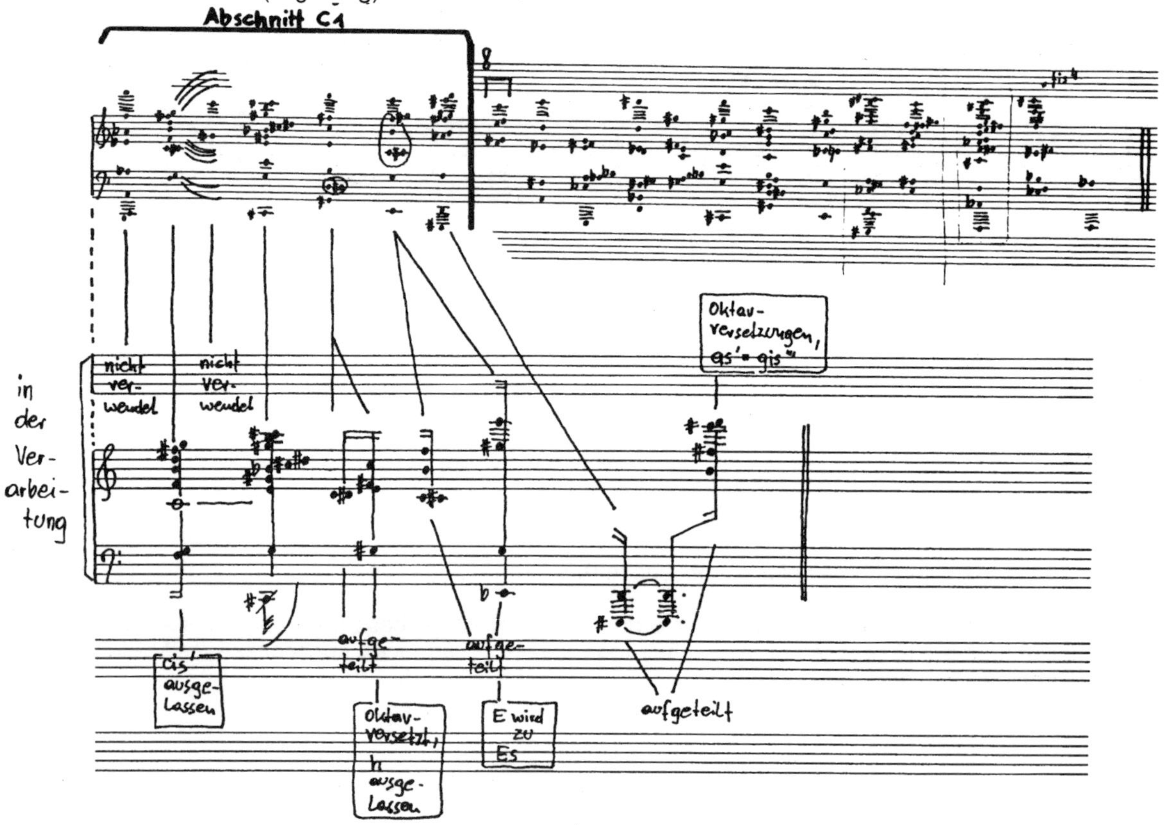

In the short score of the Scherzo from "CONCERTO", the employment of this structure gets clear in section C1:

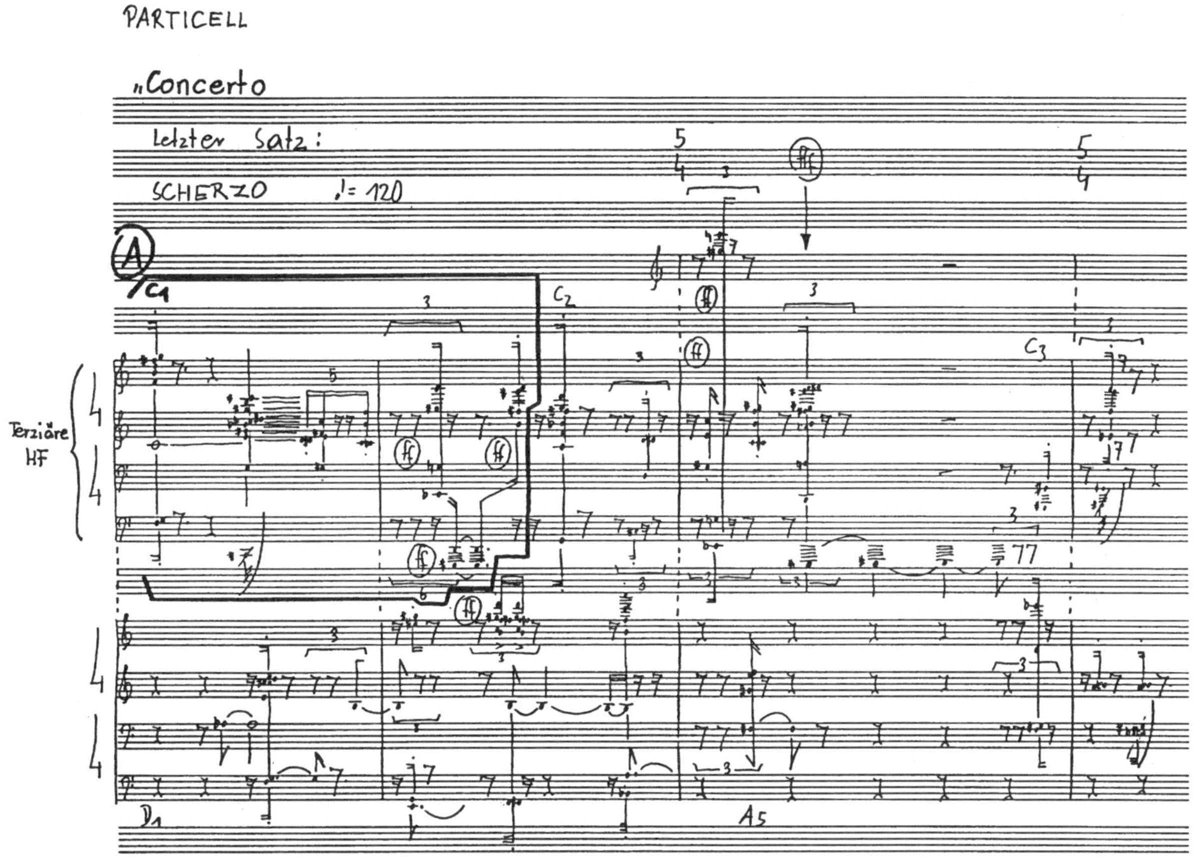

Finally, this material is used in the 3rd movement, Scherzo, of “GLEICHSAM EINE SINFONIE”; the motives from the Scherzo of “CONCERTO” are quoted but varied (example see page 142).

In the Scherzo of “GLEICHSAM EINE SINFONIE” something decisive further occurs:
the “above and beyond”, the emotional switch-over point via constructivistic structural emphasis to emotional melodic gestus – after the strongly pulsating chord sequence at the beginning of the “Conclusio” and the subsequent orchestral outburst.

In general, it is important to remember:

The sets of harmonies are always **freely worked**; they are the **basis** of the formal organization and are never treated in an orthodox manner:

> In part, they are broken down into figures,
> are altered by sound and tone accentuations (e.g. by means of omissions because of a too complex texture / also omissions of whole chords)
> they are more precisely defined by octave transpositions, alterations...

This should apply to all materials.

6 October 90, Thomas Pernes

30
Scherzo 1
A
p cresc.
Vl II
Va
Vc
Kb

KURT RAPF

geb. am 15. 2. 1922 in Wien

Studium an der Musikhochschule Wien (Komposition bei Joseph Marx). Komponist und Interpret (Dirigent, Organist, Cembalist, Pianist, Liedbegleiter), Gründer des Kammerorchesters "Wiener Sinfonietta". Präsident des Österreichischen Komponistenbundes (1970 – 83) und der Künstlerunion (seit 1980), Inhaber hoher Funktionen im Musikleben Innsbrucks und Wiens. 1970 – 87 Leiter des Musikreferates des Kulturamtes der Stadt Wien.

Werkübersicht

Chorwerke (Passio aeterna, Pfingstoratorium),
Orchesterwerke (3 Sinfonien),
Konzerte,
Kammermusik, Solowerke (Petits fours),
Orgelwerke.

„Petits fours"

für Marimba solo (1982)

Das delikate Werk (petits fours – Leckerbissen) schrieb der Komponist für Keiko Abe, die bedeutende japanische Marimba-Virtuosin. Es besteht aus acht kleinen Charakterstücken, die nach Art einer Suite zusammengebunden sind. Die Tempobezeichnungen sind durchaus als Affekthinweise zu verstehen, sie unterstreichen die gegensätzlichen Charaktere der einzelnen Stücke. Die langsame Einleitung (Calmo) bindet die ersten fünf Miniaturen aneinander, da ihr Kopfmotiv, die aufsteigende große Sekund, im Tempo des Beginns nach dem 1., 2. und 5. Stück wiederkehrt. Da Rapf tongetreue Wiederholungen immer vermeidet, ist auch hier jede Wiederkehr als rhythmisch-melodische Veränderung bzw. Erweiterung des Einleitungsgedankens hörbar. Auch am Beispiel des 7. Stückes läßt sich die Ablehnung tongetreuer Reprisen belegen.

Einige Zitate aus bekannter tonaler Musik würzen die Freitonalität der Komposition. Im 2. Stück klingt der Radetzky-Marsch an, im 4. Stück (Walzertempo) der Walzer „Künstlerleben" von Johann Strauß. Das 5. und 8. Stück sind durch ein Kinderliedmotiv verbunden, das zuletzt in Quintparallelen innerhalb der Pentatonik ostasiatische Stimmung einbringt. Als für den Komponisten bedeutsame Geste ist auch hier ein (transponiertes) B-A-C-H- Motiv (Seite 2, 1. Zeile) zu hören, das Rapf als Ausdruck der Verbundenheit mit J. S. Bach vielen seiner Werke aufprägt.

Das Instrument, die Marimba, hat meist nur einen Umfang von vier Oktaven. Rapf schrieb die Komposition für ein um eine Oktav erweitertes Instrument; dadurch gelang es auch, die Klangvielfalt des Instruments zu vergrößern.

Virtuosität und amüsante Kurzweil beseelen das Werk; es läßt den Solisten seine Bravour und Gestaltungskraft demonstrieren, ohne Leichtigkeit und Charme zu verlieren.

Radetzky-Marsch

Johann Strauß (Vater), op. 228

Künstlerleben

Johann Strauß (Sohn), op. 316

KURT RAPF

born 15 February 1922 in Vienna

Studied at the Vienna Musikhochschule (composition with Joseph Marx). Composer and performer (conductor, organist, harpsichordist, pianist, accompanist), founder of the "Wiener Sinfonietta" chamber orchestra. From 1970 to 1983 president of the Österreichischer Komponistenbund (Austrian Composers League) and, since 1980, of the Künstlerunion (Artists Union). Held high positions in the musical life of Innsbruck and Vienna. 1970 – 87, head of the Music Division of the Vienna Municipality's Cultural Office.

Work resumé

Choral works (Passio aeterna, Pfingstoratorium),
Orchestral works (3 symphonies),
Concertos,
Chamber music, solo pieces (Petits fours),
Organ music.

"Petits fours"

for marimba solo (1982)

These "delicacies" (the meaning of petits fours) were written for Keiko Abe, the Japanese marimba virtuoso. The eight little character pieces form a kind of suite with connecting links. The tempo markings can also be taken as clues to affects; they emphasize the contrasting characters of the pieces. The slow introduction (calmo) links the first five miniatures: its head motive, a rising major second, returns after the 1st, 2nd and 5th piece in the original tempo. Since Rapf always avoids literal repeats, every recurrence is heard to be a rhythmic-melodic alteration to expansion of the initial idea. Also in the 7th piece the rejection of literal repeats is evident.

Some quotes from familiar tonal music add spice to the composition's free tonality. In the 2nd piece there are echoes of the Radetzky March, and in the 4th piece (waltz tempo) of the "Künstlerleben" (Artist's life) waltz by Johann Strauss. Pieces 5 and 8 are linked by a motive from a children's song that finally appears in parallel fifths within a pentatonic scale, lending an East Asian atmosphere. A significant gesture for the composer is the inclusion of a (transposed) B-A-C-H motive (p. 2, 1st staff); Rapf incorporates it into many of his works as a sign of attachment to J. S. Bach.

The marimba usually has a range of four octaves. Rapf wrote this piece for a five-octave instrument, thereby increasing its variety of timbre.

This work is infused with virtuosity and amusement. It allows the performer to demonstrate bravura and interpretive powers, without losing fluency and charm.

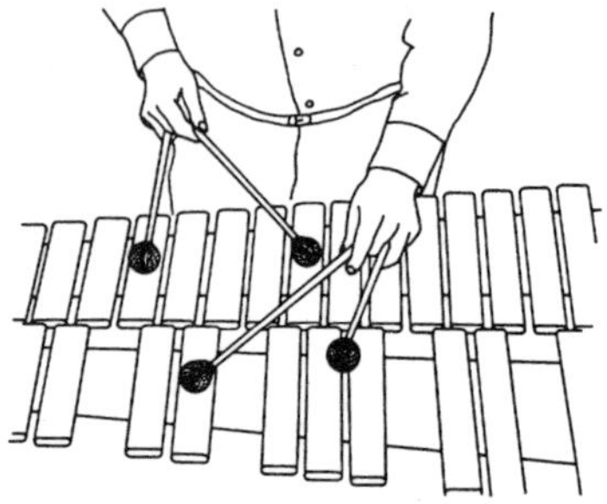

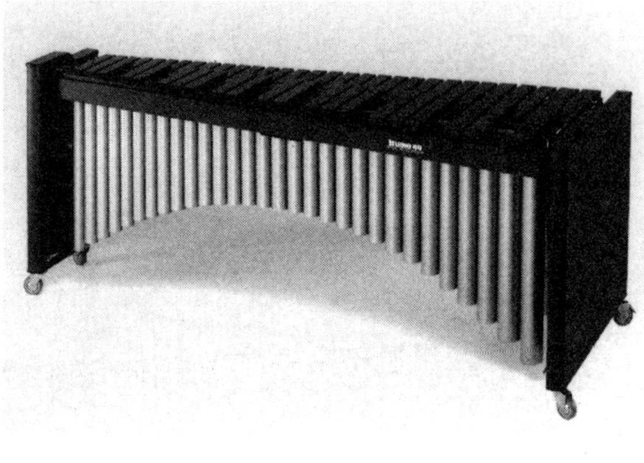

CD 2 – Track 4

– 1 –

– 2 –

Prestissimo (♩= ca. 138)
V
ff (harte Schlägel)
mf
mf
mf
ff
simile
sub p
f
fff
Tempo I.
VI
mf (weiche Schlägel)
3
espr.

3
p
Allegretto (♩= ca. 112)
VII
mp
mf
p
mf
mp
f
mp
senza rit.

Dauer : 8 min.

MARCEL RUBIN

geb. am 7. 7. 1905 in Wien

Studium an der Musikhochschule Wien (Komposition bei Franz Schmidt) und – auf Anraten von Egon Wellesz – in Paris (bei Darius Milhaud) sowie an der Universität Wien Rechtswissenschaft (Dr. jur.). Er emigrierte 1938 nach Frankreich, später nach Mexiko und kehrte 1947 nach Wien zurück. Dirigent, Liedbegleiter, Musikkritiker. Präsident der AKM 1975 – 84, Mitglied des österreichischen Kunstsenates; freischaffender Komponist.

Werkübersicht

Bühnenwerke (Kleider machen Leute),
Chorwerke (O, ihr Menschen; Auferstehung; Licht über Damaskus),
Liederzyklen,
Orchesterwerke (10 Sinfonien, Hymnen an die Nacht – nach Novalis),
Konzerte,
Kammermusik,
Klaviermusik (Sonaten).

Literatur

Hartmut Krones: Marcel Rubin, in: Österreichische Komponisten des XX. Jahrhunderts, Band 22, Wien 1975

O Ihr Menschen

Ein Heiligenstädter Psalm
für Bariton, Chor und Orchester
nach Texten aus dem Heiligenstädter Testament Beethovens
und aus der Bibel (1977)

Die Idee zu diesem Werk kam dem Komponisten, als er von der Leitung der Musikalischen Jugend in Wien gebeten wurde, ein Chorwerk für den Beethoven-Zyklus der Saison 1977/78 zu schreiben.

Rubin nahm den erschütternden Text von Beethovens Heiligenstädter Testament und verknüpfte dessen Aussage mit Bibeltexten.

Der zweite von insgesamt fünf Teilen stellt in einem dramatischen Baritonsolo die Einsamkeit Beethovens dar. Das erste, freitonale Solo läßt eine Tritonus-Spannung zwischen fis und dem Zentralton c erkennen. Der Chorsatz beruht auf einigen Verszeilen des Psalms 88 „Klage eines Kranken und Einsamen" in der Übersetzung Martin Luthers. Der Chorpart ist dem Text entsprechend dramatisch. Begriffe wie „Schrei", „Jammer", „Hölle" sind durch Exklamationen ausgedeutet, die „Tiefe des Grabes" wird in der Tradition der Figurenlehre dargestellt.

Die Zweiteiligkeit der Psalmen bleibt immer deutlich, der parallelismus membrorum ist besonders bei [27] und [28] auszunehmen.

Die individuelle Klage Beethovens „Sprecht lauter, schreit – denn ich bin taub" zu Ende des ersten Solos und zu Beginn des zweiten unterstreicht die Tragik durch lange Notenwerte (Figur der Noëma). Am Ende verlischt der Chorsatz unisono auf c. Der Soloabschluß folgt mit dem verminderten Dreiklang.

Parallelen zur Solo-Chor-Abwechslung in Bachs Matthäus-Passion sind offensichtlich. Die engagierte Tonsprache Rubins gönnt aber dem Chor nicht die distanzierte Ruhe des Betrachters, sondern zwingt ihn, am Schicksal des tauben Beethoven bewegt Anteil zu nehmen.

MARCEL RUBIN

born 7 July 1905 in Vienna

Studied at the Vienna Musikhochschule (composition with Franz Schmidt) and – on the advice of Egon Wellesz – in Paris (with Darius Milhaud), as well as at the University of Vienna (jurisprudence). Dr. juris. In 1938 Rubin emigrated to France and later to Mexico; he returned to Vienna in 1947. Conductor, vocal accompanist, music critic, president of the AKM from 1975 to 1984, member of the Austrian Kunstsenat (Arts Senate). Freelance composer.

Work resumé

Stage works (Kleider machen Leute),
Choral works (O, ihr Menschen; Auferstehung; Licht über Damaskus),
Song cycles,
Orchestral works (10 symhonies, Hymnen an die Nacht to words by Novalis),
Concertos,
Chamber music,
Piano works (sonatas).

Literature

Hartmut Krones: Marcel Rubin, in: Österreichische Komponisten des XX. Jahrhunderts, Vol. 22, Vienna, 1975

O Ihr Menschen

Ein Heiligenstädter Psalm
for Baritone, Chorus and Orchestra
to words from Beethoven's Heiligenstadt Testament
and from the Bible (1977)

The composer got the idea for this work when he was asked by the management of the *Jeunesses musicales* in Vienna to write a choral piece for a Beethoven series in the 1977/78 season.

Rubin took the moving text of Beethoven's Heiligenstadt Testament, linking it with words from the Bible.

The second of the work's five parts depicts Beethoven's loneliness in a dramatic baritone solo. The first, free-tonal solo is marked by a tritone tension between F sharp and the central tone C. The choral part is based on a few lines of Psalm 88, "Lamentation of a sick and lonely man" in the translation of Martin Luther, and is accordingly dramatic. Terms such as "Schrei" (cry), "Jammer" (distress) and "Hölle" (Hell) are pointedly exclaimed, while "Tiefe des Grabes" (depths of the grave) is portrayed in the tradition of the doctrine of musical figures.

The two-part structure of the psalms is always clear; at 27 and 28 this "*parallelismus membrorum*" is especially recognizable .

Beethoven's own lament, "Sprecht lauter, schreit – denn ich bin taub" (speak louder, shout, for I am deaf), at the end of the first solo and beginning of the second, underscores the tragedy with long note values (*noëma* figure). At the end, the chorus dies away unison on C. The conclusion of the solo follows with a diminished triad .

There are obvious parallels here to the solo-chorus alternation in J.S. Bach's St. Matthew Passion, but Rubin's musical language does not allow the chorus the detached calm of an observer's role. It forces the chorus to show deep concern for the fate of the deaf composer.

CD 2 – Track 5

II

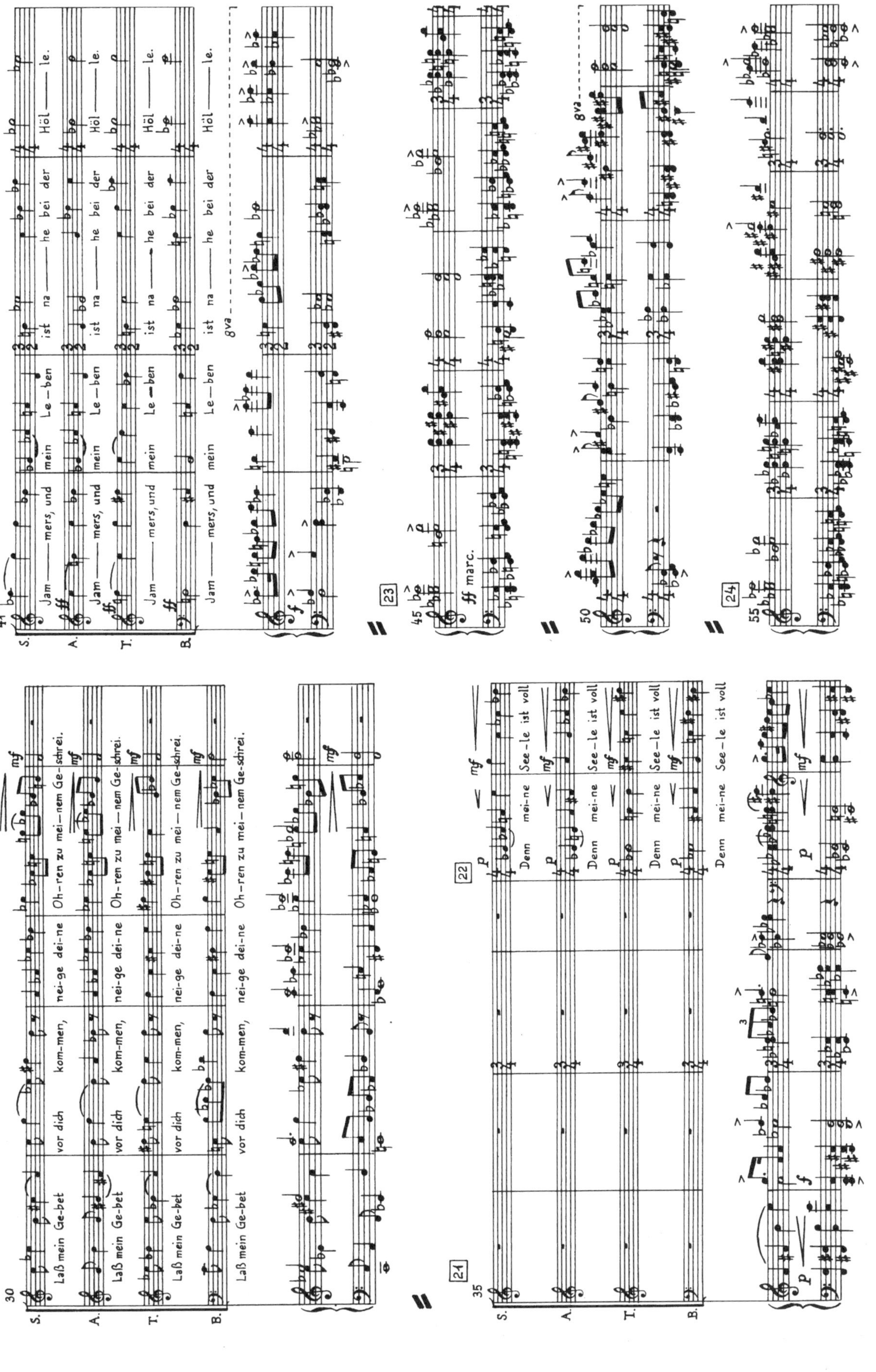
30
S.
A.
T.
B.
Laß mein Ge-bet vor dich kom-men, nei-ge dei-ne Oh-ren zu mei-nem Ge-schrei.
mf
21
35
22
p
Denn mei-ne See-le ist voll
41
ff
Jam-mers, und mein Le-ben ist na-he bei der Höl-le.
8va
f
23
45
ff marc.
50
24
55

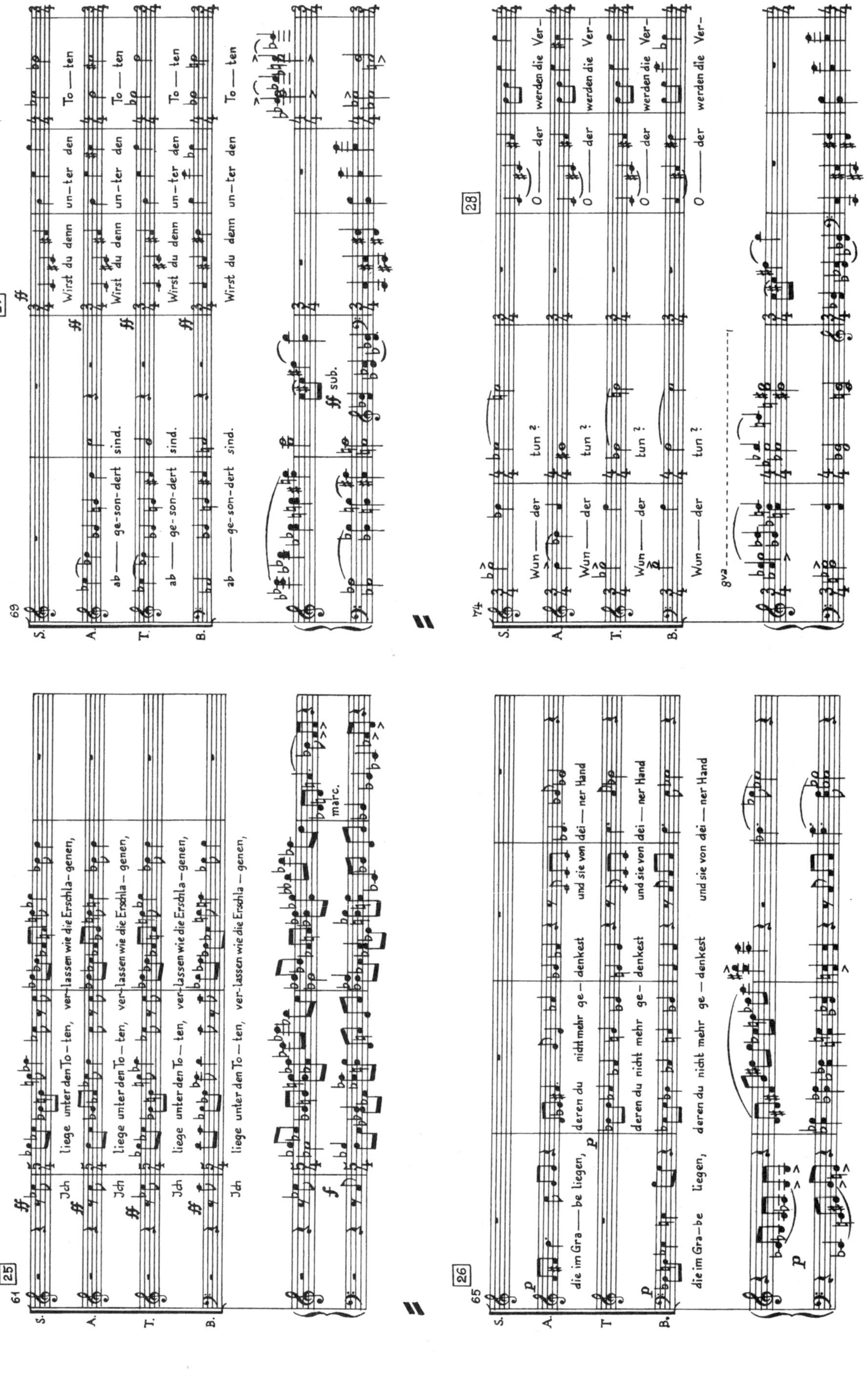
25
26
27
28
61
65
69
74
S.
A.
T.
B.
ff
p
ff sub.
marc.
f
8va
Ich liege unter den To-ten, ver-lassen wie die Erschla-genen,
die im Gra-be liegen, deren du nicht mehr ge-denkest und sie von dei-ner Hand
ab — ge-son-dert sind.
Wirst du denn un-ter den To — ten
Wun — der tun?
O — der werden die Ver-

79
S.
A.
T.
B.
stor — benen auf — ste — hen und dir dan — ken?
8va
84
29
Wird man in Grä — bern er-zäh-len dei-ne Gü — te?
92
30
31
Und deine Treu-e im Ver-der-ben?
Können denn dei-ne Wunder in der Fin — ster-
marc.
99
nis er-kannt werden? O-der deine Ge — rech — tig — keit im Lan — de
nis er-kannt wer — den? O-der deine Ge — rech — tig — keit im Lan — de

Bar. Solo
S.
A.
T.
B.
Sprecht lau — ter, schreit, denn
des Verges — sens?
espr.
ich bin taub!
Du machest, daß mei-ne Freun — de und Verwandten sich ferne von mir
Sprecht lau — ter, schreit!
tun....
um sol — chen E —
sub.
Sprecht lauter!
lends wil — len.

GERHARD SCHEDL

geb. am 5. 8. 1957 in Wien

Studium an der Musikhochschule Wien (Komposition bei Erich Urbanner) und an der Universität Wien (Musikwissenschaft). Seit 1981 Lehrer für Komposition und Musiktheorie am Hoch'schen Konservatorium in Frankfurt/Main und (1982 – 86) an der Universität Mainz. Leiter der „Frankfurter Kurse für Neue Musik" (1987 – 90).

Werkübersicht

Bühnenwerke (Der Großinquisitor; Der Schweinehirt; Triptychon: Pierre et Luce, S.C.H.A.S., Kontrabaß; Glaube, Liebe, Hoffnung),
Chorwerke (Magnificat, Te Deum),
Orchesterwerke (3 Sinfonien),
Konzerte,
Kammermusik (Der Totentanz von anno neun),
Solowerke.

Der Totentanz von anno neun

nach dem Gemälde von Albin Egger-Lienz, op. 14
für Flöte, Oboe, Klarinette in B, Baßklarinette, Violine, Violoncello, Kontrabaß (1980)

Der beklemmende Realismus des Gemäldes von Albin Egger-Lienz (1868 – 1926) – dieses wurde zwischen 1906 und 1921 in mehreren Fassungen gemalt – stellt das Todesschicksal von Tiroler Bauern während des Freiheitskampfes unter Andreas Hofer gegen Napoleons Truppen dar. Es inspirierte Schedl zu expressiver klanglicher Umsetzung. Ähnlich dem „Pochen des Herzschlages" liegt dem gesamten Werk ein ostinates Motiv im Kontrabaß (arco/pizz.), ein absteigender Halbtonschritt, zugrunde. Es beginnt mit der musikalischen Darstellung des ersten Bauern, den der Tod führt. Mannigfaltige durchsichtige Klangfarben (gliss., sul pont., Flageolett, pizz.) verdichten die Spannung bis zu frei gestalteter Erregung (S. 6), nach deren Abklingen nur das unerbittliche Herzschlag-Ostinato übrig bleibt. Die ausschwingende chromatische Beginn-Melodie der Violine [2] rundet zu Ende des Stückes die Schilderung ab (S. 23), doch nicht in Art einer klassischen Reprise, sondern zerbrochen (Vlc. – Oboe), verstummend, weggefegt durch die harten Pizzicatoklänge der Violine. Übrig bleibt der leere Herzschlag – morendo. Die düstere Stimmung verlöschenden Lebens wird bedrückend erlebbar.

GERHARD SCHEDL

born 5 August 1957 in Vienna

Studied at the Vienna Musikhochschule (composition with Erich Urbanner) and at the University of Vienna (musicology). Since 1981 instructor in composition and music theory at the Hoch Conservatory in Frankfurt/Main and (1982–86) at the University of Mainz. Director of the "Frankfurter Kurse für Neue Musik" (1987–90).

Work resumé

Stage works (Der Grossinquisitor; Der Schweinehirt; Triptychon: Pierre et Luce, S.C.H.A.S., Kontrabass; Glaube, Liebe, Hoffnung),
Choral works (Magnificat, Te Deum),
Orchestral works (3 symphonies),
Concertos,
Chamber music (Der Totentanz von anno neun),
Solo pieces.

Der Totentanz von anno neun

after the painting by Albin Egger-Lienz, Op. 14
for flute, oboe, clarinet in B flat, bass clarinet, violin, cello, double bass (1980)

The stark realism of the painting by Albin Egger-Lienz (1868-1926), who did several versions of it between 1906 and 1921, portrays the fatal destiny of Tyrolean peasants led by Andreas Hofer in their struggle for freedom against Napoleon's troops. It inspired Schedl to a highly expressive transformation into music. An ostinato in the double bass runs throughout the whole piece, a two-note motive in a falling semitone (arco/pizz.) like "the throb of a heartbeat". The piece begins with the musical depiction of the first peasant, who is led by Death. Various transparent timbres (gliss., sul pont., harmonics, pizz.) heighten the tension to a state of agitation which is freely executed (p. 6). When this has subsided, all that remains is the relentless heartbeat ostinato. The expansive chromatic initial melody in the violin [2] returns at the end to round off the narrative (p. 23), not in the manner of a classical recapitulation but shattered (vlc. – oboe), subsiding, brushed away by the violin's hard pizzicato sounds. Only the empty heartbeat is left – morendo. The sombre mood of life fading away can be oppressively felt.

Spielanweisungen:

Die Tondauer ist nach der Länge des Notenbalkens abzuschätzen

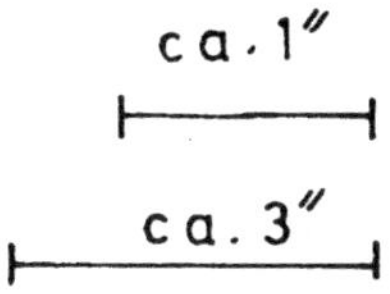

= ungefähre Zeitdauer einer Spieleinheit (kein Takt!)

 = kurzer Notenwert

 = so kurz wie möglich

 = so schnell wie möglich

 = so leise wie möglich

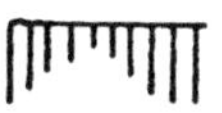 = stufenweise improvisieren, wobei auch Tonwiederholungen möglich sind.

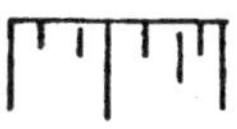 = sprungweise improvisieren

 = Dynamik, Stärke des Notenbalkens

CD 2 – Track 6

Der Totentanz von anno neun

nach dem Gemälde von Albin Egger-Lienz

ca. 9 Min.

Gerhard Schedl, op. 14
(1980)

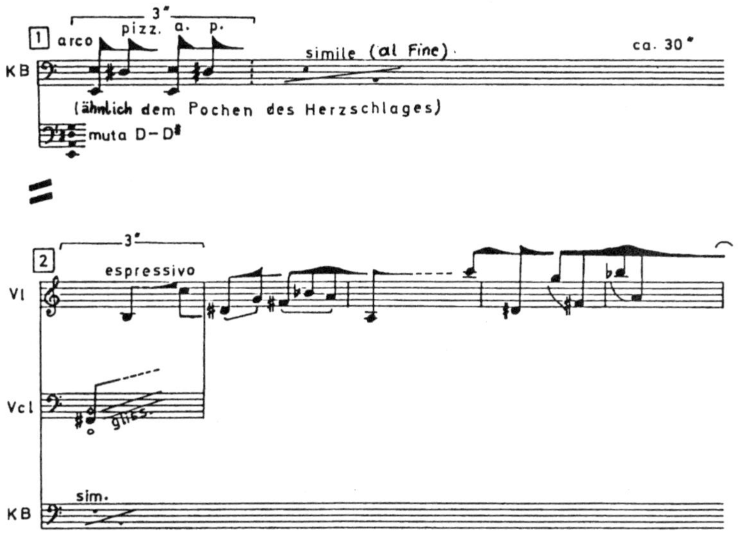

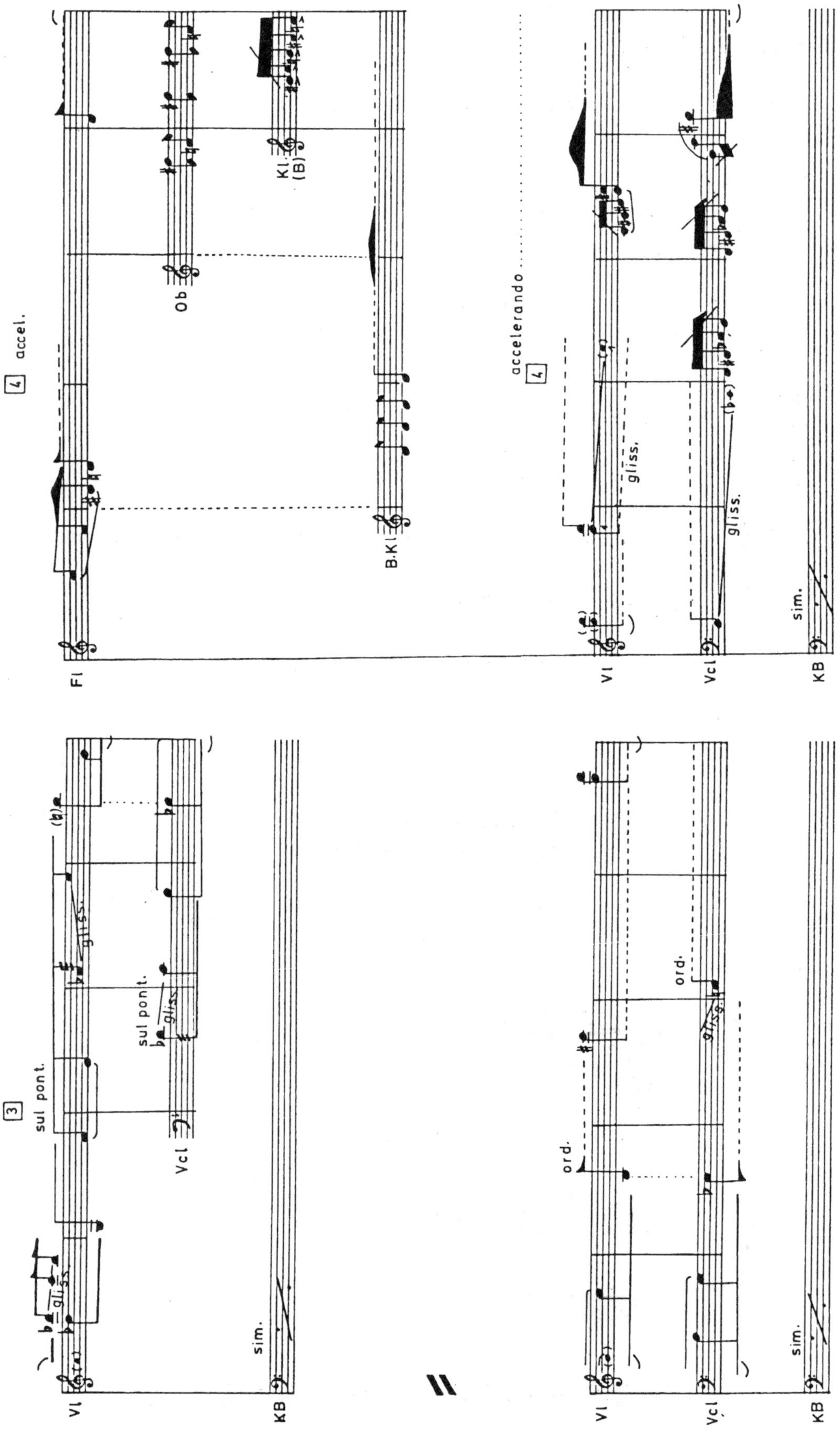

- 4 -
3
sul pont.
Vl
Vcl
KB
gliss.
sim.
ord.
- 5 -
4
accel.
Fl
Ob
Kl. (B)
B.Kl
accelerando

–6–

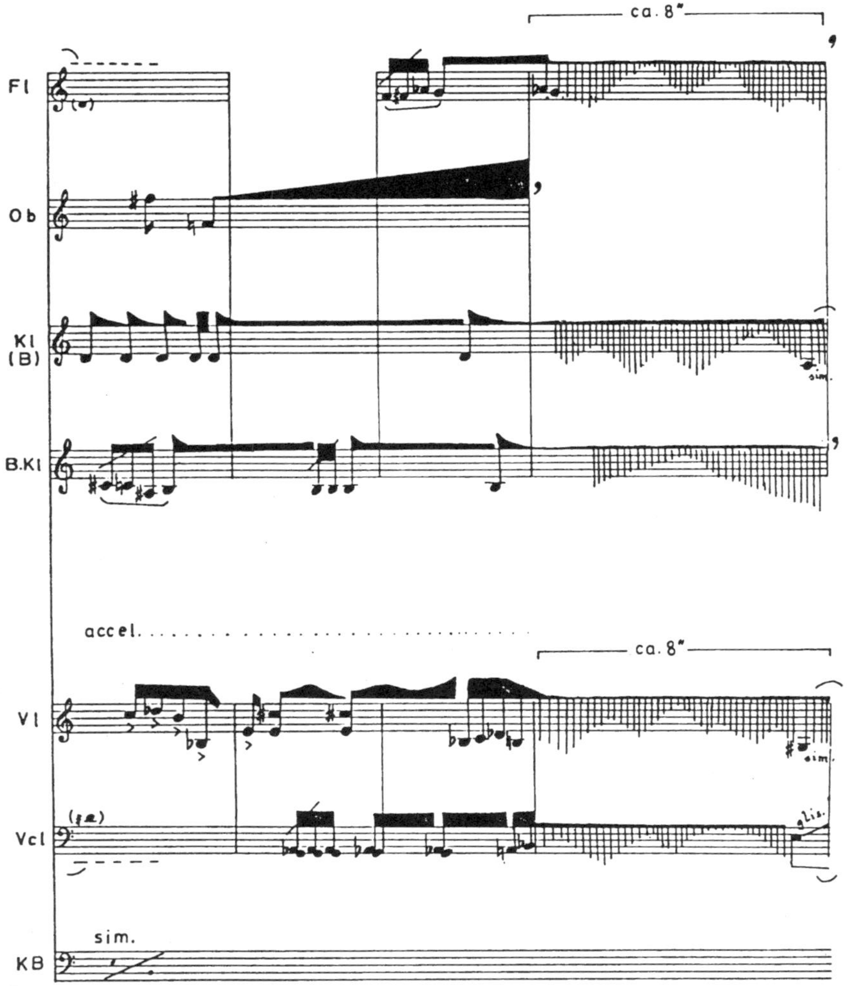
ca. 8"
Fl
Ob
Kl (B)
B.Kl
accel.
ca. 8"
Vl
Vcl
KB
sim.

–7–

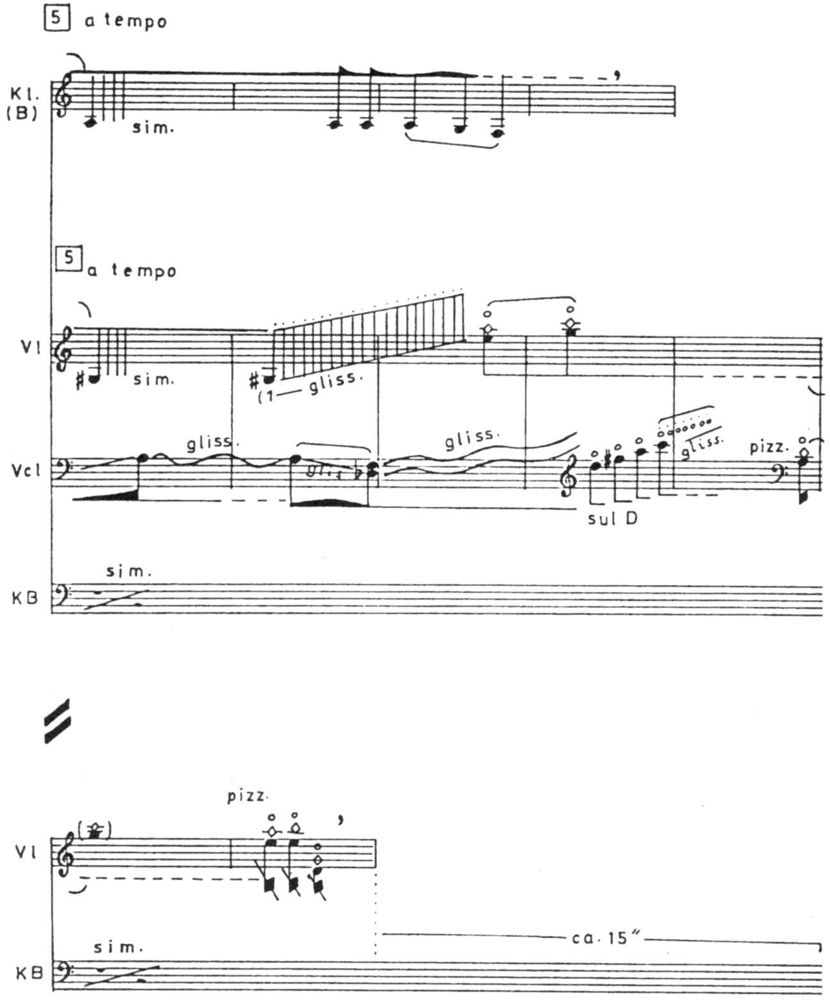
5 a tempo
Kl. (B)
sim.
5 a tempo
Vl
sim.
(1— gliss.
Vcl
gliss.
gliss.
gliss.
sul D
pizz.
KB
sim.
Vl
pizz.
ca. 15"
KB
sim.

(etc.)

CD 2 – Track 7

(Coda)

– 23 –

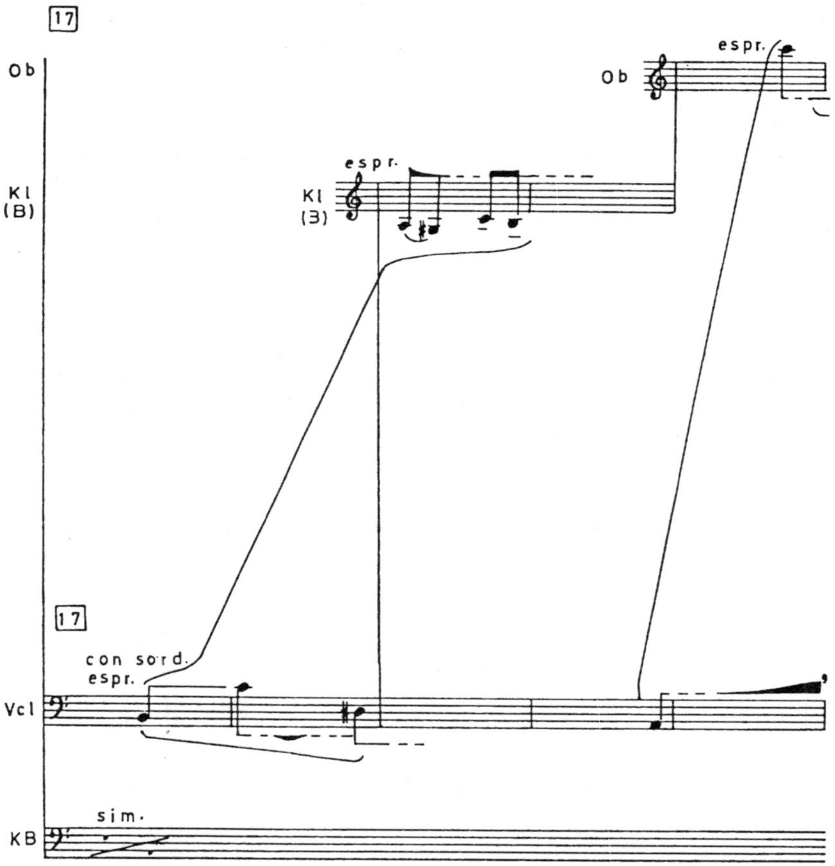

– 24 –

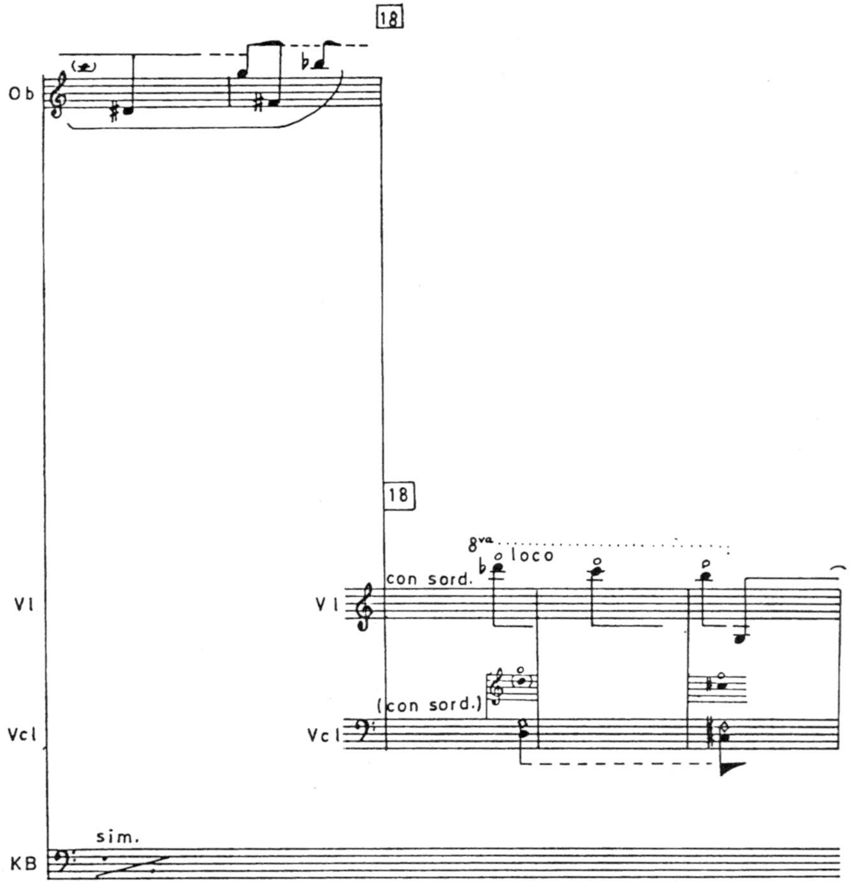

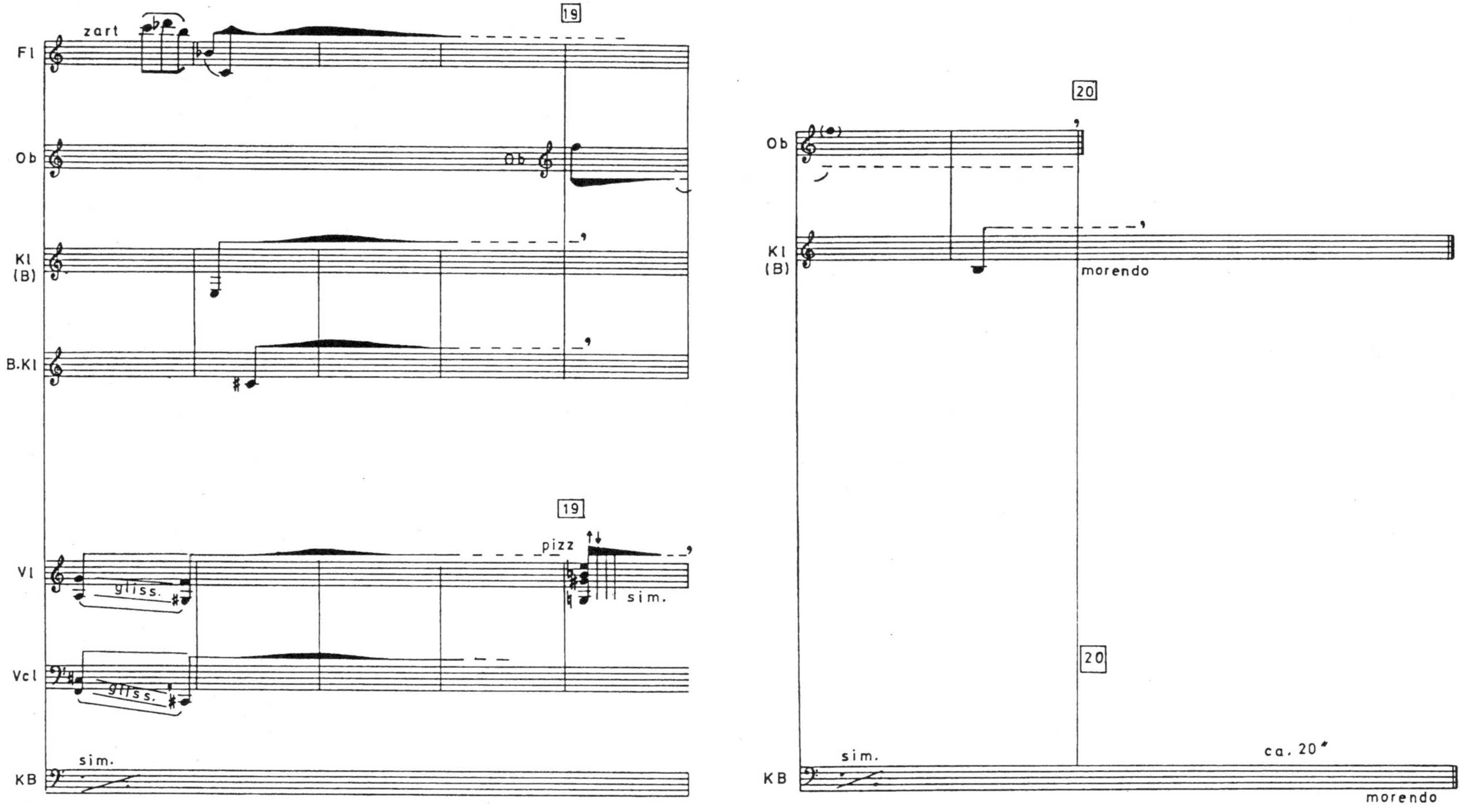
zart
19
Fl
Ob
Kl
(B)
B.Kl
Vl
Vcl
KB
glisss.
gliss.
pizz
sim.
20
morendo
ca. 20″

KARL SCHISKE

geb. am 12. 2. 1916 in Raab/Györ
gest. am 16. 6. 1967 in Wien

Privates Kompositionsstudium bei Ernst Kanitz, Studien an der Musikhochschule Wien (Klavier) und an der Universität Wien (Musikwissenschaft, Kunstgeschichte); Dr. phil. Professor für Komposition an der Musikhochschule Wien von 1952 bis zu seinem Tode.

Werkübersicht

Chorwerke (Vom Tode, Messe),
Lieder,
Orchesterwerke (5 Sinfonien),
Konzerte,
Solowerke für Orgel, Klavier, Violine,
Kammermusik.

Literatur

Karlheinz Roschitz: Karl Schiske, in: Österreichische Komponisten des XX. Jahrhunderts, Band 16, Wien 1970

Vom Tode

Oratorium nach Worten großer Dichter
für Soli, Chor, Orchester und Orgel, op. 25 (1946)

Sommer (Ausschnitt)

Der „Tod in Ähren" aus dem „Sommer" des Oratoriums beruht auf drei Strophen eines Gedichtes von Detlev von Liliencron.

In rezitativischer Schilderung auf dem Zentralton e beginnt das Baß-Solo; im dramatisch-bewegten Orchesterpart der 2. Strophe ist in es-Moll der Todeskampf ausgedrückt. Über dem durchklingenden Ton e und einer behutsamen Akkordfolge erscheint eine Vision des Sterbenden; durch das Schlüsselwort „Sense" wird der Bezug vom heimatlichen Ährenfeld zum nachfolgenden Chorsatz „Es ist ein Schnitter, heißt der Tod" aufgezeigt. Eine ostinate Achtelfigur (3. Strophe) greift den Rhythmus des Todeskampfes auf; der Instrumentalbaß steht als ruhiger Kontrapunkt zur Singstimme. In Tradition der Passionsmusiken und an den Schluß von Schuberts „Erlkönig" erinnernd kündet der Sänger rezitativisch den Tod des Soldaten. Auch hier kommt der Abfolge der Zentraltöne es – e tiefere Bedeutung zu.

Das alte Volkslied „Schnitter Tod" in f-Moll folgt in vierstimmiger Choralversion und drei dramatisch gestalteten cantus firmus-Variationen, in denen die Liedmelodie durch alle Stimmen wandert und mannigfaltige kontrapunktische, kanonische Veränderungen erfährt.

Die distanzierte Strenge des Volksliedes tritt in dramatischen Gegensatz zum Schicksal des einzelnen. Liliencrons Umdeutung eines pathetischen „Todes in Ehren" zu einem einsamen Sterben „in den Ähren" wird von Schiske subtil umgewandelt in den Gegensatz von individuellem Schicksal und traditionsbeladenem Kollektiverleben.

Der Abschluß des „Sommers" greift ebenso wie die entsprechenden Gesänge der anderen Jahreszeiten auf den Text Rainer Maria Rilkes zurück „O Herr, gib jedem seinen eigenen Tod". Der kanonische Beginn wird durch ein Ostinato gestützt.

Schiske vermittelt uns persönliches, familiäres Kriegserleben in ernster und packender Dramatik.

Zwischen Krieg und Frieden

Tod in Ähren

Im Weizenfeld, in Korn und Mohn,
Liegt ein Soldat, unaufgefunden,
Zwei Tage schon, zwei Nächte schon,
Mit schweren Wunden, unverbunden.

Durstgequält und fieberwild,
Im Todeskampf den Kopf erhoben.
Ein letzter Traum, ein letztes Bild,
Sein brechend Auge schlägt nach oben.

Die Sense sirrt im Ährenfeld,
Er sieht sein Dorf im Arbeitsfrieden,
Ade, Ade du Heimatwelt –
Und beugt das Haupt, und ist verschieden.

KARL SCHISKE

born 12 February 1916 in Raab/Györ (Hungary)
died on 16 June 1967 in Vienna

Studied composition privately with Ernst Kanitz, at the Vienna Musikhochschule (piano) and at the University of Vienna (musicology, art history). Dr. phil. Professor of composition at the Musikhochschule in Vienna from 1952 until his death.

Work resumé

Choral works (Vom Tode, Mass),
Songs,
Orchestral works (5 symphonies),
Concertos,
Solo pieces for organ, piano, violin,
Chamber music.

Literature

Karlheinz Roschitz: Karl Schiske, in: Österreichische Komponisten des XX. Jahrhunderts, Vol. 16, Vienna, 1970

Vom Tode (On Death)

Oratorio to words by great poets
for soloists, chorus, orchestra and organ, Op. 25 (1946)

Summer (Excerpt)

"Tod in Ähren" (translatable as "death in the cornfield") from the "Summer" section of the oratorio is based on three verses of a poem by Detlev von Liliencron.

The bass solo begins with a recitative description on the central tone E. In the dramatic, turbulent orchestral writing in the second verse, the death struggle is expressed in E flat minor. The note E and a gentle chord progression are heard in the dying man's vision. The key word "Sense" (scythe) forms the link between the fields of his home town and the chorus "Es ist ein Schnitter, heisst der Tod" (There is a Reaper whose name is Death). An ostinato eighth-note figure takes up the rhythm of the death struggle. In a recitative, the singer tells of the soldier's death, calling to mind the tradition of passion music and the end of Schubert's "Erlkönig". Here too, the central tone sequence E - E♭ takes on more profound meaning.

The old folksong "Schnitter Tod" (Grim Reaper) follows in a four-part chorale setting and three dramatic cantus firmus variations in which the folksong melody wanders through all parts, undergoing many sorts of contrapuntal, canonic modifications.

The folksong's detached austerity forms a dramatic contrast to an individual fate. Liliencron's play on words, recasting "Tod in Ehren" as "Tod in den Ähren" (to give a rough approximation, turning collective "death on the field of honour" into a solitary "death in a field of corn") is subtly transmuted by Schiske into a contrast between individual fate and tradition-laden mass experience.

"Summer", like the other seasons that make up the oratorio, ends with words by Rainer Maria Rilke, "O Herr, gib jedem seinen eigenen Tod" (O Lord, give each of us his own death). The canonic beginning is supported by an ostinato.

In this work, Schiske imparts his own immediate experience of war in a gripping, dramatic way.

CD 2 – Track 8

Nr. 9

Tod in Ähren

Detlev v. Liliencron

Baß-Solo und Orchester

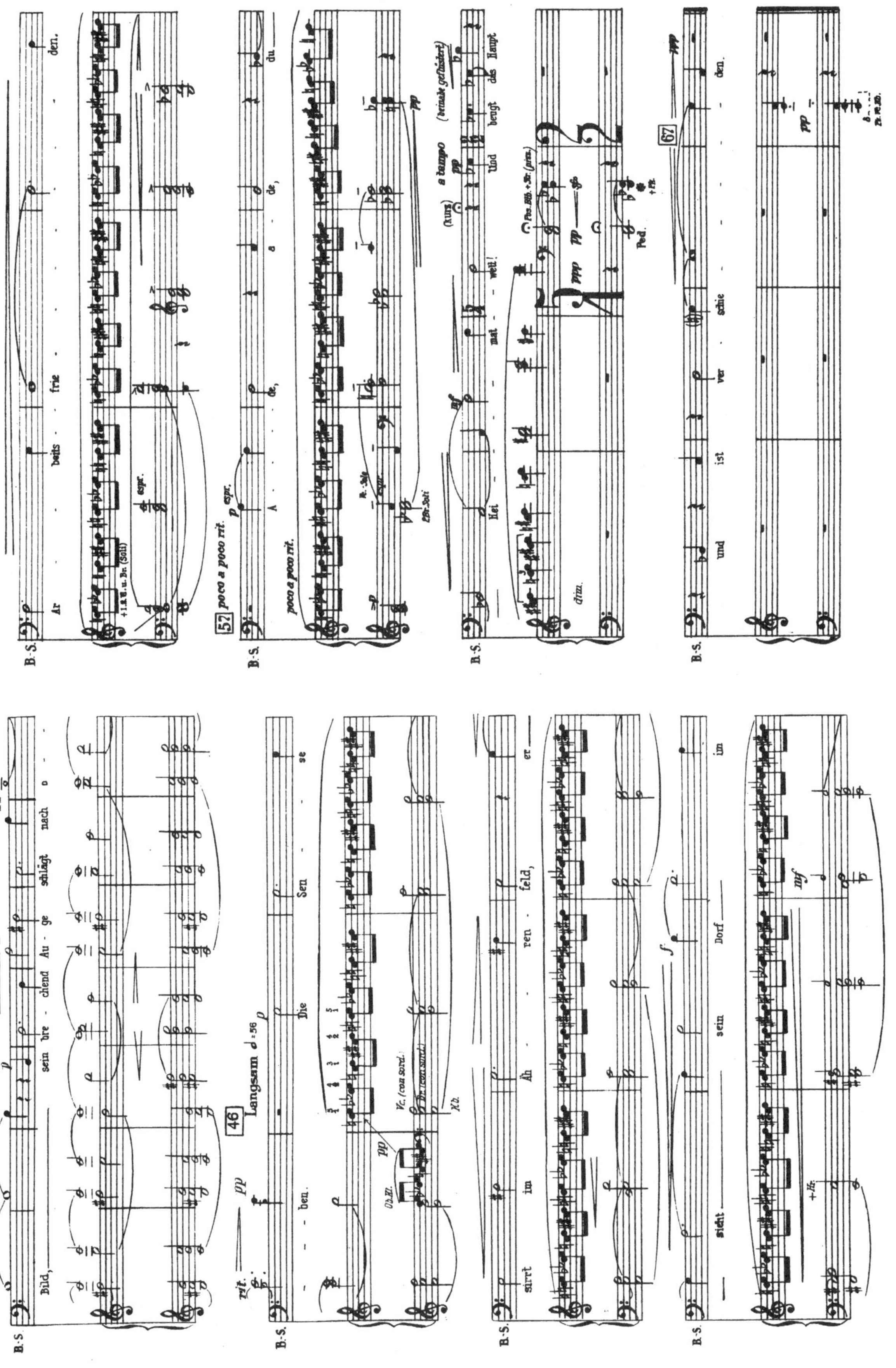

CD 2 – Track 9

Nr. 10

Schnitter Tod

Volkslied

Chor a cappella

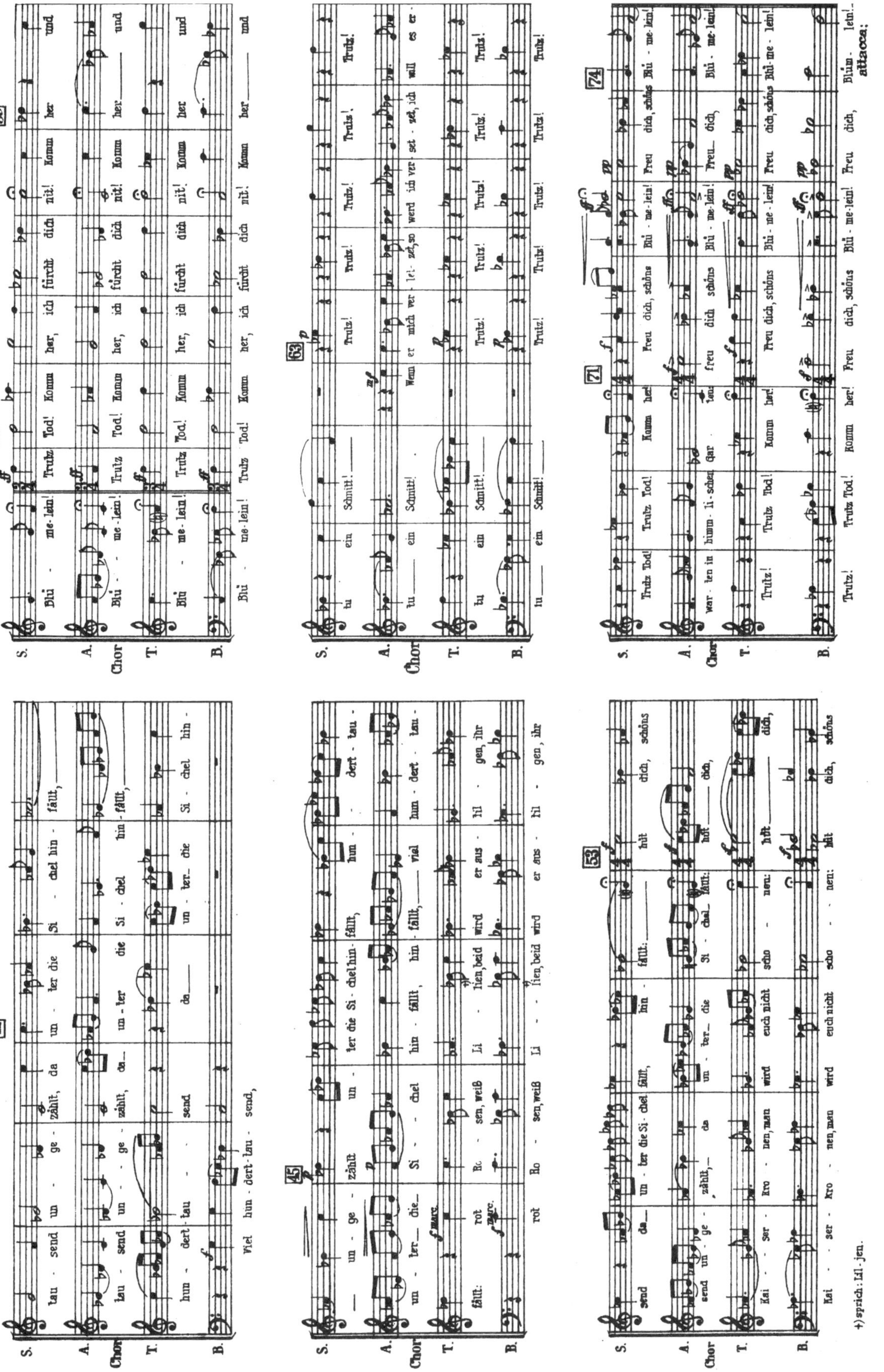
41
S.
A.
Chor
T.
B.
tau - send un - ge - zählt, da un - ter die Si - chel hin - fällt,
hun - dert tau - send, da
Viel hun - dert tau - send,
45
un - ge - zählt un - ter die Si - chel hin - fällt, hun - dert - tau -
rot Ro - sen, weiß Li - lien, beid wird er aus - til - gen, ihr
53
send da - un - ter die Si - chel fällt, hin - fällt:
Kai - ser - kro - nen, man wird euch nicht scho - nen: Freu dich, schöns
55
59
Blü - me - lein! Trutz Tod! Komm her, ich fürcht dich nit! Komm her und
63
tu ein Schnitt! Trutz! Trutz! Trutz! Trutz!
Wenn er mich ver - let - zet, so werd ich ver - set - zet, ich will es er
71
74
Trutz Tod! Komm her! Freu dich, schöns Blü - me - lein! Freu dich, schöns Blü - me - lein!
wer - den in himm - li - schen Gar - ten!
Blüm - lein! attacca:
+) sprich: Li - li - jen.

Nr. 11

O Herr, gib jedem seinen eignen Tod . . .

Rainer Maria Rilke

Sopran-, Alt-, Tenor-, Baß-Solo, Chor, Orchester und Orgel

*) Vl. und Br. haben abwechselnd weiterhin Tremolo auf f² und f³ (pp)

(etc.)

ROBERT SCHOLLUM

geb. am 22. 8. 1913 in Wien
gest. am 30. 9. 1987 in Wien

Studium an der Musikhochschule Wien (Komposition bei Joseph Marx, Orgel und Dirigieren). Umfassende Tätigkeiten als Komponist, Musikpädagoge, Volksbildner, Organist, Musikschriftsteller, Dirigent, Liedbegleiter. 1951– 53 Leiter der städtischen Musikdirektion Linz. 1959 – 82 Professor für Lied und Oratorium an der Musikhochschule Wien. 1965 – 70 und 1983 Präsident des Österreichischen Komponistenbundes.

Werkübersicht

Chorwerke (Markus-Passion),
Orchesterlieder (Michelangelo-Gesänge),
Lieder,
Orchesterwerke (7 Sinfonien, Solokonzerte),
Kammermusik.

Schriften: „Die Wiener Schule“, Wien 1969; „Das österreichische Lied des 20. Jahrhunderts", Tutzing 1977; „Vokale und allgemeine Aufführungspraxis", gemeinsam mit Hartmut Krones, Wien 1983

6. Symphonie, op.110 (1985)

3. Satz – Trauermusik

Robert Schollum war ein emotionserfüllter Mensch und Künstler. Sein Werk spiegelt schicksalhaft Erlebtes wider. Gerade die 6. Symphonie vermittelt die Tiefen und Höhen menschlicher Empfindungen. Der 3. Satz „Trauermusik" folgt auf einen „Zerstörung" benannten Satz. Das Finale mit der Bezeichnung „Hymnus" ist, wie der Komponist niederschrieb, „an den Hymnus 'Veni, creator spiritus' angelehnt". Er vermerkt weiters auf dem Widmungsblatt der Partitur „Grundsubstanz des Werkes ist die kleine Non, die der barocken Figurenlehre entsprechend aufwärts als positives, abwärts als negatives Tonsymbol angewandt wird".

Die Wiederaufnahme bedeutungstragender „Figuren" aus der Tradition der Rhetorik dürfte nicht nur auf den Non-Sprung beschränkt bleiben, sondern sollte auch die chromatisch-verengte Circulatio (Takt 11, Trompeten) einbeziehen, die in dieser Form ein Ausdrucksmittel des Schmerzes ist, sowie das Tremolo (Takt 3, 1., 2. Posaune) als musikalische Entsprechung zitternder Erregung. Zu der Frage, ob solche Überlegungen für die Hörer dieser Symphonie wichtig sind, äußerte sich der Komponist in einem Brief an Hartmut Krones folgendermaßen: „Der Zuhörer, der die Gedankenwelt der VI. Symphonie lediglich spontan aufnehmen möchte, kann sie nur mehr oder minder (seiner Informiertheit oder Vorbildung entsprechend), keinesfalls aber ganz aufnehmen".

Die Trauermusik wird durch ein Ensemble der Blechbläser und Schlaginstrumente dargeboten. Anklänge an die Besetzung von Trauermärschen, an Begräbnismusiken sind offensichtlich. Die Affektbezeichnung „Lastend“ verstärkt diesen Eindruck, ebenso die wechselweise Vorschrift, con sordino zu spielen. Die vom Komponisten gewählte Form eines Variationensatzes garantiert eine einheitliche Grundstimmung. Dem zehntaktigen Thema folgen zwei Variationen, darauf ein bewegtes Zwischenspiel, die 3. Variation im Presto und eine Coda (plötzlich breit), die eigentlich als 4. Variation gelten kann. Es herrscht durchwegs die cantus firmus-Variationstechnik vor; das thematische Material ist, obschon rhythmisch oder instrumental modifiziert, immer präsent.

Im gedämpften Posaunensatz wird das Thema vorgestellt. 1. und 2. Posaune verharren auf einem Sekundklang, während die 3. Posaune mit aufwärtsgerichtetem Nonsprung die melodische Bewegung eröffnet; diese wird ab Takt 5 von der 1. Posaune gestaltet. In der ersten Variation wiederholen die Posaunen leicht verändert dieses Geschehen, doch bringen die Trompeten einen thematischen Gegensatz, einen freien Kontrapunkt. In der 2. Variation liegt das Thema in den Hörnern; die Trompeten kontrapunktieren.

Das Zwischenspiel (Takt 32 – 43) ändert die Stimmung. Vor einem frei zu gestaltenden Klanghintergrund der Hörner und des Schlagzeugs erscheint ein dreistimmiger Kanon in der kleinen Sekund, von den Trompeten intoniert. Das Kopfmotiv, die diesmal abwärtsgerichtete Non, zeigt die „negative Symbolik". Gleichzeitig jedoch bringen Posaunen und Tuba einen ruhig fortschreitenden choralartigen Satz, der zunehmend bestimmend wirkt. In der Presto-Variation Nr. 3 übernehmen die Hörner das Thema, die Trompeten kontrapunktieren, beginnend mit dem

Spiegelintervall, der Non abwärts. Die Coda beruhigt das Geschehen. Im gleichen Rhythmus gespielt, liegt das Thema in Trompeten und Posaunen. Bevor der letzte Ton des Themas d erklingt, leitet ein Largo-Einschub choralartig die ruhige Schlußstimmung ein. Ein ferner Bezug zum Bläserchoral zu Ende des 2. Satzes von Bruckners 7. Symphonie scheint gegeben. Aber auch eine Vorbereitung auf das Veni creator spiritus-Motiv des 5. Satzes ist hörbar. Somit schließt die Trauermusik mit Zuversicht, der 3. Satz erhält eine dramaturgische Rolle im Gesamtkonzept dieser Symphonie.

ROBERT SCHOLLUM

born 22 August 1913 in Vienna
died 30 September 1987 in Vienna

Studied at the Vienna Musikhochschule (composition with Joseph Marx, organ and conducting). Comprehensive activities as composer, music pedagogue, adult educationist, organist, musicographer, conductor, vocal accompanist. 1951 – 53, head of the municipal music office in Linz. 1959 – 82, professor of lied and oratorio at the Vienna Musikhochschule. 1965 – 70 and 1983, president of the Austrian Composers League.

Work resumé

Choral works (St. Mark Passion),
Orchestral songs (Michelangelo Songs),
Songs,
Orchestral works (7 symphonies, solo concertos),
Chamber music.

Writings: „Die Wiener Schule", Vienna, 1969; "Das österreichische Lied des 20. Jahrhunderts", Tutzing, 1977; "Vokale- und allgemeine Aufführungspraxis", with Hartmut Krones, Vienna, 1983

Symphony No. 6, op.110 (1985)

3rd Movement – Trauermusik (Funeral Music)

Robert Schollum was an emotional person and artist. His work reflects his own fateful experiences. The Sixth Symphony in particular conveys the depths and heights of human feelings. The third movement, "Trauermusik" (Funeral Music) follows a movement entitled "Zerstörung" (Destruction). The finale, called "Hymnus" (Hymn), is as the composer wrote, "based on the hymn Veni creator spiritus". He further notes on the dedication leaf of the score, "The basic substance of this work is the minor ninth; in line with the baroque doctrine of musical figures it is used upwards as a positive tonal symbol and downwards as a negative one."

The revival of significant "figures" from rhetorical tradition should not be seen as limited to the leap of a minor ninth, but should also take in the chromatically narrowed circulatio (bar 11, trumpets), which in this form is a means of expressing pain or grief, and the tremolo (bar 3, 1st and 2nd trombone) as the musical equivalent of trembling excitement. In answer to the question whether such considerations are important for listeners, the composer wrote in a letter to Hartmut Krones, "The listener who tries to grasp the ideas in the Sixth (symphony) only in a spontaneous way can do it more or less (depending on how well informed or educated he is) but by no means entirely."

The Funeral Music is played by an ensemble of brass instruments and percussion. Reminiscences of the instrumentation of funeral marches and music for obsequies are obvious. The affect marking "Lastend" (oppressively or weightily) strengthens this impression, as does the alternating instruction to play with mutes. The form chosen by the composer, a variation movement, guarantees a uniform basic mood. The ten-bar theme is followed by two variations; a lively interlude is next and then come the third variation (Presto) and a coda (with a suddenly broader tempo) which actually can be considered as the fourth variation. The cantus firmus variation technique predominates through; although modified rhythmically and instrumentally, the thematic material is always present.

The theme is introduced by muted trombones. The 1st and 2nd trombone sustain a minor second, while the 3rd trombone begins the melodic motion with an upward leap of a minor ninth. The melodic line is taken over by the 1st trombone at bar 5. In the first variation, the trombones repeat what they have played in a somewhat altered fashion, but the trumpets have a thematic contrast, a free counterpoint. In the second variation the theme is in the horns, with a counterpoint in the trumpets.

The interlude (bar 32-43) brings a change of mood. Before an ad libitum background in the horns and percussion, the trumpets intone a three-part canon at the minor second. The head motive, a downward minor ninth, is a manifestation of "negative symbolism". At the same time, however, the trombones and tuba play a calmly progressing chorale-like setting, which increasingly becomes a determining factor. In the Presto variation (No. 3), the horns take over the theme, while the trumpets have a counterpoint beginning with the inversion of the main interval, a downward ninth. In the coda, the music calms down. The theme is in the trumpets and trombones, in the same rhythm. Before its final tone (D) is reached, a Largo interpolation ushers in the tranquil final mood in the manner of a chorale. There seems to be a remote connection with the wind chorale at the end of the second movement of Bruckner's Seventh Symphony. But a preparation of the Veni creator spiritus motive of the fifth movement can be heard. Thus the Funeral Music ends on a note of optimism; the third movement takes on a dramaturgical role in the total plan of Schollum's Symhony No. 6.

CD 2 – Track 11

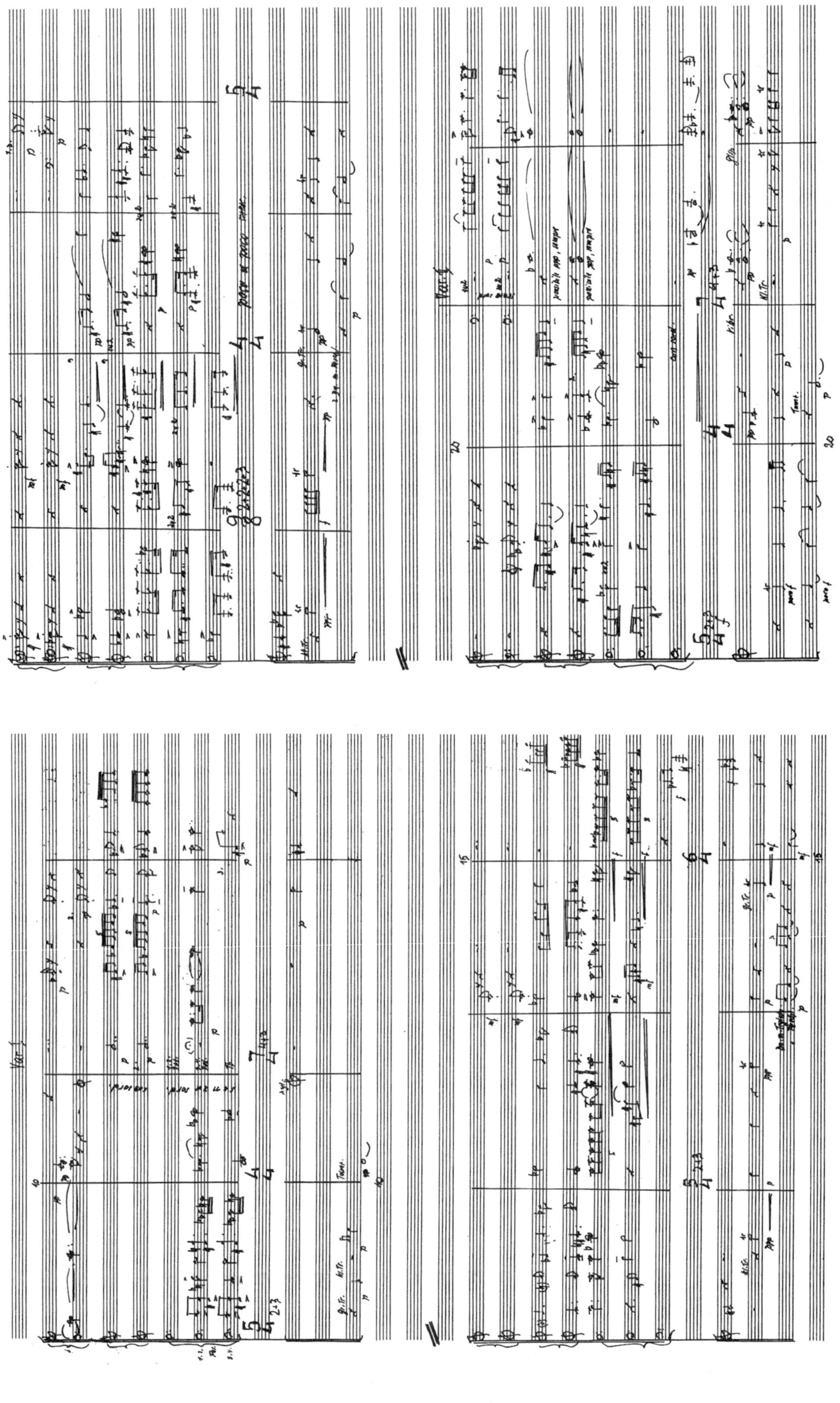

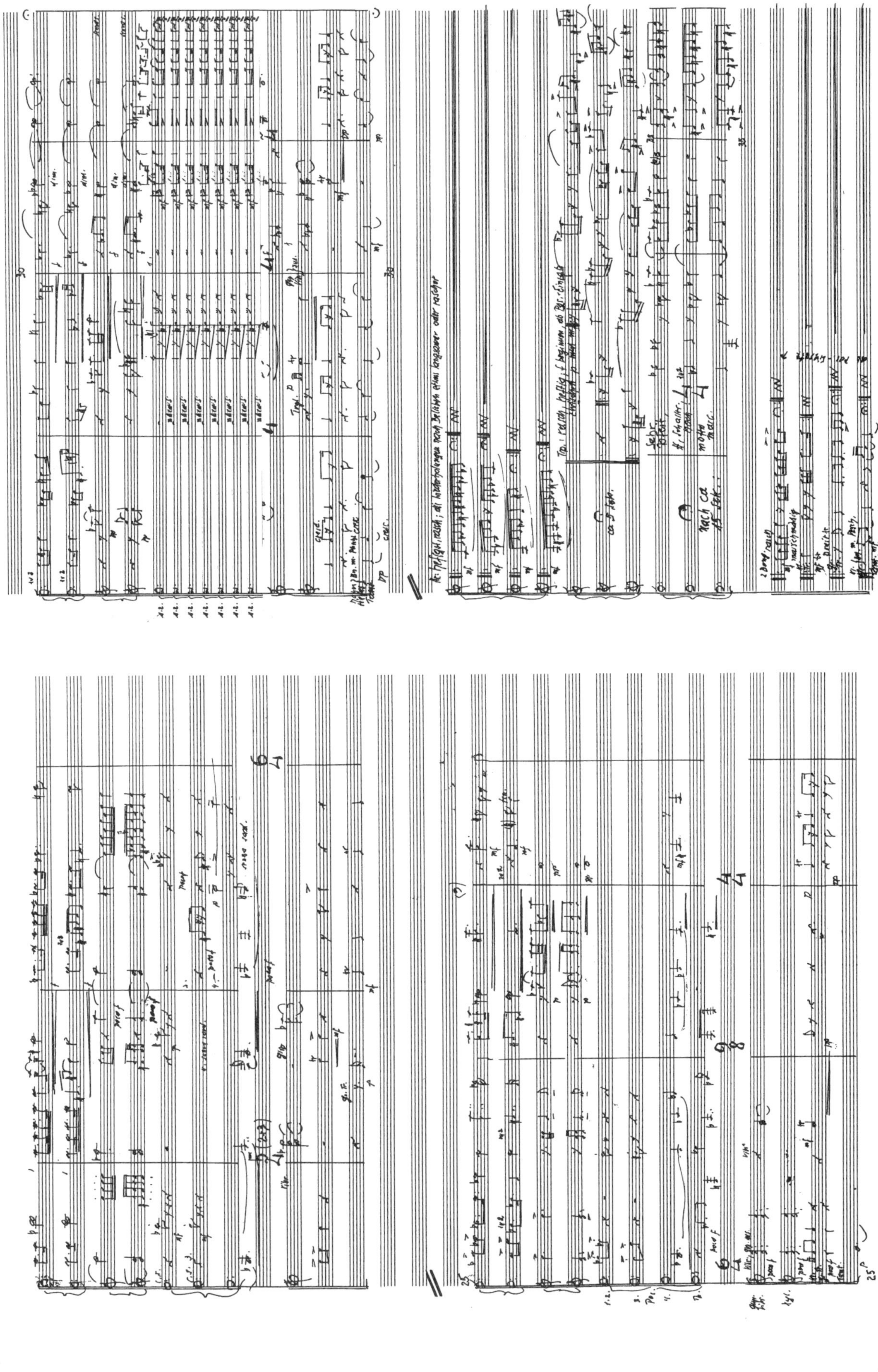

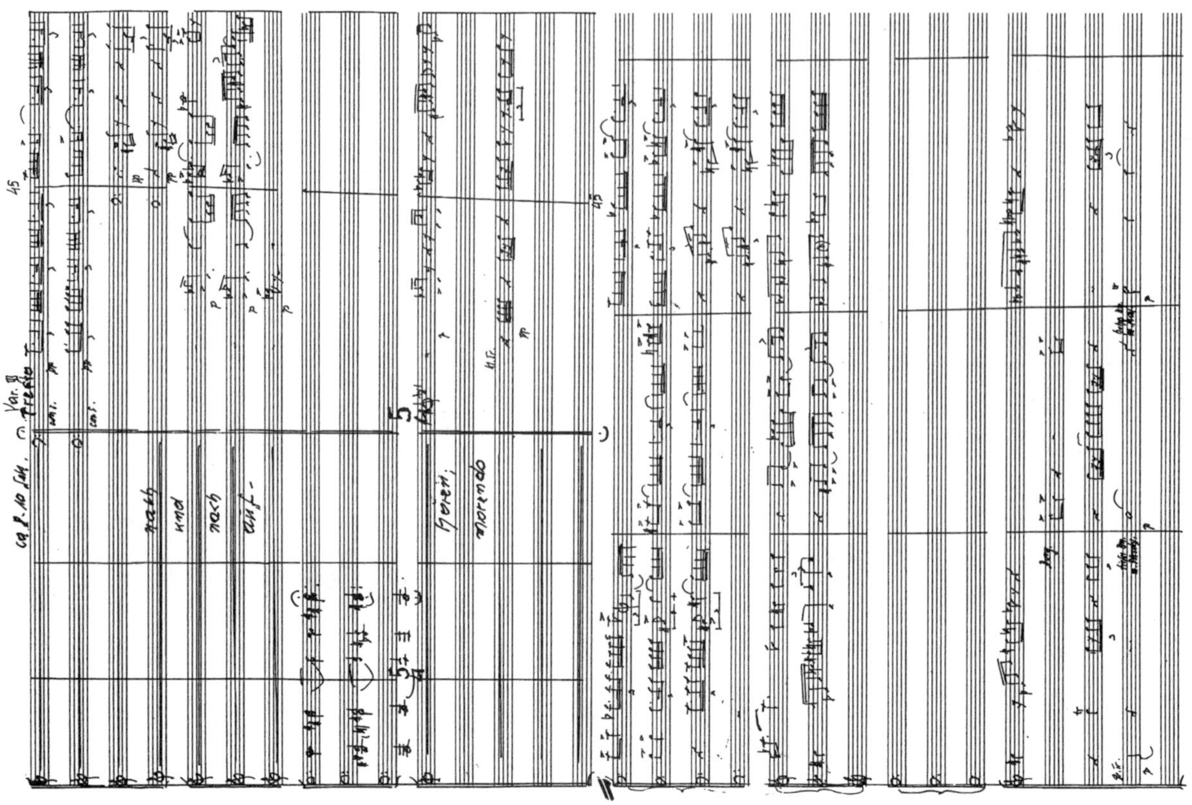
Var. II
Presto
nach
und
nach
auf-
lösen
morendo

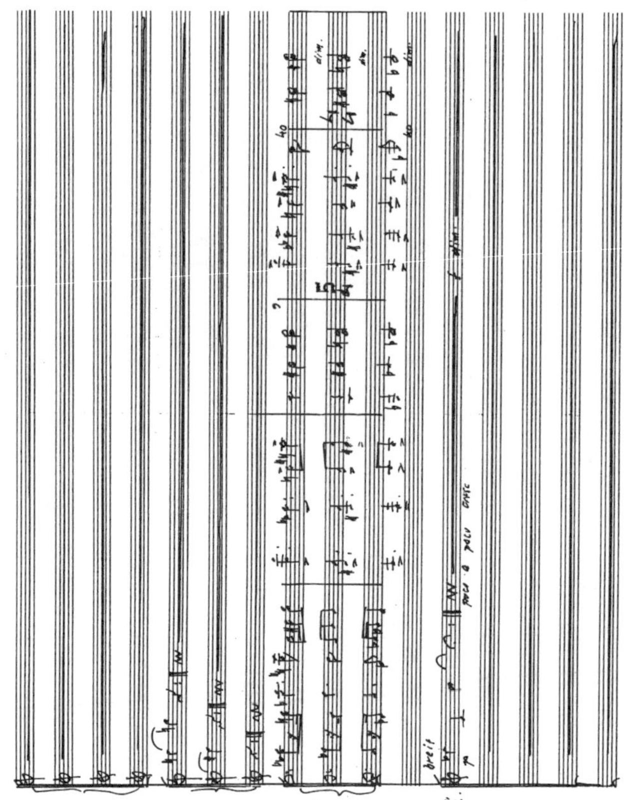
drei
poco a poco dimin

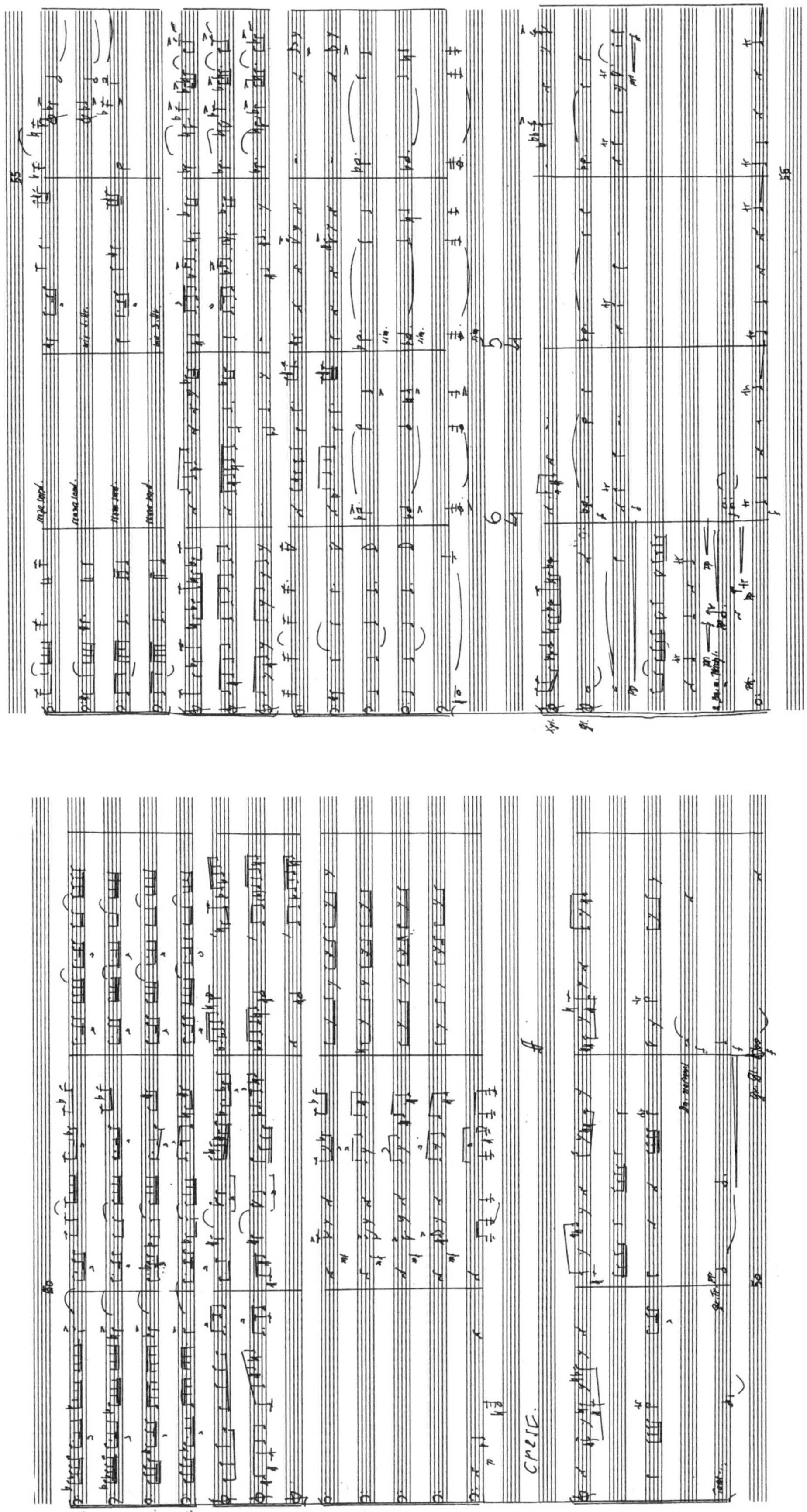

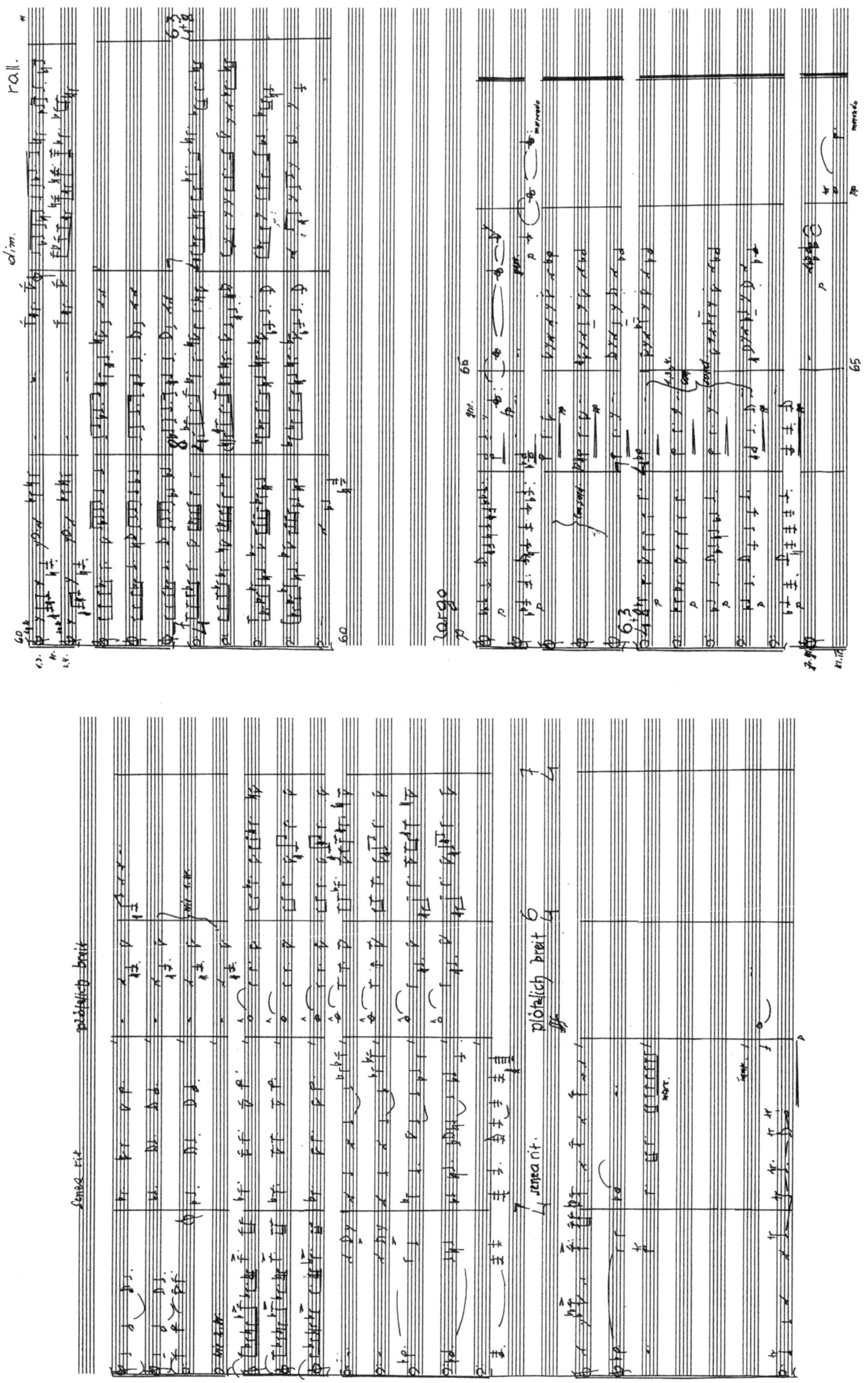
rall.
dim.
Largo
senza rit
plötzlich breit
senza rit.
plötzlich breit

KURT SCHWERTSIK

geb. am 25. 6. 1935 in Wien

Studium an der Musikhochschule Wien (Komposition bei Joseph Marx und Karl Schiske), in Köln und Darmstadt (bei Karlheinz Stockhausen, Mauricio Kagel und John Cage). Hornist im NÖ-Tonkünstlerorchester und bei den Wiener Symphonikern. Gemeinsam mit Friedrich Cerha Begründer des Ensembles „die reihe" zur Aufführung neuer Musik und mit Heinz Karl Gruber und Otto Zykan des Ensembles „MOB art & tone ART" für musikalisch-szenische Aufführungen. Professor für Komposition am Konservatorium Wien und seit 1988 an der Musikhochschule Wien.

Werkübersicht

Bühnenwerke (Der lange Weg zur großen Mauer; Das Märchen von Fanferlieschen Schönefüßchen),
Lieder,
Orchesterwerke (Draculas Haus- und Hofmusik),
Konzerte (. . . in keltischer Manier),
Kammermusik.

Literatur

Kurt Schwertsik : Musik der Zeit, Dokumentationen und Studien 8, hrsg. von Friedrich Spangemacher, Bonn 1990

„. . . in keltischer Manier"

Konzert für Alphorn und kleines Orchester, op. 27 (1975)

1. Satz, Totenklage

Schwertsiks künstlerisches Anliegen ist unorthodox, humorvoll-hintergründig, oft skurril, doch immer mit Tiefsinn. Im Konzert für Alphorn vereinen sich reale und phantastische Momente. Als erfahrener Hornist weiß Schwertsik mit den Tücken eines ventillosen Blasinstruments umzugehen, kalkuliert er die unreinen Naturtöne in die Klangwirkung ein. Das Instrument selbst wirkt im Konzertsaal ebenso versetzt wie die Idee, die Lebenswelt der prähistorischen Kelten musikalisch zu skizzieren. Der Komponist schreibt dazu: „Nackt, mit blonden gekalkten langen Haaren, wilde Kriegsrufe ausstoßend, stürzten sich die Kelten in die Schlacht und vertrieben allein durch das furchterregende Äußere die entsetzten römischen Soldaten". Der „barbarische" Urahne die Rückkehr zur Natur, die Bestie in uns, all dies verschmilzt zu einer Folie, vor der der ungewohnte Klangkontrast Alphorn – tiefe Streichinstrumente wirksam wird.

Die Totenklage ist ein Beispiel für Schwertsiks Abkehr von seiner früheren Verbundenheit mit dem Darmstädter Kreis. Der Dreiklang wird nicht vermieden, jedoch speziell eingesetzt. Dies ist auch aus der Obertonreihe des in Ges „gestimmten" Alphorns erklärbar. Die Töne 7, 11, 13 und 14 dieser Reihe klingen durch ihre akustisch-physikalische Eigenschaft unrein.

Aus der Mollterz erhebt sich die Klage, die zum Hauptmotiv des Alphorns (ab 4 Takte vor [A]) führt, dies wird zur Trauerkantilene erweitert. Eine veränderte Wiederholung folgt [B]. Der Mittelteil [C] ist einem ausgedehnten Solo vorbehalten über rhythmisiertem Halteton der Streicher. Mit dem ff-Einsatz der Bläser wird vorerst die veränderte Wiederholung zitiert, worauf mit dem Terz-Quintmotiv des Beginns die Ausgangsstimmung wieder erreicht ist und die Klage verklingt.

Der ungewohnte Klangcharakter wird noch dadurch unterstrichen, daß die unreinen Töne, besonders das notierte f' (klingendes h) als 11. Naturton, in melodisch bedeutsamer Funktion verwendet werden. Der archaische Charakter der Totenklage ist damit verdeutlicht.

KURT SCHWERTSIK

born 25 June 1935 in Vienna

Studied at the Vienna Musikhochschule (composition with Joseph Marx and Karl Schiske), in Cologne and Darmstadt (with Karlheinz Stockhausen, Mauricio Kagel and John Cage). Horn player in the Lower Austrian Tonkünstler Orchestra and the Vienna Symphony. Co-founder with Friedrich Cerha of the ensemble "die reihe" for the performance of new music, and with Heinz Karl Gruber and Otto M. Zykan of the ensemble "MOB art & tone ART" for musical-scenic performances. Professor of composition at the Vienna Conservatory and since 1988 at the Vienna Musikhochschule.

Work resumé

Stage works (Der lange Weg zur großen Mauer; Das Märchen von Fanferlieschen Schönefüsschen),
Songs,
Orchestral works (Draculas Haus- und Hofmusik),
Concertos (. . . in keltischer Manier),
Chamber music.

Literature

Kurt Schwertsik: Musik der Zeit, Dokumentationen und Studien 8, edited by Friedrich Spangemacher, Bonn, 1990

". . . in keltischer Manier"

Concerto for Alphorn and small orchestra, op. 27 (1975)

1st movement, Totenklage (Dirge)

Schwertsik's artistic objectives are unorthodox, humourous-cryptic, often bizarre, but always with depth of meaning. In the Concerto for Alphorn, material and fantastic elements are united. As an experienced horn player, Schwertsik knows how to cope with the pitfalls of a valveless wind instrument, and he makes the impure natural tones part of the calculated effect. The instrument itself seems as displaced in the concert hall as the idea of sketching musically the life and times of the prehistoric Celts. As the composer writes, "Naked, with long blond limewashed hair, giving off wild battle cries, the Celts threw themselves into the tumult and chased the terrified Roman soldiers away by their frightening appearance alone." Our "barbarian" ancestors, a return to nature, the beast in us – all this blends into a background against which the unaccustomed tonal contrast of alphorn and low strings stands out.

The Dirge is an example of Schwertsik's break with his earlier ties to the Darmstadt circle. The triad is not avoided, though it is used in a special way; its presence is also explained by the overtone series of the alphorn, which is "tuned" in G flat. The acoustic, physical properties of the 7th, 11th, 13th and 14th overtones make them sound impure.

The Dirge arises from the minor third; it leads to the alphorn's principal motive (4 bars before [A]), which is expanded to a cantilena. An altered repeat follows [B]. The middle section [C] is reserved for an extensive solo over a rhythmicized ostinato tone in the strings. With the ff entrance of the winds, the altered repeat is referred to first, whereupon the third-fifth motive reestablishes the initial mood and the Dirge dies away.

The unaccustomed tonal character is underscored by the use of the impure tones as significant melodic elements, especially the 11th natural tone, the written F' (concert sounds as B♭). This illustrates the archaic nature of the Dirge.

CD 2 – Track 12

KURT SCHWERTSIK
1. TOTENKLAGE
OBOE
ALT in Es SAX.
TENOR in B
FAGOTT
HÖRNER in F
POSAUNE
GR. TR.
ALPHORN in Ges
d= 100 ca FLIEßEND
CELLI
BÄSSE
pizz
div.
a2
poco f
2
A
unis.
più f

B
3
Ob.
es
SAX
3
Fg.
Hr.
Pos
GRTR
Alphorn
niente
poco f
Celli
Bässe
4
C
Hr. in F
div.
unis.
arco
cantabile
più f

5
in F
a piacere
quasi gliss
6
ob.
Sax.
Fg.
Hr. in F
Pos.
a tempo
poco rit.
a piacere
a tempo
D
f
p
più f
a tempo
poco rit.
colla parte
a tempo
Celli
Bassi

7
ob.
Es Sax B
Fg.
Hn inF
Pos.
TAMTAM
klingen lassen
(E)
pizz
Celli
Bässe
8
ob.
Sax
Fg.
Hr
Pos
großer Trommel
arco
pizz

JENÖ TAKÁCS

geb. am 25. 9. 1902 in Siegendorf (Burgenland)

Studium an der Musikhochschule Wien (Komposition bei Joseph Marx und Klavier bei Paul Weingarten), Professor an den Konservatorien Kairo und Pécs, Genf und Lausanne, an den Universitäten Manila und Cincinnati. Komponist, Dirigent, Konzertpianist, Volksmusikforscher.

Werkübersicht

Bühnenwerke (Der Kahnfahrer im Mond – daraus die Orchestersuite „Miniatures"),
Chorwerke (Magnificat, Psalmen, Das Lied von der Schöpfung),
Ballette (Die ägyptische Liebeslegende, Napolitana),
Orchesterwerke (Sinfonia breve, Von fremden Ländern und Menschen, Postkartengrüße),
Kammermusik,
Klaviermusik (Klänge und Farben).

Schriften: Aus meinem Leben, Graz 1972; Erinnerungen an Béla Bartók, Wien 1982; Erinnerungen, Erlebnisse, Begegnungen, Eisenstadt 1990

Literatur

Wolfgang Suppan: Jenö Takács – Dokumente, Analysen, Kommentare, Eisenstadt 1977
Werner Schulze: Jenö Takács – Die Schaffensjahre 1975 – 1991, Eisenstadt 1992

Klänge und Farben, op. 95 (1974)

1. Chinesisches Glockenspiel

Dieses Klangstück erinnert, wie der Titel ausdrückt, an kleine chinesische Glocken, die, in bewegtem Tempo angeschlagen, eine ungedämpfte Klangwolke ergeben. Entsprechend dem fernöstlichen Vorbild werden die Klänge durch die höheren Register des Klaviers nachgeahmt. Das Tonmaterial umfaßt sieben bis neun verschiedene Töne, jede Gruppe kann beliebig oft wiederholt werden. Die fünf Klanggruppen können auch in verschiedener Reihenfolge gespielt werden, womit der makro-aleatorische Charakter des Stückes aufgezeigt wird.

2. Klangstudie

Im Inneren des Klaviers werden Saiten niedergedrückt, welche zwei Töne gedämpft erklingen lassen. Diese, frei wiederholt, ergeben eine Klangfolie, vor der kleine Melodiefloskeln behutsam anklingen. Den dynamischen Höhepunkt erzielt das angerissene gis. Der an sich freitonale Klangeindruck läßt a als Zentrum fühlen, in dem sich beide Stimmen schrittweise treffen – ferne Erinnerungen an den phrygischen Schluß kommen auf.

3. Toccatina

Als zeitgenössisches Beispiel toccatenartiger Beweglichkeit gibt dieses Stück Gelegenheit, die Fingerfertigkeit des Pianisten zu demonstrieren. Die kleine Sekund ist bevorzugtes Intervall des freitonalen Stückes, das jedoch durch Beginn und Schluß den Zentralton des markiert. Die innere Bewegung der Toccatina vollzieht sich in 2 + 2 (1) Takteinheiten, was letztlich auch als Bezug zur Gliederung in den älteren Toccaten angesehen werden kann.

4. Echo

Kleine melodische Floskeln hallen nach durch die Resonanzbereitschaft der ungedämpften Klaviersaiten; Tritonus-Schritte, Sekundklänge und Cluster treten unvermutet auf und erzeugen spezifische Obertonklänge. Große dynamische Unterschiede, langes Verklingen und ausgedehnte Pausen verleihen dem Stück meditativen Charakter.

5. Valse – Impromptu

Als Hommage an Franz Liszt, einen der Meister des Klavierwalzers, ist dieses Stück konzipiert. Das gleichnamige Werk in As-Dur von Liszt dient als Anregung; Takács entnimmt daraus keine Zitate. Der Walzerduktus prägt den Beginn und das Ende und umrahmt einen stark chromatischen Mittelteil. Die rhythmische Idee liegt in einer Gegenüberstellung von zwei punktierten Viertelnoten in der Melodiestimme zu drei Viertelwerten in der Begleitung. Durch das in Melodie und Begleitung bevorzugte Intervall des Tritonus erhält der Walzer einen maskierten Charakter; eine Erscheinung des vorigen Jahrhunderts im Gewand zeitgenössischer Tonsprache.

Ein kompositorisch, klaviertechnisch und pädagogisch brillantes Werk zeigt die vielfältigen Möglichkeiten, sich in moderner Tonsprache am Klavier zu artikulieren und dessen Klangfarbenreichtum zu nützen. Die kleinen Genrebilder bringen Bezüge zur europäischen Musikgeschichte und zur Musik fremder Völker, sie vereinen festgelegte Klänge und improvisatorische Freiheit, prägnante Aussage und meditative Ruhe. Die 15 mittelschweren Stücke des gesamten Zyklus sollen den jungen Pianisten in verschiedene Stile und Techniken der zeitgenössischen Klaviermusik einführen.

JENÖ TAKÁCS

born 25 September 1902 in Siegendorf (Burgenland)

Studied at the Vienna Musikhochschule (composition with Joseph Marx and piano with Paul Weingarten). Professor at the conservatories in Cairo, Pécs, Geneva and Lausanne, and at the universities of Manila and Cincinnati. Composer, conductor, concert pianist, folksong researcher.

Work resumé

Stage works (Der Kahnfahrer im Mond – and from it the orchestral suite “Miniatures”),
Choral works (Magnificat, Psalms, Das Lied von der Schöpfung),
Ballets (Die ägyptische Liebeslegende, Napolitana),
Orchestral works (Sinfonia breve, Von fremden Ländern und Menschen, Postkartengrüsse),
Chamber music,
Piano music (Klänge und Farben).

Writings: Aus meinem Leben, Graz, 1972; Erinnerungen an Bela Bartók, Vienna, 1982; Erinnerungen, Erlebnisse, Begegnungen, Eisenstadt, 1990

Literature

Wolfgang Suppan: Jenö Takács – Dokumente, Analysen, Kommentare, Eisenstadt, 1977
Werner Schulze: Jenö Takács – Die Schaffensjahre 1975 – 1991, Eisenstadt, 1992

Klänge und Farben

(Sounds and Colours), op.95 (1974)

1. Chinesisches Glockenspiel

As its title suggests, this piece is reminiscent of little Chinese bells which, when struck in a quick tempo, produce an undamped cloud of sound. The far Eastern model is imitated by using the high register of the piano. The sound material consists of seven to nine different tones; each group can be repeated as often as desired. The five groups of sounds can also be played in various orders, giving the piece its macro-aleatoric character.

2. Klangstudie (Study in Sound)

Inside the piano, strings are depressed which allow two damped tones to sound. Freely repeated, these produce a sound foil or background, against which little bits of delicate melody can be heard. The dynamic climax is reached with a plucked G#. Despite the free tonality of this piece, the note A can be sensed as a centre at which the two parts gradually meet – a distant reminiscence of a phrygian cadence.

3. Toccatina

A contemporary example of toccata-like mobility, this piece gives the pianist an opportunity to demonstrate finger dexterity. The minor second is the favoured interval. Though in free tonality, the beginning and end of the piece are marked by the central tone D♭. The Toccatina's inner motion is brought about by units of 2 + 2 (1) bars, which in the final analysis can also be seen as a reference to the formal disposition in older toccatas.

4. Echo

Little melodic patterns reverberate in the resonance of undamped piano strings. Tritones, seconds and clusters appear unexpectedly and produce specific overtones. Big dynamic contrasts, long fade-outs and extended rests give the piece a meditative character.

5. Valse – Impromptu

This piece is intended as a bow to Franz Liszt, one of the masters of the piano waltz. It was inspired by Liszt's work of the same name in A flat major; Takács does not quote from it. Familiar traits of the waltz mark the beginning and end, and enframe a strongly chromatic middle section. The rhythmic idea lies in the contrast of two dotted quarters in the melody and three-quarter-note motion in the accompaniment. The most prominent interval in both the melody and the accompaniment is the tritone. This gives the Waltz a masked character: a manifestation of the 19th century in the guise of a contemporary musical language.

A brilliant work in terms of compositional skill, piano technique and pedagogical value, "Sounds and Colours" shows the broad potential for applying a modern musical language to the piano and for utilizing its great variety of timbres and sonorities. The little genre pictures contain references to European music history and to the music of foreign peoples. They combine fixed sounds and improvisational freedom, terse statements and meditative tranquillity. The fifteen medium difficult pieces in the cycle are intended to introduce young pianists to various styles and techniques of contemporary piano music.

Pien - Tshung

Chinesisches Glockenspiel — Chinese Chimes

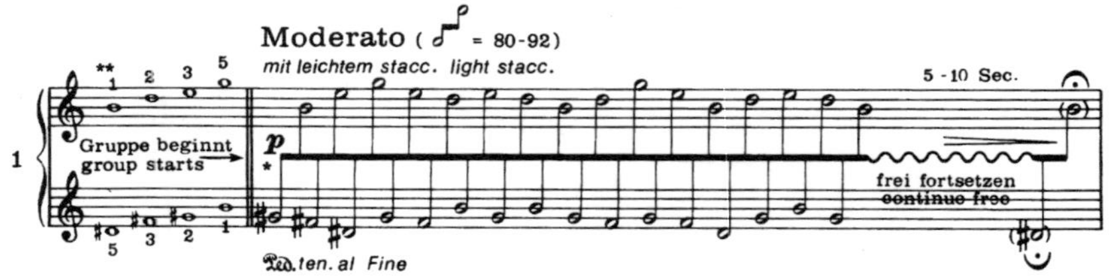

** Fingersatz, nicht spielen.
* Die einzelnen Gruppen sind nur Beispiele. Man kann auch alles selbst improvisieren mit Beibehaltung der 4 Noten in rechter und linker Hand.

** Fingering, do not play.
* The single groups should serve only as examples. You may just as well improvise all over by playing the 4 notes in each hand.

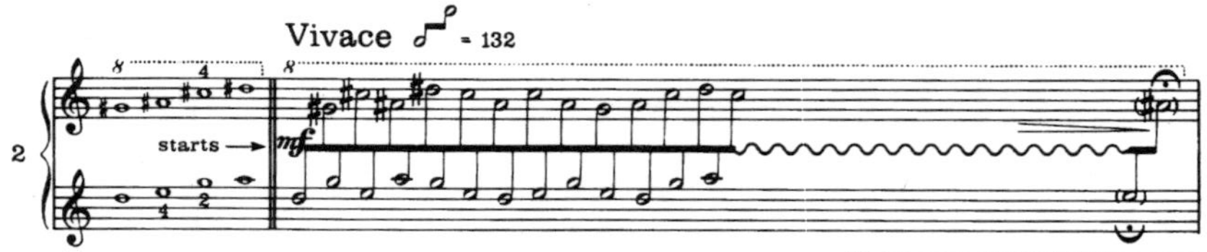

Wähle auch die letzte Note selbst.
Chose also last note.

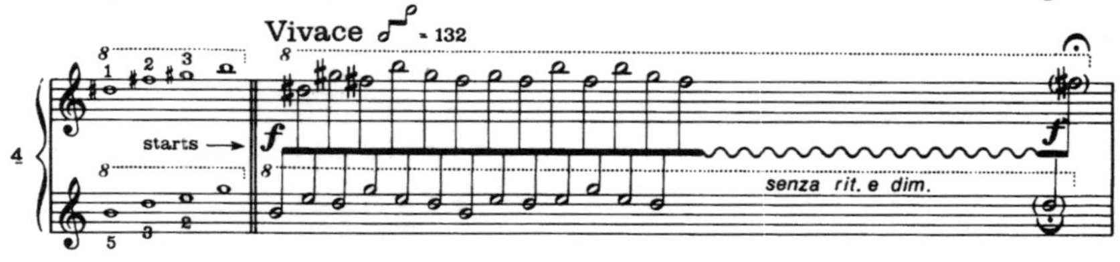

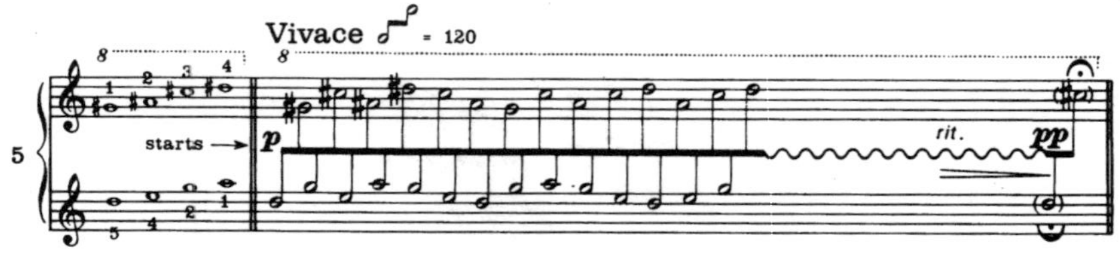

Gruppen 1-5 können vertauscht und wiederholt werden.
Groups 1-5 may be exchanged and repeated.

Klangstudie — Study in Sounds

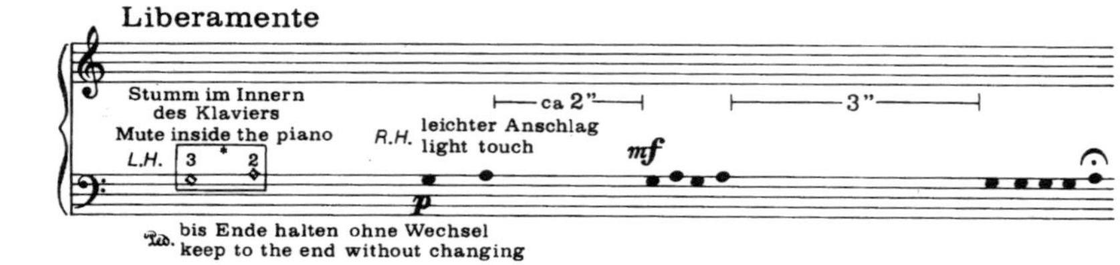

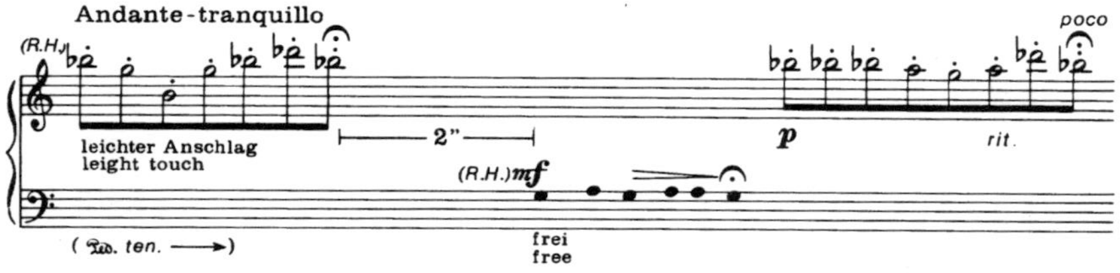

die Saite im Inneren des Klaviers mit Nagel
strum chord inside the piano with nail

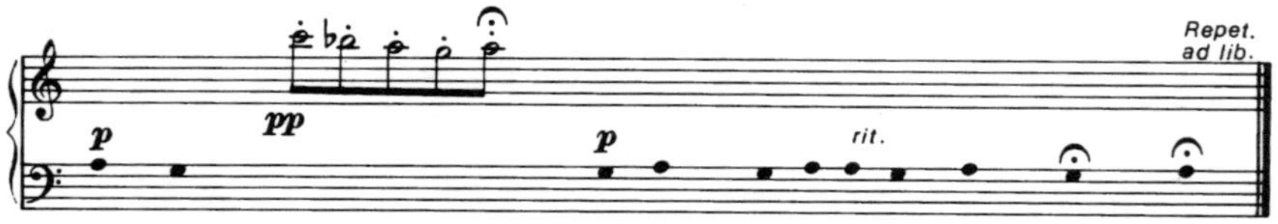

* Man drücke im Innern des Klaviers stumm mit der linken Hand die zwei Töne nieder, die (je 3) Saiten zwischen Wirbel und Dämpfer leicht berührend. Halte sie bis Ende mit der linken Hand. Die schwarzen Noten (mehr oder weniger spielt keine Rolle), je näher sie zueinander sind, desto schneller. Die halben Noten auch frei, cca 132.

* Press down mute lightly the two notes in the box by touching the strings inside the piano between pegs and damper pedal. Hold them with left hand up to the end. Black notes to be played in free rhythm. When closer play faster, when farther play slower. The half notes also free about 132.

CD 2 – Track 13

To John Egarn.

Toccatina

Molto Vivace (♩ = 138 -144) (𝅗𝅥 = 72)

CD 2 – Track 14

Echo

* Man nehme einen Pappendeckel 25 cm, drücke damit alle weißen und schwarzen Tasten stumm nieder und halte sie mit der linken Hand.
* First take a cardboard 25 cm (10 inches) long, and press down with left hand all black and white keys mute and hold them.

Betreffs Vorzeichen und Pedal siehe S.10 » Klänge und Farben «
Concerning accidentals and Pedal see P.10 » Sounds and Colours «

CD 2 – Track 15

To Jerry Perkins

Valse - Impromptu
Hommage a F. Liszt

più vivo
menof
rit.
♩. = 72
p tranqu.
poco rit.
♩. = 66
mp
legato
pp
senza rit.
poco slentando e poco a poco accelerando al - - - - - - - - - - - tempo I
capriccioso
p
mf
cresc.
mf cresc.
accel.
senza
Prestissimo ♩. = 96
ff
f
senza Ped.
Meno Mosso ♩. = 66
calmo
rit.
dim.
mf
legato
lento
rit.
pp
morendo
lascia vibr.
1'30"

ALFRED UHL

geb. am 5. 6. 1909 in Wien
gest. am 8. 6. 1992 in Wien

Studium an der Musikhochschule Wien (Komposition bei Franz Schmidt). Lehrtätigkeit an der Musikhochschule Wien von 1943 – 87 als Professor für Komposition; Präsident der AKM 1970 – 75, Mitglied des Österreichischen Kunstsenats.

Werkübersicht

Bühnenwerke (Der mysteriöse Herr X),
Chorwerke (Gilgamesch, Wer einsam ist, der hat es gut),
Orchesterwerke,
Kammermusik (Kleines Konzert für Klarinette, Viola und Klavier),
Werke für Soloinstrumente (Etüden für Klarinette, Fagott, Viola).

Literatur

Alexander Witeschnik: Alfred Uhl, in: Österreichische Komponisten des XX. Jahrhunderts, Band 8, Wien 1966.

Wer einsam ist, der hat es gut

Heitere Kantate für Soli, Chor und Orchester
nach Gedichten von
Wilhelm Busch, Christian Morgenstern und Joachim Ringelnatz
(1960)

Nr. 26. Der Einsame

Ironie liegt dem Text von Wilhelm Busch zugrunde. Eine pathetische Aussage führt jeweils zu biederer Konsequenz. Uhl zeichnet das Genrebild musikalisch nach. Die Grundstimmung ist ruhig, die Abwechslung zwischen Chor, Soli und Solistenensemble verlebendigt die Stimmungsschilderung. Aus dem g-Moll-Bereich heraus schreitet der Einsame im 4/4-Takt einher. Die Liebe zur Musik, das Flötenspiel, ist in H-Dur mit sparsamsten Dissonanzen hervorgehoben. Das textliche Motto der Kantate bringt Uhl im Stile eines alten Choralsatzes unter Verwendung der ersten Verszeile des Liedes „Der Mond ist aufgegangen". Die Bonhomie ist jedoch trügerisch, der pathetisch erreichte Schlußakkord des Chorsatzes (As-Dur) wird durch das nachschlagende ges im Baß, durch den angehaltenen Sekundakkord (lunga) in Zweifel gezogen; gibt es nicht auch eine tragische Einsamkeit? Das Vivace verscheucht jedoch solch tiefsinnige Gedanken.

Nr. 19. Das Grammophon

In diesem Stück zitiert Dichter wie Komponist eine vergangene Zeit. Ein stereotyper Rhythmus prägt den variiert wiederkehrenden Viertakter, der das Stück zur Einheit verschweißt – Abbild einer von Uhl nicht geliebten Tanzmusik. Ab [B] deklariert der Baß „das Gequieke" als Boogie-Woogie, der in satanisch laute Klänge übergeht ([C]), mit vergrößertem cantus firmus im Baß. Der Spuk reißt ab, und im Rezitativ werden Satan und Grammophon zur Hölle geworfen. Die Musik zitiert nochmals den Boogie-Woogie, der zum dissonanten fis führt und mit geräuschvollem forzato-Akkord endet.

ALFRED UHL

born 5 June 1909 in Vienna
died 8 June 1992 in Vienna

Studied at the Vienna Musikhochschule (composition with Franz Schmidt). Taught composition at the same institution from 1943 to 1987. President of the AKM 1970 – 75, member of the Austrian Kunstsenat (Arts Senate).

Work resumé

Stage works (Der mysteriöse Herr X),
Choral works (Gilgamesh, Wer einsam ist, der hat es gut),
Orchestral works,
Chamber music (Little Concerto for Clarinet, Viola and Piano),
Music for solo instruments (Etudes for clarinet, bassoon, viola).

Literature

Alexander Witeschnik: Alfred Uhl, in: Österreichische Komponisten des XX. Jahrhunderts, Vol. 8, Vienna, 1966

Wer einsam ist, der hat es gut

Cantata for Soloists, Chorus and Orchestra
on poems by Wilhelm Busch, Christian Morgenstern and Joachim Ringelnatz
(1960)

No. 26 Der Einsame (The Lonely Man)

This text by Wilhelm Busch is purely ironic. Statements full of pathos always lead to faint consequences. Uhl traces this genre picture musically. The basic mood is calm; the alternation of chorus, soloists and solo ensemble livens up the mood painting. The lonely man makes his entrance in 4/4 time from the sphere of G minor. His love of music, of flute playing, is emphasized in B major with the scantiest dissonances. The textual motto of the Cantata is given an old chorale setting which takes the first line of the song "Der Mond ist aufgegangen". The good - naturedness is deceptive: the eloquently reached final chord of the chorale setting (A flat major) is immediately called into question by a G flat in the bass, which produces a sustained four-two chord (lunga). Can there also be a tragic loneliness? Such profound thoughts are dispelled by the Vivace.

No. 19 Das Grammophon (The Gramophone)

In this number both the poet and the composer conjure up times past. A stereotype rhythm marks the four-bar segment which, in varied repetition, welds the piece into a unit – the likeness of a type of dance music which Uhl is not fond of. After [B] the bass identifies "das Gequieke" (the suealing) as boogie-woogie which grows to satanically loud sounds [C] with an augmented cantus firmus in the bass. The hubbub ceases abruptly, and in a recitative Satan and the gramophone are sent to Hell. The boogie-woogie makes another appearance, leads to a dissonant F# and ends with a noisy forzato chord.

CD 2 – Track 16

Nr. 26 Der Einsame

(Busch)

Soli und Chor

poco animato (♩: 76)
Sopr. Solo
Ten. Solo
Barit. Solo
Der Welt entronnen, geht er still in
gut ge - meint und bös zu hören. Der Welt entronnen, geht er still in
B lostesso tempo!
Filzpan - toffeln, wann er will.
Filz - pan - toffeln, wann er will.
Filz - pantoffeln, wann er will.
CHOR S. A.
(lyrisch)
So - gar im Schlafrock wan - delt
espr.
er - bequem den gan - zen Tag um - her.
poco animato (♩: 84)
dolce
Liebt er Mu - sik, so darf er flö - - - ten,
molto sost. (♩: 58)
um an - genehm die Zeit zu tö - ten.
espr.
C poco più mosso (♩: 76)
Bar. Solo
Kurz,
espr.

poco animato (♩: 80)
Sopr. Solo
Ten. Solo
Barit. Solo
ab- ge- sehn vom Steu- er- zah- len, läßt sich das Glück nicht
rall.
schö- ner ma- len.
poco meno (♩: 66)
Wo- rauf denn auch der Satz be- ruht:
Wer
CHOR
S.
A.
T.
B.
D
Vivace (♩: 160)
ein- sam ist, der hat es gut.
lunga
Vivace (♩: 160)

CD 2 – Track 17

Nr. 19 Das Grammophon

(Morgenstern)

Ten
schien im Au - gen - blick er - baut: Es ward für - wahr die
Welt Mu - sik vor sei - nem Ohr ge - spenstisch laut.
C
Agitato
D

Der Einsame *Wilhelm Busch*

Wer einsam ist, der hat es gut,
weil keiner da, der ihm was tut.
Ihn stört in seinem Lustrevier
kein Tier, kein Mensch und kein Klavier,
und niemand gibt ihm weise Lehren,
die gut gemeint und bös zu hören.
Der Welt entronnen, geht er still
in Filzpantoffeln, wann er will.
Sogar im Schlafrock wandelt er
bequem den ganzen Tag umher.
Liebt er Musik, so darf er flöten,
um angenehm die Zeit zu töten.
Kurz, abgesehn vom Steuerzahlen,
läßt sich das Glück nicht schöner malen.
Worauf denn auch der Satz beruht:
Wer einsam ist, der hat es gut.

Das Grammophon *Christian Morgenstern*

Der Teufel kam hinauf zu Gott
und brachte ihm sein Grammophon
und sprach zu ihm, nicht ohne Spott:
„Hier bring ich dir der Sphären Ton."

Der Herr behorchte das Gequiek
und schien im Augenblick erbaut:
Es ward fürwahr die Welt-Musik
vor seinem Ohr gespenstisch laut.

Doch kaum er dreimal sie gehört,
da war sie ihm Ekel schon, –
und höllwärts warf er, tief empört,
den Satan samt dem Grammophon.

ERICH URBANNER

geb. am 26. 3. 1936 in Innsbruck

Sängerknabe in St. Florian, Studium im Elternhaus, an der Musikhochschule Wien (Komposition bei Hanns Jelinek und Karl Schiske, Dirigieren bei Hans Swarowsky). Teilnahme an den Darmstädter Ferienkursen für Neue Musik (bei Karlheinz Stockhausen und Bruno Maderna). Seit 1961 Lehrer, später Professor für Komposition an der Musikhochschule Wien, Leiter des Zwölftonseminars von 1969 – 74 und des Instituts für Elektroakustik und experimentelle Musik (1986 – 89).

Werkübersicht

Bühnenwerke (Ninive oder Das Leben geht weiter; Johannes Stein oder Der Rock des Kaisers),
Chorwerke (Messe, Requiem),
Orchesterwerke (Retrospektiven),
Konzerte (für Klavier, Violine, Violoncello, Kontrabaß),
Kammermusik (4 Streichquartette, Klaviertrios, 4 Improvisationen),
Solowerke (Sonatinen, 11 Bagatellen für Klavier).

Requiem

für 4 Soli, gemischten Chor, Orchester und Orgel (1983)

Sequentia (Dies irae)

Innerhalb der Requiem-Vertonungen nimmt die Sequenz „Dies irae" eine besonders dramatische Stellung ein. Nicht die Schrecknisse des Jüngsten Gerichtes sondern deren Vorstellung bewirken den Ausdruck von Verzweiflung, Furcht, Reue, Verzagtheit, aber auch Bitte um Errettung. Für Urbanner ist ein Requiem nicht nur eine Messe für die Toten, sondern auch eine Erlösungsverheißung für die Lebenden. Für die musikalische Umsetzung bedeutet dies ein Maximum an kontrastreicher Abwechslung.

Der Komponist gestaltet die Sequenz in diesem Sinne: vom Fortissimo des Beginns bis zum verhauchten Amen sind im Chor, aber auch im Orchester- und Orgelpart alle Nuancen des Textes nachgezeichnet.

Eine Gliederung in drei ungleich lange Abschnitte verdeutlicht die wesentlichen Akzente (Dies irae . . . – Schrecken und Verzweiflung, Recordare . . . – Flehen um Vergebung, Lacrimosa . . . – Hoffnung auf Erlösung).

Zwei völlig verschiedene musikalische Gestaltungsprinzipien werden von Urbanner eingesetzt: die packende Ausdeutung der verschiedenartigen Stimmungen des Textes und die kontinuierliche Wiederholung eines (Baß)-Themas in Art einer Passacaglia.

Dieses Thema ist vom musikalischen Hauptgedanken des Introitus abgeleitet, es kommt im Verlaufe des Requiems als Element des Zusammenhaltens immer wieder vor. Seine absteigende Linie entspricht einer traditionellen Figur der Trauer deren aufsteigende Spiegelung jener der Zuversicht. Diese beiden Bewegungsrichtungen prägen die zwei Teiie des zwölftaktigen Passacaglia-Themas (vgl. Vc. + Cb.: Takt 1-5; 6-12. Takt 12 = Takt 1 der Themenwiederholung).

Im 1. Abschnitt (Allegro assai) tritt das Passacaglia-Thema siebenmal auf, meist 11 Takte lang, z.T. mit kleinen Zwischengedanken, verdichtet oder rhythmisch gedehnt, als cantus firmus in den Singstimmen (z.B. im Tenor/Baß bei „Tuba mirum", im Sopran bei „Liber", im Tenor bei „Rex"), aber auch figuriert in den tiefen Streichern mit kontrapunktischer Gestaltung des Chorsatzes. Wichtiger ist jedoch die Textausdeutung. Die ängstliche Hektik findet generell ihre rhythmische Entsprechung in kurzen akkordischen Abschlüssen der Textzeilen, wodurch die Versstruktur der Dichtung besonders klar hörbar wird. Umso deutlicher fällt als Ausnahme davon die Dehnung bei „thronum" auf, ein Ausdruck der Größe des göttlichen Thrones. Der Gegensatz zwischen dem göttlichen Richter „Judex", dem König „Rex" und dem Stammeln des armen Sünders „Quid sum miser" ist durch dynamische und klangliche Kontrastmittel plastisch herausgestellt. Der Unterschied zwischen akkordischer Attacke („Mors", „Judex") und frei-imitatorischer Polyphonie zur Schilderung der ganzen Menschheit („Coget omnes . . .") knüpft an alte Traditionen an, z.B. an die Turbae-Chöre der Matthäus-Passion von J. S. Bach.

Im 2. Abschnitt herrscht vorerst ruhigere Stimmung vor. Der Dialog zwischen Baß und Tenor verwendet wieder das Passacaglia-Thema, dessen Motive nunmehr in allen Chorstimmen verändert aufscheinen. Immer dichter und konzentrierter werden die Aussagen und dramatisch auch die Zwischenspiele (z.B. Holzbläser zur Darstellung des Feuers, nach „igne"). Bei „Confutatis" entlädt sich die Spannung. Wieder erscheint das Thema (Tenor/Baß); die Steigerung, nur kurz bei „voca me" unterbrochen, führt zum fff-Schluß beim Schrei um ein Ende. Der transponierte Themenkopf hämmert sich im Orchester fest, bevor der Clusterklang alles zusammenbrechen läßt.

Nach langer Pause beginnt in verhaltenem, langsamen Chorsatz der 3. Abschnitt. Das Passacaglia-Thema liegt wie in einer Reprise dem Instrumentalbaß zugrunde. Zuletzt verbleibt nur der a cappella-Satz, der im Pianissimo verklingt. Die Hoffnung auf den ewigen Frieden beschließt die Sequenz.

Urbanners Sequenz steht in der Tradition, welche wir aus den großen Totenmessen von Mozart, Berlioz und Verdi kennen. Er zeigt uns eindrucksvoll, daß auch in neuer Tonsprache dieser Text erschütternd ausgedrückt werden kann.

ERICH URBANNER

born 6 March 1936 in Innsbruck

Choirboy at St. Florian's Abbey, studied music at home and at the Vienna Musikhochschule (composition with Hanns Jelinek and Karl Schiske, conducting with Hans Swarowsky). Took part in the Darmstadt Ferienkursen für Neue Musik (with Karlheinz Stockhausen and Bruno Maderna). Since 1961, composition instructor – later professor – at the Vienna Musikhochschule, head of the Twelve-Tone Seminar from 1969 to 1974 and of the Institute of Electro-acoustic and Experimental Music (1986 – 89).

Work resumé

Stage works (Ninive oder Das Leben geht weiter; Johannes Stein oder der Rock des Kaisers),
Choral works (Mass, Requiem),
Orchestral works (Retrospektiven),
Concertos (for piano, violin, cello, double bass),
Chamber music (4 string quartets, piano trios, 4 Improvisations),
Solo pieces (sonatinas, 11 Bagatelles for Piano).

Requiem

for 4 soloists, mixed chorus, orchestra and organ (1983)

Sequentia (Dies irae)

In settings of the requiem, the dies irae sequence has an especially dramatic place and function. It is not the terrors of the Last Judgement but the idea of them that brings about the expression of despair, fear, remorse and despondence, but also a prayer for deliverance. For Urbanner, a requiem is not only a mass for the dead, but also the promise of salvation for the living. This means a maximum of contrast for the musical setting.

The composer therefore treats the sequence in that way. From the opening fortissimo to the all but whispered "Amen", every nuance of the text is traced by the chorus, but also in the orchestra and organ part.

A subdivision into three unequally long sections points up the main emphases: Dies irae... – terror and despair; Recordare... – pleading for forgiveness; Lacrimosa... – hope of salvation.

Urbanner uses two totally different formal principles: the gripping interpretation of the text's various moods and the continuous repetition of a (bass) theme in the manner of a passacaglia.

This theme is derived from the main theme of the Introitus; it occurs again and again throughout the Requiem as a cohesive element. Its falling line corresponds to a traditional figure for grief, while its rising inversion indicates confidence. These two directions of movement give shape to the two parts of the twelve-bar passacaglia theme (cf. Vc. + Cb. bar 1-5, 6-12. Bar 12 = bar 1 of the repeat of the theme).

In the first section (Allegro assai) the passacaglia theme appears seven times, usually 11 bars long, in part with interpolated ideas, condensed or rhythmically expanded, as a cantus firmus in the vocal parts (e.g. in tenor / bass at "Tuba mirum", in the soprano at "Liber", in the tenor at "Rex"), but also figured in the low strings with a contrapuntal choral setting. Of more importance, however, is the interpretation of the text. Hectic anxiety generally has its rhythmic parallel in curt choral conclusions of the verse lines, making the structure of the poetry clearly audible. As an exception to this practice, the expansion at "thronum" is especially conspicuous, an expression of the grandeur of the throne of God. The contrast between the divine judge "Judex", the king "Rex" and the poor sinner's faltering "Quid sum miser" is vividly portrayed by contrasts of dynamics and sound. The distinction between chordal attacks ("Mors", "Judex") and freely imitative polyphony to depict the whole of mankind ("Coget omnes...") harks back to old traditions, e.g. the *turbae* choruses of J.S. Bach's St. Matthew Passion.

In the second section there is a calmer mood at first. The dialogue between the bass and tenor again makes use of the passacaglia theme; its motives now appear in all the choral parts in altered form. The statements become more and more concentrated and compact, and the interludes dramatic (e.g. the woodwinds in the depiction of fire, after "igne"). At "Confutatis" the tension explodes. The theme appears again (tenor / bass); the intensification, interrupted only briefly at "voca me", leads to the fff conclusion at the cry for an end. The head motive of the theme hammers away in the orchestra until a cluster brings about a general collapse.

After a long break, the third section begins with a subdued, slow chorus. As in a recapitulation, the passacaglia theme is in the orchestral bass instruments. Finally, only the a cappella setting is left over; it dies out pianissimo. The hope for eternal peace brings the sequence to an end.

Urbanner's sequence is in the tradition familiar to us from the requiems by Mozart, Berlioz and Verdi. It demonstrates impressively that the Dies irae can also be movingly expressed in a new musical language.

Sequentia

Dies irae, dies illa Solvet saeclum in favilla: Teste David cum Sibylla.	Tag der Rache, Tag der Sünden, Wird das Weltall sich entzünden, Wie Sibyll und David künden.
Quantus tremor est futurus, Quando judex est venturus, Cuncta stricte discussurus!	Welch ein Graus wird sein und Zagen, Wenn der Richter kommt, mit Fragen Streng zu prüfen alle Klagen!
Tuba, mirum spargens sonum Per sepulcra regionum, Coget omnes ante thronum.	Laut wird die Posaune klingen, Durch der Erde Gräber dringen, Alle hin zum Throne zwingen.
Mors stupebit et natura, Cum resurget creatura, Judicanti responsura.	Schaudernd sehen Tod und Leben Sich die Kreatur erheben, Rechenschaft dem Herrn zu geben.
Liber scriptus proferetur, In quo totum continetur, Unde mundus judicetur.	Und ein Buch wird aufgeschlagen, Treu darin ist eingetragen Jede Schuld aus Erdentagen.
Judex ergo cum sedebit, Quidquid latet, apparebit: Nil inultum remanebit.	Sitzt der Richter dann zu richten, Wird sich das Verborgne lichten; Nichts kann vor der Strafe flüchten.
Quid sum miser tunc dicturus? Quem patronum rogaturus, Cum vix justus sit securus?	Weh! was werd ich Armer sagen? Welchen Anwalt mir erfragen, Wenn Gerechte selbst verzagen?
Rex tremendae majestatis, Qui salvandos salvas gratis, Salva me, fons pietatis.	König schrecklicher Gewalten, Frei ist Deiner Gnade Schalten: Gnadenquell, laß Gnade walten!
Recordare, Jesu pie, Quod sum causa tuae viae: Ne me perdas illa die.	Milder Jesus, wollst erwägen, Daß Du kamest meinetwegen, Schleudre mir nicht Fluch entgegen.
Quaerens me, sedisti lassus: Redemisti Crucem passus: Tantus labor: non sit cassus.	Bist mich suchend müd gegangen, Mir zum Heil am Kreuz gehangen, Mög dies Mühn zum Ziel gelangen.
Juste judex ultionis, Donum fac remissionis Ante diem rationis.	Richter Du gerechter Rache, Nachsicht üb in meiner Sache, Eh' ich zum Gericht erwache.
Ingemisco, tamquam reus: Culpa rubet vultus meus: Supplicanti parce, Deus.	Seufzend steh ich schuldbefangen, Schamrot glühen meine Wangen, Laß mein Bitten Gnad erlangen.
Qui Mariam absolvisti, Et latronem exaudisti, Mihi quoque spem dedisti.	Hast vergeben einst Marien, Hast dem Schächer dann verziehen, Hast auch Hoffnung mir verliehen.
Preces meae non sunt dignae: Sed tu bonus fac benigne, Ne perenni cremer igne.	Wenig gilt vor Dir mein Flehen; Doch aus Gnade laß geschehen, Daß ich mög der Höll entgehen.
Inter oves locum praesta, Et ab haedis me sequestra, Statuens in parte dextra.	Bei den Schafen gib mir Weide, Von der Böcke Schar mich scheide, Stell mich auf die rechte Seite.
Confutatis maledictis, Flammis acribus addictis: Voca me cum benedictis.	Wird die Hölle ohne Schonung Den Verdammten zur Belohnung, Ruf mich zu der Sel'gen Wohnung.
Oro supplex et acclinis, Cor contritum quasi cinis: Gere curam mei finis.	Schuldgebeugt zu Dir ich schreie, Tief zerknirscht in Herzensreue, Sel'ges Ende mir verleihe.
Lacrimosa dies illa, Qua resurget ex favilla Judicandus homo reus.	Tag der Tränen, Tag der Wehen, Da vom Grabe wird erstehen Zum Gericht der Mensch voll Sünden;
Huic ergo parce, Deus. Pie Jesu Domine, Dona eis requiem. Amen.	Laß ihn, Gott, Erbarmen finden. Milder Jesus, Herrscher Du, Schenk den Toten ew'ge Ruh. Amen.

Motiv-Verwandtschaft in den Teilen des Requiems, dargestellt vom Komponisten für das Handprogramm einer Wiener Aufführung: / *Survey of themes in the movements of the Requiem, provided by the composer for the program of a performance in Vienna:*

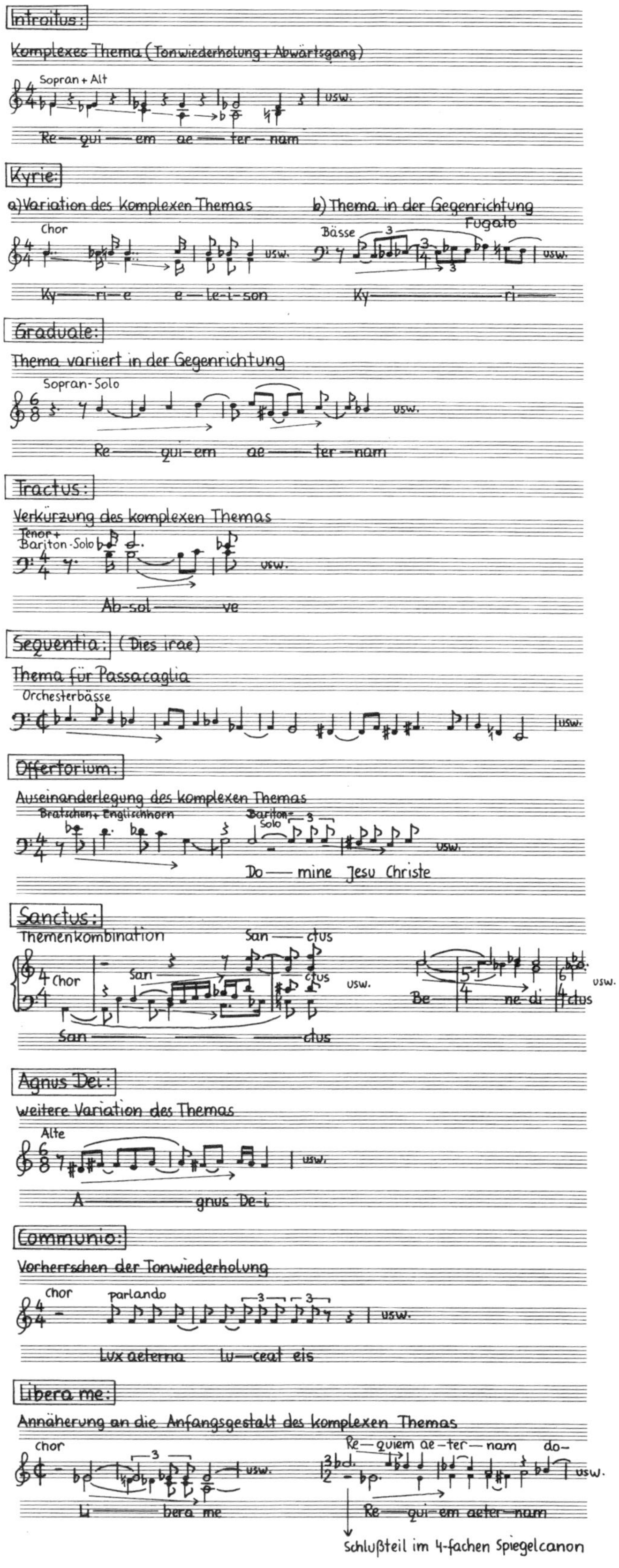

CD 2 – Track 18

SEQUENTIA (DIES IRAE)

S.
A.
Chor
T.
B.
Vc. + Cb.
Cb.
Str.
Kl.
Hr.
Holz
Trpt.
Fl. Ob.
Ob. Kl.
1.Vl.
2.Vl.
Vla
cresc.
22
23
24
pul- cra re- gi-o-num, Co-get omnes an-
Co-get omnes an-
te thro- num.
Mors stu- pe- bit
et na- tu- ra, Cum re-sur- get cre-a- tu-ra,
Ju- di- can- ti re- spon- su- ra.
Ju-di-can- ti re-spon-su- ra.
Li- ber scri-ptus pro- fe- re-tur,
In quo to-tum con-
In quo
Li-ber scri-ptus pro- fe- re-tur,
to- tum con-ti- ne-tur, Un- de mun- dus ju- di- ce-
In quo totum con-ti- ne-tur, Un- de mun- dus ju- di- ce-

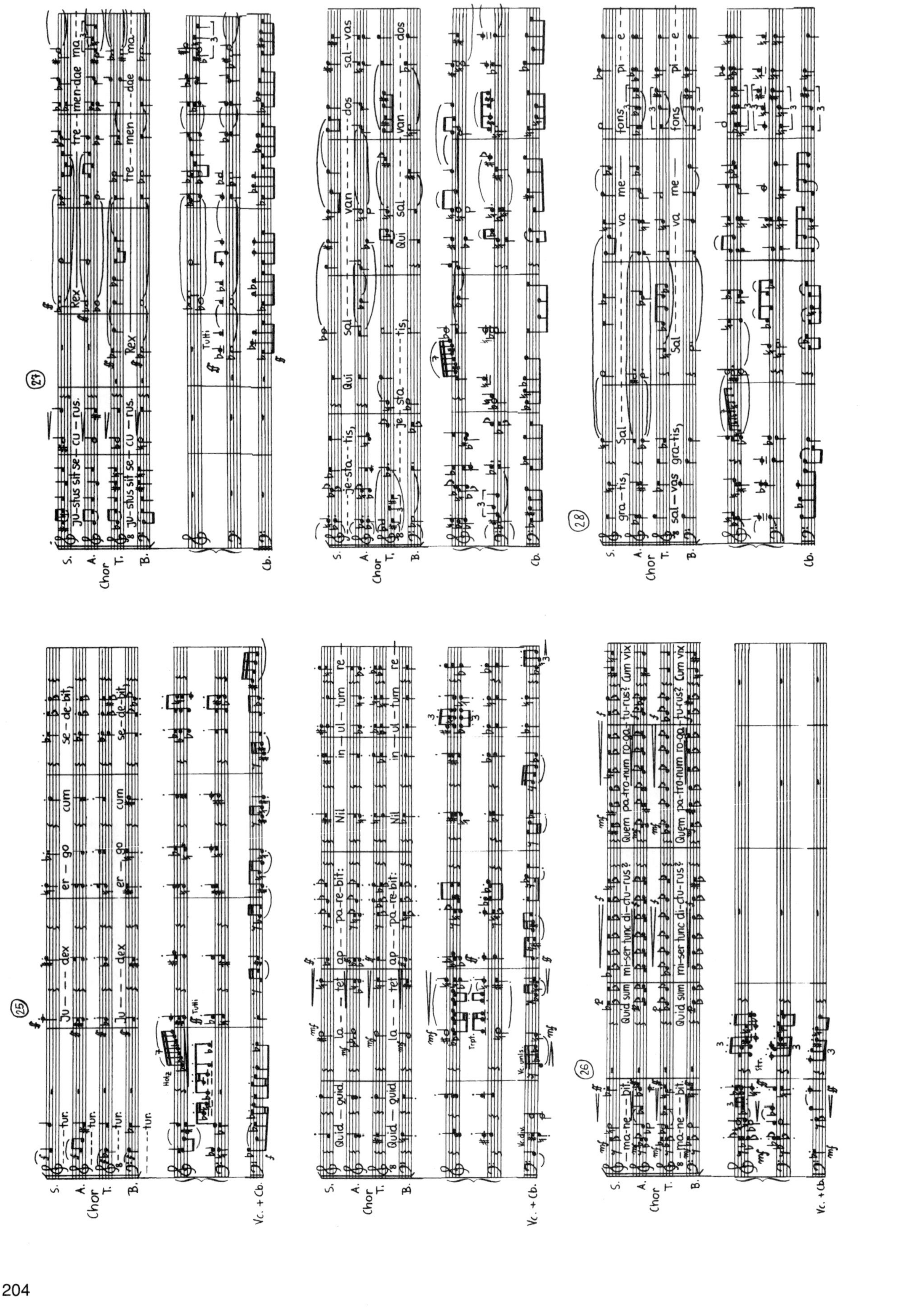
25
S. A. Chor T. B.
-tur.
Ju-dex er-go cum se-de-bit,
Holz
Tutti
Vc. + Cb.
Quid-quid la-tet ap-pa-re-bit: Nil in-ul-tum re-
Trpt.
Vc. div.
Vc. unis.
26
-ma-ne-bit.
Quid sum mi-ser tunc di-ctu-rus? Quem pa-tro-num ro-ga-tu-rus? Cum vix
Str.
27
Ju-stus sit se-cu-rus.
Rex tre-men-dae ma-
Tutti
Cb.
Qui sal-van-dos sal-vas gra-tis,
28
Sal-va me fons pi-e-

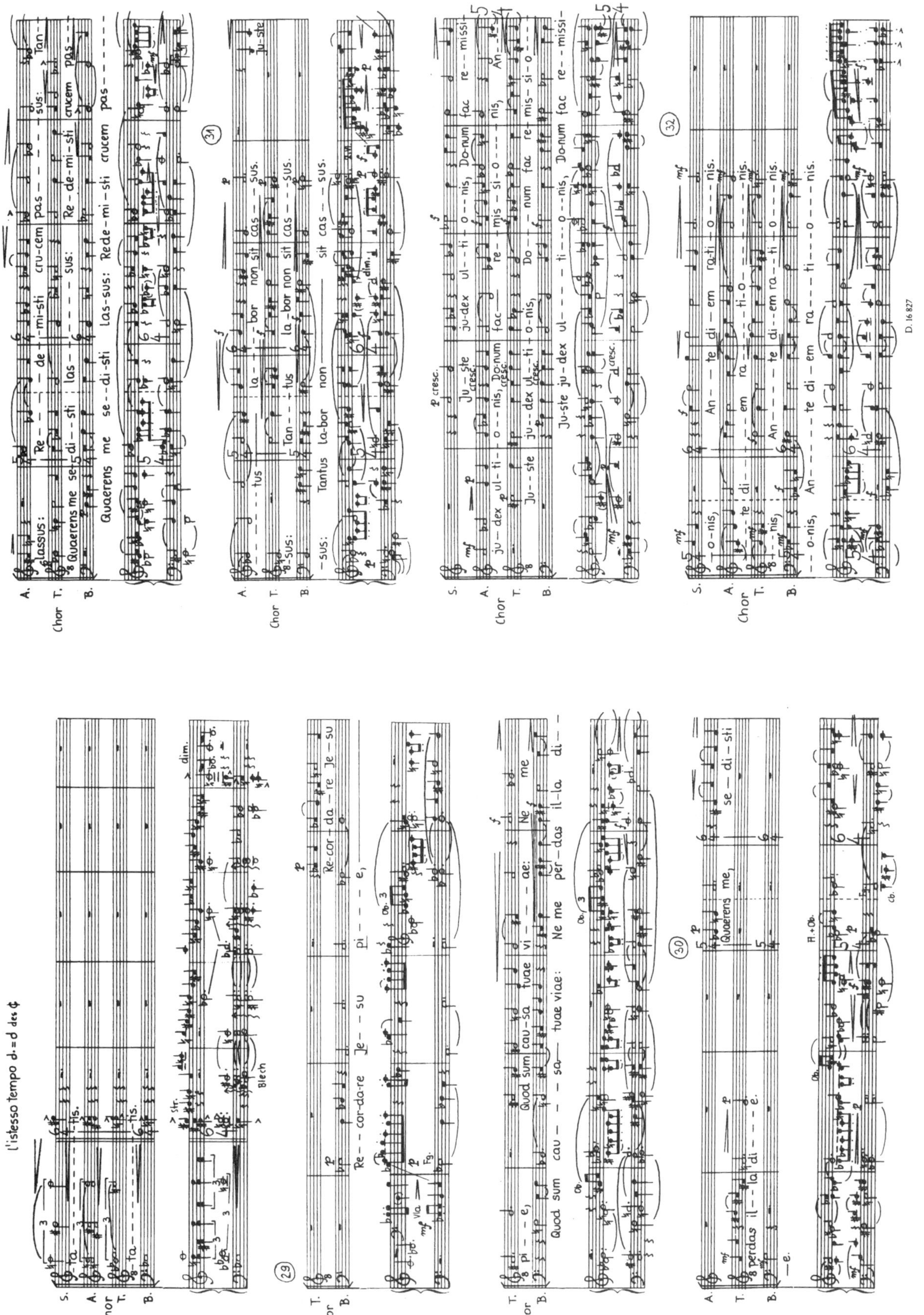
l'istesso tempo ♩. = ♩ des ¢
Chor
Re - cor-da-re Je - su pi - e,
Re-cor - da - re Je - su
Quod sum cau-sa tuae vi - ae:
Ne me
Quod sum cau - sa tuae viae: Ne me per-das il-la di -
perdas il - la di - e.
Quaerens me, se - di - sti
Quaerens me se-di-sti las - sus: Re-de-mi-sti crucem pas -
Quaerens me se-di-sti las-sus: Rede-mi-sti crucem pas -
Tantus la-bor non sit cas - sus.
Ju-ste ju-dex ul-ti-o-nis, Do-num fac re-mis-si-o-nis
An - te di - em ra - ti - o - nis.
D. 16 827

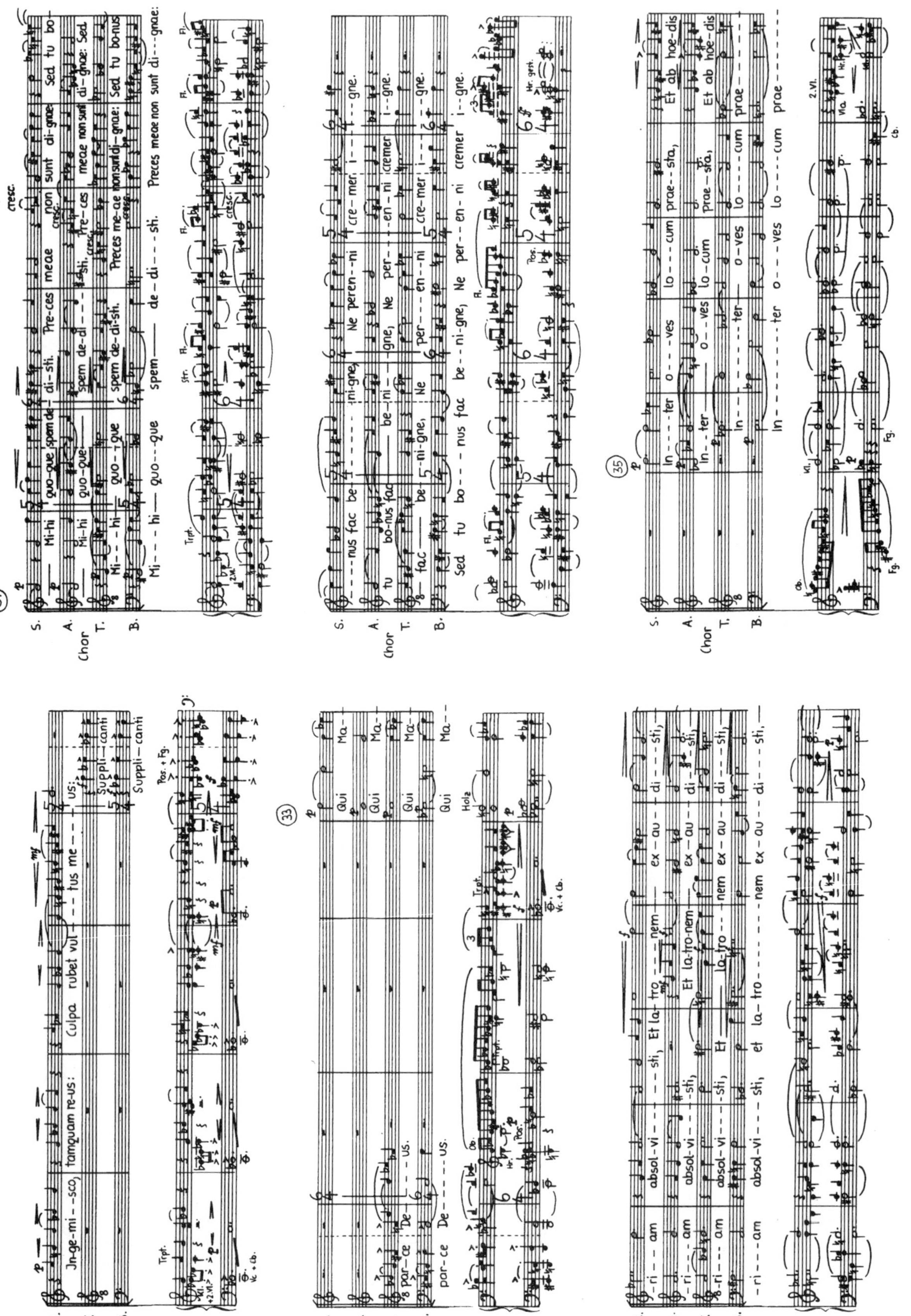
Chor
S.
A.
T.
B.
Jn-ge-mi-sco, tamquam re-us: Culpa rubet vul-tus me-us: Suppli-canti
parce De-us. Qui Ma-
-ri-am absol-vi-sti, Et la-tro-nem ex-au-di-sti,
Mi-hi quo-que spem de-di-sti. Preces meae non sunt di-gnae:
Sed tu bo-nus fac be-ni-gne, Ne peren-ni cremer i-gne.
In-ter o-ves lo-cum prae-sta, Et ab hoe-dis
Trpt.
Pos. + Fg.
Vc. + Cb.
Holz
Str.
Fl.
Fg.
Cb.
Vla
cresc.

Chor
S.
A.
T.
B.
me se-que-stra
Sta-tu-ens in par-te
-sta, Et ab hoe-dis me se-que-stra,
Sta-tu-ens in parte
dex-tra
Confutatis
Con-fu-ta-tis
ma-le-di-ctis,
Flam-mis a-cri-bus ad-dictis:
Vo-
ad-di-ctis:
-ca me cum be-ne-di-ctis.
O-ro sup-plex
Vo-ca me cum be-ne-di-ctis.
O-ro
et ac-cli-nis, Cor con-tri-tum qua-si ci-nis: Ge-re cu-ram me-i
sup-plex et ac-cli-nis, Cor con-tri-tum qua-si ci-nis: Ge-re cu-ram me-i
fi-nis.
cresc.
sempre marc.
Hr. gest.
Holz + Str.
Kl.
Pos.
Trpt.
Holz
Fg.
Bässe
Tutti
Bässe + Vla
+ Vla
+ Org.
+ 2. Vl.
+ 1. Vl. (Tutti)
sim. + Okt.
Tutti Str.
35
36
37
38

39
Adagio ♩≈50
S.
A.
Chor
T.
B.
lange
G.P.
p
La-cri-mosa di- - - - es il-la, Qua- re-sur-get ex fa-
Blech
+Kl.
-villa Ju-di-can- - - - - dus— ho- - mo re-us:
cresc.
f
Hu- -ic er- - go
+Fl.
Vla
Bässe
40
pp
parce De- - -us. Pi-e Je- - -su Domi-ne, dona e- - -is re-qui-em. A- - - - - - - - - - men.
rit.
Kl.

EGON WELLESZ

geb. am 21. 10. 1885 in Wien
gest. am 9. 11. 1974 in Oxford

Studium bei Arnold Schönberg (1904 – 1906) und an der Universität Wien (Musikwissenschaft bei Guido Adler) Dr.phil. und Universitätsdozent. Komponist, Musikwissenschaftler (Forschungen auf dem Gebiet der byzantinischen Musik), Professor an der Universität Wien und nach seiner Emigration (1938) an den Universitäten Cambridge und Oxford.

Werkübersicht

Bühnenwerke (Die Bakchantinnen; Alkestis; Scherz, List und Rache),
Ballette,
Orchesterwerke (9 Symphonien, Prosperos Beschwörungen),
Konzerte (für Klavier, Violine),
Lieder,
Kammermusikwerke,
Klaviermusik.

Schriften: Zahlreiche musikalische Veröffentlichungen, besonders zur Byzantinistik und zu Arnold Schönberg.

Literatur

Robert Schollum: Egon Wellesz, in: Österreichische Komponisten des XX. Jahrhunderts, Band 2, Wien 1963

Prosperos Beschwörungen

Fünf symphonische Stücke
nach Shakespeares „Der Sturm", op. 53 (1934 – 36)

Die fünf symphonischen Stücke gehören im weiteren Sinne zur Programmusik; sie schildern jedoch eher Stimmungen, Charaktere als Handlungsverläufe. Die Tradition der Schauspielmusiken, welche ursprünglich zwischen den einzelnen Akten einer Aufführung gespielt wurden, war dem Komponisten wohlbekannt, besonders, da Shakespeares Werke oft zu solch musikalischer Betrachtung anregen. Dies geht auf die englischen Theaterpraktiken des 17. Jahrhunderts zurück. Am bekanntesten ist wohl Mendelssohns Musik zu „Ein Sommernachtstraum". Zu Shakespeares „Sturm" gab es ebenfalls Bühnenmusiken; so von Matthew Locke aus dem Jahre 1674, in denen drei Gesänge Ariels für Sopran mit Basso continuo komponiert sind. Doch auch andere englische Komponisten dieser Zeit wie Henry Purcell schrieben Musiken zu diesem Werk. Noch 1905 komponierte Engelbert Humperdinck ebenfalls eine Bühnenmusik zu diesem Schauspiel.

Das Werk von Egon Wellesz kann vom Programmatisch-Inhaltlichen mit den älteren Beispielen verglichen werden, nicht jedoch aus der Sicht seiner Funktion und ästhetischen Position als selbständiges Orchesterwerk. Daß der Komponist ursprünglich eine Oper über den Stoff zu schreiben plante, zeigt, wie sehr ihn die Gegensätze der handelnden Charaktere interessierten.

III. Ariels Gesang

Das 3. Stück aus diesem Werk fängt die Stimmung von Ariels Gesang aus dem 1. Akt, 2. Szene des Schauspiels ein. Ariel, der Luftgeist, wird durch zarte, duftige Beweglichkeit (nicht Schnelligkeit) ausgerückt. Die entsprechende Situation im Drama drängt Ferdinand zu Fragen: „Wo die Musik? Hier unten? In der Luft?" Der unfaßbar Bewegliche, die luftige Grazie drückt Wellesz in farbenprächtiger Zartheit aus. Das jeweils Unvermutete wird zum abwechslungsreichen Stilmittel. Neben der Solovioline werden auch andere Instrumente solistisch eingesetzt, vor allem die Holzblasinstrumente sorgen für kaleidoskopartige Klangveränderungen. Kurze Motive wechseln einander ab, durchmessen den jeweiligen Klangraum des Instrumentes und geben neuen Einfällen Raum. Durchsichtigkeit ist das oberste Gebot, garantiert durch Solovioline, 1. Flöte, 1. Oboe, 1. Klarinette. Die Idee einer Gesangsmelodie geht dabei nicht verloren, ihre Motive wechseln nur ständig das Instrument. Es ist faszinierend, dies hörend und lesend zu verfolgen.

Ariels Lied

Kommt auf diesen gelben Strand!
Fügt Hand in Hand!
Wann ihr euch geküßt, verneigt,
Die See nun schweigt,
Hier und dort behende springt,
Und den Chor, ihr Geister, singt!
Horch! horch!
Chor:
Wau! wau!
Ariel:
Es bellt der Hund!
Chor:
Wau! wau!
Ariel:
Horch! horch! Ich hör',
Der Hahn tut seine Wache kund:
Chor:
Kikiriki!

Ferdinand:
Wo ist wohl die Musik? In der Luft? auf Erden? –
Sie spielt nicht mehr: – sie dienet einem Gott
Der Insel sicherlich. Ich saß am Strand
Und weint' aufs neu den König, meinen Vater,
Da schlich sie zu mir über die Gewässer
Und lindert' ihre Wut und meinen Schmerz
Mit süßer Melodie; dann folgt' ich ihr.
Sie zog vielmehr mich nach. Nun ist sie fort.
Da hebt sie wieder an.

Ariel (singt):
Fünf Faden tief liegt Vater dein;
Sein Gebein wird zu Korallen,
Perlen sind die Augen sein:
Nichts an ihm, das soll verfallen,
Das nicht wandelt Meereshut
In ein reich und seltnes Gut.
Nymphen läuten stündlich ihm:
Chor:
Bim! bim! bim!
Ariel:

Da, horch! ihr Glöcklein.

(Übersetzung: August Wilhelm v. Schlegel)

EGON WELLESZ

born 21 October 185 in Vienna
died 9 November 1974 in Oxford

Studied with Arnold Schönberg (1904 – 1906) and at the University of Vienna (musicology with Guido Adler), Dr. phil. and university lecturer. Composer, musicologist (research in Byzantine music), professor at the University of Vienna and after emigrating to England (1938) at the universities of Cambridge and Oxford.

Work resumé

Stage works (Die Bakchantinnen; Alkestis; Scherz, List und Rache),
Ballets,
Orchestral works (9 symphonies, Prosperos Beschwörungen),
Concertos (for piano, violin),
Songs,
Chamber music,
Piano music.

Writings: many publications on music, especially on Byzantine music and on Arnold Schönberg.

Literature

Robert Schollum: Egon Wellesz, in: Österreichische Komponisten des XX. Jahrhunderts, Vol. 2, Vienna, 1963

Prosperos Beschwörungen
(Prospero's Incantations)

Five Symphonic Pieces
after Shakespeare's "Tempest", Op. 53 (1934 – 36)

In a broad sense, these five symphonic pieces are programme music, but they depict moods and characters rather than actions or occurrences. The composer was quite familiar with the tradition of incidental music to plays, which was usually performed between the acts; all the more, since Shakespeare's plays had often given rise to such musical contemplation. This goes back to 17th-century English theatre practices. Mendelssohn's music to "A Midsummer Night's Dream" is probably the best known. There was also incidental music to Shakespeare's "Tempest", for example by Matthew Locke, who in 1674 composed three Ariel songs for soprano with basso continuo. Other English composers of the time also wrote music for this play, among them Henry Purcell. And in 1905 Engelbert Humperdinck wrote stage music for "The Tempest".

Egon Wellesz's work can be compared with the older pieces when it comes to programmatic content, but not with regard to its function and aesthetic position as an independent orchestral work. That Wellesz originally planned to write an opera on "The Tempest" shows how much he was interested in the contrasts between the characters in the play.

III. Ariel's Song

The third piece from "Prosperos Beschwörungen" captures the mood of Ariel's song from act 1, scene 2 of the play. Ariel, the "airy spirit", is expressed in ethereal, filmy mobility (not velocity). The situation in the play leads Ferdinand to ask, "Where should this music be? I' th' air or th' earth?" The impalpable nimbleness, the airy gracefulness is captured by Wellesz in colourful delicateness. The unexpected becomes a variegated stylistic means. In addition to the solo violin, other instruments are used soloistically; the woodwinds in particular provide kaleidoscopic alterations of timbre. Short motives appear, traverse the instrument's tonal scope and give way to new ideas. Transparency is the prime consideration, and this is guaranteed by the solo violin, 1st flute, 1st oboe, 1st clarinet. The concept of a vocal melody is not lost; its motives only change instruments constantly. It is fascinating to follow this, listening and reading.

Ariel's Song

Come unto these yellow sands,
And then take hands:
Court'sied when you have, and kiss'd,
(The wild waves whist.)
Foot it featly here and there;
And sweet sprites, the burden bear.
Hark, hark!
Bur, Bowgh, wowgh *(Dispersedly.)*
The watch-dogs bark:
Bur, Bowgh, wowgh *(Dispersedly.)*
Hark, hark! I hear
The strain of strutting chanticlere
Cry, Cock-a-doddle-doo.

Ferdinand

Where should this music be? i' the air,
or the earth?
It sounds no more: – and sure it waits upon
Some god of the island. Sitting on a bank
Weeping again the king my father's wreck,
This music crept by me upon the waters;
Allaying both their fury, and my passion,
With its sweet air: thence I have follow'd it,
Or it hath drawn me rather: – But 'tis gone.
No, it begins again.

Ariel *sings.*

Full fathom five thy father lies;
Of his bones are coral made;
Those are pearls that were his eyes:
Nothing of him that doth fade,
But doth suffer a sea-change
Into something rich and strange.
Sea-nymphs hourly ring his knell:
(Burden, ding-dong.)
Hark! now I hear them, – ding-dong bell.

III. Ariels Gesang

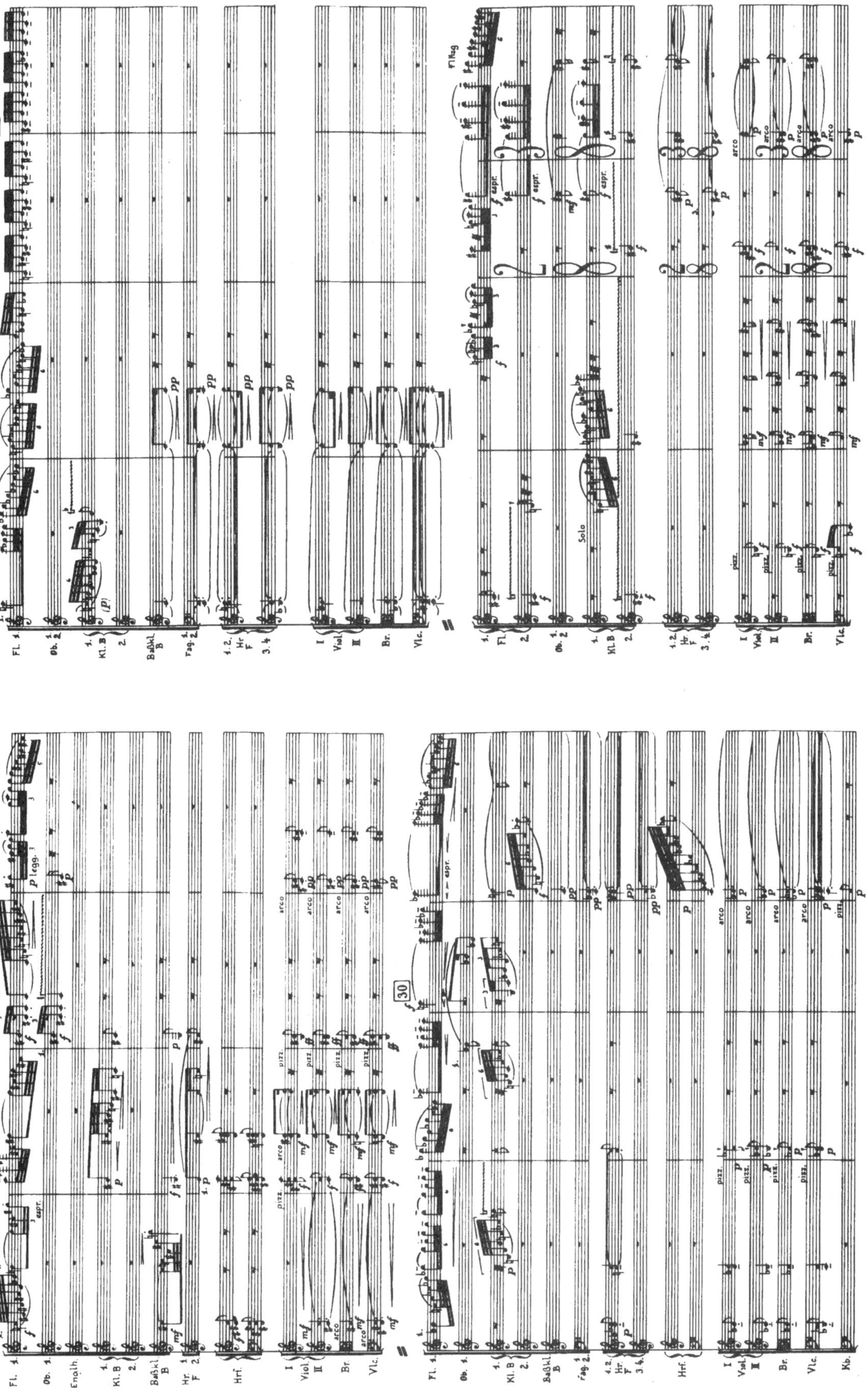

25 poco rit. a tempo
30
35
rit.
Fl.
Ob.
Englh.
Kl. B
Baßkl. B
Hr. F
Hrf.
Viol
Br.
Vlc.
Kb.
Fag.
pizz.
arco
espr.
Solo

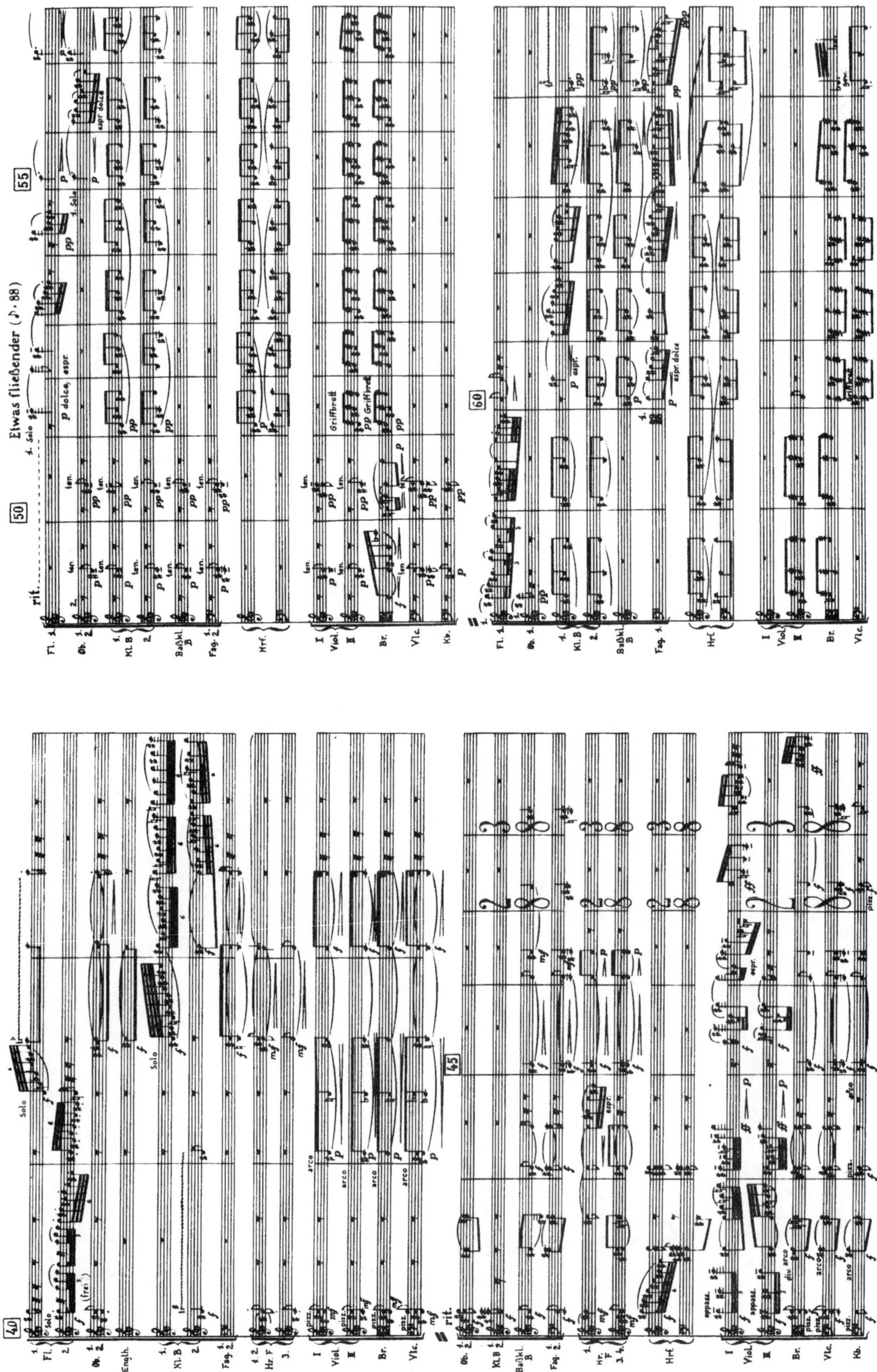
Etwas fließender
rit.
Solo
espr.
Griffbrett
arco
pizz.
45
50
55
60
40

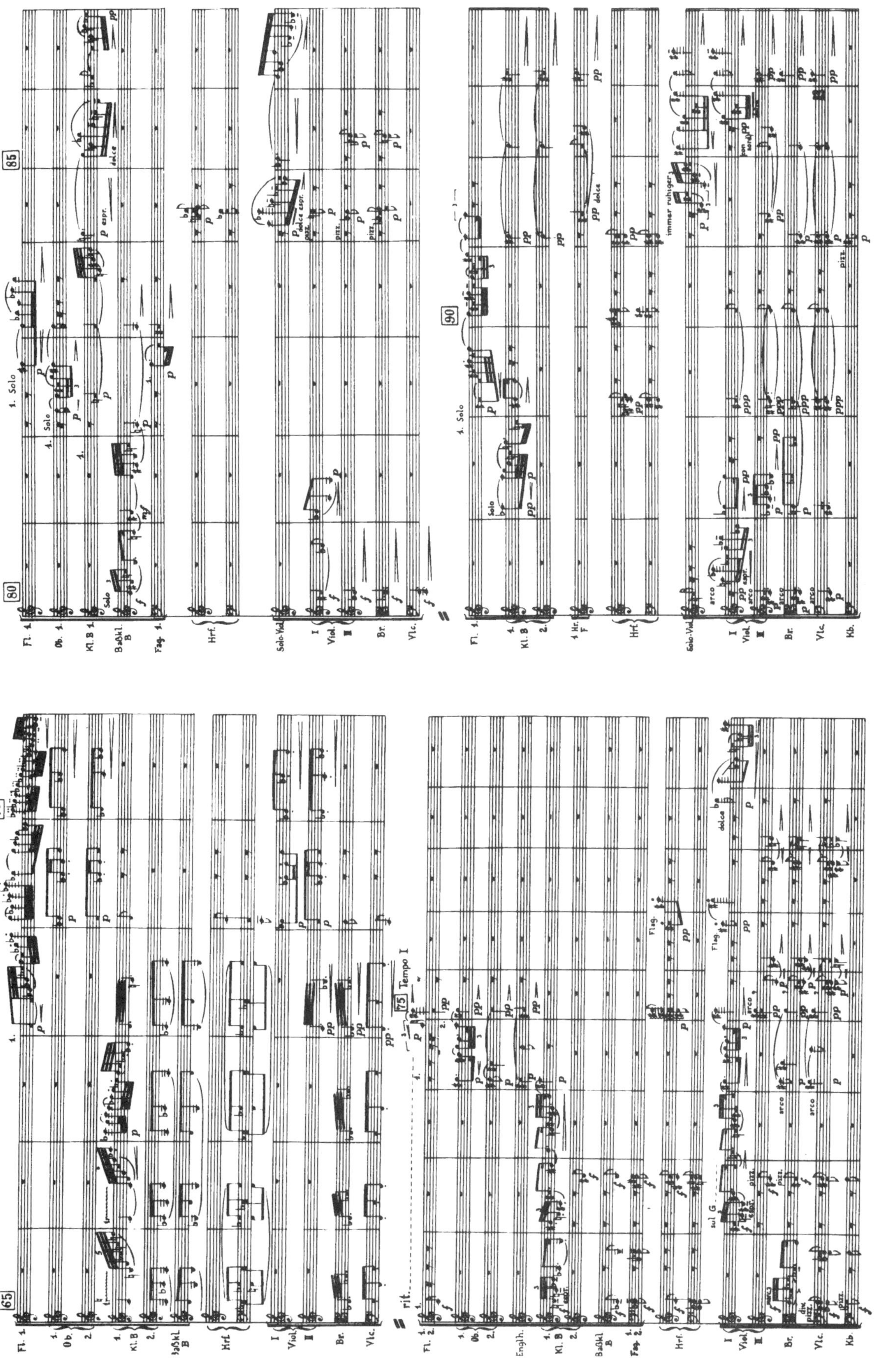
65
70
75
Tempo I
rit.
80
85
90
Fl.
Ob.
Engl.h.
Kl. B
Baßkl. B
Fag.
Hr. F
Hrf.
Solo-Viol.
Viol.
Br.
Vlc.
Kb.
Solo
dolce
espr.
dolce espr.
sul G
arco
pizz.
Flag.
immer ruhiger
con sord.

Übersicht nach Gattungen und Besetzungen / *Survey of Genres and Scorings*

Die Zahlen beziehen sich auf die im Inhaltsverzeichnis ersichtliche alphabetische Ordnung der Komponisten / *The numbers refer to the alphabetical list of composers in the table of contents*

Bühnenwerke / *Stage works:* 3, 7, (16)
Chorwerke / *Choral works:* 10, 19, 21, 25, 26
Lieder (Chansons) / *Songs (chansons):* 8, 11
Orchestermusik (Sinfonien) / *Orchestral music (symphonies):* 12, 14, 17, 22, 27
Konzertante Werke / *Concertante works:* 2, 4, 5, 13, 23
Kammermusik / *Chamber music:* 6, 13, 15, 20
Werke für Soloinstrumente / *Music for solo instruments:* 8, 9, 18, 24
Elektronische Musik / *Electronic music:* 5
Multimediale Werke / *Multimedia works:* 1, 16

Übersicht nach Formen und kompositionstechnischen Aspekten / *Survey of Forms and Aspects of Composition Technique*

Formen / *Forms*

Konzertierender Klangwechsel / *Concertante alternation of tonal character:* 2, 4, 5, 6, 23
Solokadenz / *Solo cadenza:* 5, 6
Suite / *Suite:* 6, 18
Tanzform / *Dance form:* 15
Rondeau / *Rondeau:* 8
Sonatensatzform / *Sonata form:* 9
Reprise, veränderte / *Recapitulation, altered:* 9, 18, 23, 26
Melodiegestalt / *Melodic structure:* 3
Strophenlied, variiert / *Strophic song, varied:* 3, 8

Texturen und Harmonien / *Textures and Harmonies*

Kanon / *Canon:* 4, 6
Fugato / *Fugato:* 2, 4, 10
Kontrapunkt / *Counterpoint:* 4, 6, 11, 14, 15, 22
Cantus firmus Variation / *Cantus firmus variation:* 2, 11, 21, 22
Choralsatz / *Choral setting:* 25
Ostinato / *Ostinato:* 2, 14, 20, 21
Passacaglia / *Passacaglia:* (11), 26
Psalmodie / *Psalmody:* 19
Leitmotiv, thematisch-motivische Substanzgemeinschaft / *Leading motive, thematic-motivic co-existence:* 7, 18, 26
Zitat / *Quote:* 2, 8, 11, 13, 18
Harmoniefolge / *Harmonic progression:* 11, 17
Modulationsverlauf / *Modulatory process:* 2, 7, 9
Zentralton / *Central tone:* 3, 14, 24
Bitonalität / *Bitonality:* 4
Atonalität (Freitonalität) / *Atonality (free tonality):* 3, 14, 18, 24
Cluster / *Clusters:* 24, 26
Zwölftontechnik / *Twelve-tone method:* 13, 15

Serielle Technik / *Serial technique:* 1
Elektronische Musik / *Electronic music:* (1), 5
Aleatorik / *Aleatory music:* 5, 12, 16, 24

Rhythmen, Tänze / *Rhythms, Dances*

Walzer / *Waltz:* 15, 24
Polka / *Polka:* 15
Marsch / *March:* 8
Tango / *Tango:* 8
Boogie-Woogie / *Boogie-woogie:* 25

Klangfarben / *Tone Colours*

Instrumentation, spez. / *Instrumentation, specific:* 6, 14
Klangfarben – Klangflächen / *Tone colours – sound surfaces:* 6, 12, 14, 24, 27
Klangkontraste / *Tonal contrasts:* 2, 4, 5, 6, 23
Klangerzeugung, unkonventionell / *Tone generation, unconventional:* 5, 24

Programmusik / *Programme Music*

Textausdeutung / *Text interpretation:* 1, 3, 7, 8, 10, 19, 21, 25, 26, 27
Figuren, rhetorische / *Figures, rhetorical:* 1, 10, 19, 22, 26
Bildausdeutung / *Image:* 2, 20
Handlungsverlauf, außermusikalisch / *Extra-musical action:* 13

Notation / *Notation*

Notation, spezifisch / *Notation, specific:* 5, 12, 16

Aufführungspraxis / *Performing Practice*

Realisierung, szenisch – musikalisch / *Musical-scenic realization:* 16

Für die freundliche Genehmigung zum Abdruck danken wir folgenden Verlagen:

Abbildungen
Österreichische Galerie des 19. u. 20. Jahrhunderts, Wien:
„Totentanz" von Albin Egger-Lienz

Notenbeispiele
Boosey & Hawkes Music Publishers Ltd., London:
G. v. Einem: Der Besuch der alten Dame (Klavierauszug)
H. K. Gruber: Frankenstein !!
K. Schwertsik: „. . . in keltischer Manier"

Hunzinger Bühnenverlag GmbH., Bad Homburg:
L. Alcalay: Ich bin in Sehnsucht eingehüllt

Edition Reimers AB, Stockholm:
Dieter Kaufmann: Ständchen für einen Potentaten

Universal Edition A.G., Wien:
Friedrich Cerha: Baal
Hans Gál: 24 Preludes
Roman Haubenstock-Ramati: Tableau III
Ernst Krenek: 2. Symphonie
Karl Schiske: Vom Tode

Musikverlag Doblinger, Wien-München:
Cesar Bresgen: Totentanz nach Holbein
Thomas Christian David: Konzert für 3 Violinen solo und Streichorchester
Helmut Eder: Suite mit Intermezzi
Iván Eröd: Krokodilslieder. Drei Stücke für Violine solo
Augustin Kubizek: Vergnügliche Miniaturen
Thomas Pernes: Gleichsam eine Symphonie
Marcel Rubin: O ihr Menschen
Gerhard Schedl: Totentanz von anno neun
Robert Schollum: 6. Symphonie
Jenö Takács: Klänge und Farben
Alfred Uhl: Wer einsam ist, der hat es gut
Erich Urbanner: Requiem
Egon Wellesz: Prosperos Beschwörungen

Die Rechte folgender Werke liegen beim Komponisten bzw. deren Rechtsnachfolgern:
Andrzej Dobrowolski: Musik für Tonband und Baßklarinette solo
Heinrich Gattermeyer: Grodek
Anestis Logothetis: Anastasis
Kurt Rapf: Petits fours

Texte
Insel Verlag, Frankfurt: Tod in Ähren, aus: Detlev von Liliencron: Werke, (1. Band)
Otto Müller Verlag, Salzburg: Grodek, aus: Georg Trakl, Die Dichtungen
Verlag Klaus G. Renner, München: Ein mi-ma-Monsterchen, aus: H. C. Artmann, allerlei rausch

SCHALLPLATTENREIHE
ÖSTERREICHISCHE MUSIK DER GEGENWART
RECORD SERIES
AUSTRIAN CONTEMPORARY MUSIC

Luna Alcalay
„Ich bin in Sehnsucht eingehüllt"
Szenische Reflexionen zu Liebesgedichten von Selma Meerbaum

LP 423 809-1

Rainer Bischof
Doppelkonzert für Violine, Violoncello und Orchester, op. 13
„und so sink' ich leise in mich selbst hinein." Österreichischer Liederzyklus für Mezzosopran und Violine, op. 17
Konzert für Orgel und Orchester, op. 19
Streichquartett, op. 18
Viola tricolor, op. 16

CD 431 082-2

Cesar Bresgen
Totentanz nach Holbein für Klavier und kleines Orchester
Metamorphosen nach Webern
Zwei Gesänge nach Texten von Georg Trakl

LP 423 732-1

Francis Burt
„Unter der blanken Hacke des Monds"
Echoes
Morgana
Der Golem

CD 431 853-2

Friedrich Cerha
Baal
Oper in zwei Teilen, nach der Fassung von Bertolt Brechts „Baal".
Live-Mittschnitt von den Salzburger Festspielen 1981

3 **LP** 415 266-1
3 **CD** 415 266-2

Thomas Christian David
Konzert für drei Violinen in Begleitung des Streichorchesters
Tripelkonzert für Violine, Klarinette und Klavier in Begleitung des Orchesters

LP 423 733-1

Helmut Eder
Suite mit Intermezzi, op. 71
Mitschnitt der Uraufführung bei den Salzburger Festspielen 1981
Pièce de Concert für Streichorchester, op. 83
Konzert für Violine und Orchester Nr. 3, op. 75

LP 415 315-1

Gottfried von Einem
Der Besuch der alten Dame
Oper in drei Akten nach Friedrich Dürrenmatts tragischer Komödie, op. 35
Live-Mitschnitt der Uraufführung in der Wiener Staatsoper, 1971

3 **LP** 419 552-1
3 **CD** 419 552-2

Gottfried von Einem
Prinz Chocolat
Musikmärchen in fünf Episoden, op. 66
Text: Lotte Ingrisch
Tulifant
Oper in drei Akten, op. 75
Libretto: Lotte Ingrisch

2 **CD** 435 694-2

Iván Eröd
Violinkonzert, op. 15
Krokodilslieder, op. 28
Drei Stücke für Violine solo, op. 27

LP 419 071-1

Paul Walter Fürst
Farbspiele für großes Orchester, op. 38
Ars Bassi für Kontrabaß und Klavier, op. 41
III. Bläserquintett, op. 29
Violatüre für Viola und Schlagzeug, op. 69
„Het Orgel is een beelt" für Orgel, Chor und Orchester, op. 61

CD 435 697-2

Hans Gál / Egon Wellesz
Idyllikon
3 Präludien aus op. 83
Prosperos Beschwörungen, op. 53

LP 419 072-2

Heinrich Gattermeyer
Intention I
Kassation I, op. 109/1
Sechs Grotesken, op. 108/1
Fragmente aus „Offenbarung und Untergang" nach Texten von Georg Trakl

LP 419 559-1

Heinz Karl Gruber
Frankenstein !!
Nach Texten von H. C. Artmann
Rough Music. Konzert für Schlagwerk und Orchester

LP 419 073-1

Roman Haubenstock-Ramati
Tableau 3
Les Symphonies de Timbres
Sequences für Violine und Orchester
Credentials

LP 415 314-1

Josef Matthias Hauer
Die schwarze Spinne
Oper in zwei Akten
Text nach Jeremias Gotthelf von Hans Schlesinger

2 **CD** 431 079-2

Dieter Kaufmann
Concertomobil für Violine, Tonbänder und Orchester, op. 18
Ständchen für einen Potentaten für Violoncello und Blasorchester, op. 45
Für Clara – ein romantisches Klavierkonzert, op. 51
Trois Poèmes de Stephane Mallarmé für Singstimme und 5 Instrumente, op. 9a

LP 419 557-1

Paul Kont
Konzert für Violine, Klarinette, Violoncello, Baßklarinette und Klavier
Laudes Mariae für Chor und Bläser
Konzerte für Blechbläser und Streicher
Orchesterstücke zur Lysistrate des Aristophanes
Divertimento für Solo-Trompete und kleines Orchester

CD 435 698-2

Heinz Kratochwil
Partita für Orgel, op. 30b
Trauma 71 für mittlere Singstimme und 9 Instrumentalisten, op. 71
Zaubersprüche für Chor in beliebiger Besetzung, op. 78
Konzert für Trompete und großes Orchester, op. 88
Adagio für Streichorchester, op. 110
Muspilli / Der Weltenbrand für Sprecher, Chor und 3 Schlagzeuger, op. 160

CD 437 492-2

Ernst Krenek
I. Symphonie, op. 7
II. Symphonie, op. 12
III. Symponie, op. 16

2 **LP** 415 825-1
2 **CD** 415 825-2

Augustin Kubizek
Symphonische Musik für Orchester, op. 17a
Siebzehnte Wurzel aus zwei
Sechs kleine Psalmen-Motetten für Frauenchor
Beata es, Maria, op. 37b
Vergnügliche Miniaturen für Violine, Klarinette, Posaune und Fagott, op. 28a

LP 429 882-1

Herbert Lauermann
Caccia
Das Ehepaar
Kammersymphonie

CD 431 078-2

Anestis Logothetis
Anastasis
ein musikalisches Sprachabenteuer
Wellenformen
eine Computermusik
Styx

LP 419 074-1

Thomas Pernes
Alpenglühn
Gleichsam eine Symphonie

LP 423 734-1

Michael Radulescu
Ebla's Song of Praise für 6 Sänger und 6 Blockflöten
O Mensch, bewein' dein' Sünde groß. Choralphantasie für Orgel
Rex Coeli für gemischten Chor a cappella
Epiphaniai. Musik für Orgel, 4 Klarinetten, 4 Posaunen, 2 Kontrabässe und Schlagzeug

CD 437 736-2

Kurt Rapf
II. Symphonie für großes Orchester
ORF-Mitschnitt der Uraufführung im Großen Konzerthaussaal, 1983
Aphorismen für Orgel
Petits fours für Marimba

LP 427 690-1

Kurt Rapf
Passio Aeterna. Oratorium für Soli, Sprecher, gemischten Chor, Cembalo, Orgel, Tonband und Orchester
ORF-Mitschnitt der Uraufführung im Großen Saal des Wiener Musikvereins, 1980

CD 437 488-2

Marcel Rubin
O ihr Menschen. Ein Heiligenstädter Psalm
Konzert für Kontrabaß und Orchester

LP 415 828-1
CD 415 828-2

Gerhard Schedl
Kontrabaß
Kammeroper in einem Akt nach einer Erzählung von Siegfried Pietschmann
Der Totentanz von anno neun, op. 14

LP 415 824-1

Karl Schiske
Vom Tode. Oratorium nach Worten großer Dichter für Soli, Chor, Orchester und Orgel, op. 25

2 **LP** 423 983-1

Robert Schollum

VI. Symphonie, op. 110
IV. Symphonie, op. 74

LP 423 735-1

Kurt Schwertsik

Der irdischen Klänge 2. Teil, nämlich 5 Naturstücke, op. 45
„Diese Bilder müssen in Begleitung von Musik gesehen werden". Skizzen und Entwürfe für Streichquartett
„... in keltischer Manier". Konzert für Alphorn und kleines Orchester, op. 27

LP 419 556-1

Jenö Takács

Sinfonia breve, op. 108
Eine kleine Tafelmusik für Bläserquintett, op. 74
Klänge und Farben für Klavier, op. 95
Dialoge für Violine und Gitarre, op. 77
Trio-Rhapsodie für Violine, Violoncello und Klavier, op. 11

LP 423 520-1

Alfred Uhl

Kleines Konzert für Klarinette, Viola und Klavier
Divertimento für vier Klarinetten
Sinfonischer Marsch für großes Orchester
Drei Tanzstücke für Bläseroktett
Gilgamesch. Oratorisches Musikdrama (Ausschnitt)
Wer Einsam ist, der hat es gut. Heitere Kantate (Ausschnitt)

LP 419 558-1

Erich Urbanner

Requiem für 4 Soli, Chor, Orchester und Orgel

LP 415 829-1

Erich Urbanner

Johannes Stein oder
Der Rock des Kaisers
Monodram von Richard Bletschacher
Konzertmitschnitt der Uraufführung im Großen ORF-Sendesaal, 1992

CD 437 491-2

Herbert Willi

Streichquartett 1986
Stück für Flöte solo
Quintett für Blechbläser
Stück für Flöte und Klavier
Stück für Klarinette solo
Il Combattimento di Cecco e la sua Compagnia per violoncello ed orchestra d'archi
Klavierstück XI
Klaviertrio 1984
Der Froschmäusekrieg, für Sprechgesang, 3 Orchestergruppen und Tonband

CD 431 077-2

Gerhard Wimberger

Memento Vivere. Gesänge vom Tod für Mezzosopran, Bariton, 3 Sprechstimmen, Chor und Orchesterster
Nachtmusik – Trauermsuik – Finalmusik

CD 437 490-2

Wilhelm Zobl

Der Weltuntergang
Oper in sechs Szenen
Libretto: Peter Daniel Wolfkind

CD 437 559-2

ELEKTRONISCHE
MUSIK VOL. 1

„30 Jahre elektroakustische Musik"

Roman Haubenstock-Ramati

L'Amen de Verre
GRM, Paris 1957

Max Brand

Die Astronauten
(Ausschnitt), USA 1962

György Ligeti

Artikulation
WDR, Köln 1958

Anestis Logothetis

Fantasmata
(Ausschnitt)
Institut für Elektroakustik
Musikhochschule Wien, 1960

Dieter Kaufmann

Wiener Werkel
Institut für Elektroakustik,
Musikhochschule Wien, 1970

Wilhelm Zobl

„Ändere die Welt, sie braucht es"
(Ausschnitt)
Experimentalstudio des Polnischen Rundfunks, Warschau 1973

Bruno Liberda

Valse Triste
(Ausschnitt)
Henie-Onstad-Kunstzentrum,
Oslo 1977

Andrea Sodomka

Playground Suite
Institut für Elektroakustik,
Musikhochschule Wien, 1986

Gerhard Eckel

Der Zufall geht
Institut für Elektroakustik
Musikhochschule Wien, 1986

LP 427 039-1

ELEKTRONISCHE
MUSIK VOL. 2

„Tonband und ..."

Irmfried Radauer

Evocation d'Ockeghem
für 2 Orchester und computergeneriertes Tonband

Andrzej Dobrowolski

Musik für Baßklarinette und Tonband
Mitschnitt: ORF-Studio Stmk,
1980

Wolfgang Mitterer

Fractals III
für Tonband, Baßklarinette und Live-Elektronik,
Stockholm 1984-87

Giselher Smekal / Mia Zabelka

Sandstrahlentrost
aus dem Zyklus „Sonateme",
für Violine und Tonband, 1986

LP 427 040-1

ELEKTRONISCHE
MUSIK VOL. 3

„Tape Music"

Patrica Jünger

„Über allen Wipfeln ist Ruh'"
Basel 1984

Gottfried Martin

Sternengesänge I
Multi Media Sound,
Wien 1987

Peter A. Egger

Z.A.K.O. 6 / Teil 2
Wien 1986

Klaus Ager

„Immer klingen die weißen Mauern der Stadt"
CMRS Mozarteum,
Salzburg 1988

LP 427 041-1

ZU BEZIEHEN / AVAILABLE

- CLASSIC AMADEO im Vertrieb der POLYGRAM
- GESELLSCHAFT ZUR FÖRDERUNG ÖSTERREICHISCHER MUSIK

MUSIKBÜCHER

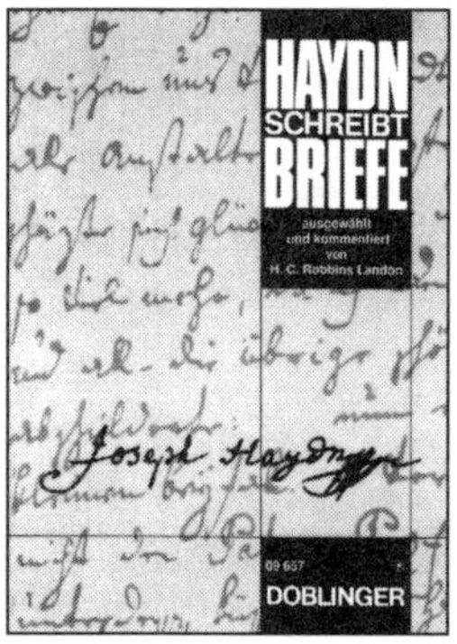

LUDWIG VAN BEETHOVEN
DAS HEILIGENSTÄDTER TESTAMENT

Faksimileausgabe mit Kommentar von Hedwig M. von Asow und einer englischen, französischen, italienischen und japanischen Übersetzung des Dokuments.

48 Seiten mit Beilage, geh. Best.-Nr. 09 512
ISBN 3-900035-12-1

JOHANNES BRAHMS
„MIT DEN GEDANKEN IN WIEN"

Fünf Briefe in Faksimiles, mit Erläuterungen von Otto Biba. Englische Version von Eugene Hartzell

„Die kleine Auswahl berücksichtigt die 35 Jahre, in denen Brahms Wien verbunden war, verschiedene Anlässe und verschiedene Arten von Briefpartnern in Wien. Sie wirft Schlaglichter auf den Künstler und Menschen Brahms." (Aus dem Vorwort)

28 Seiten mit Beilage, geh. Best.-Nr. 09 562
ISBN 3-900035-80-6

HERBERT CHLAPIK
WIE ENTSTEHEN UNSERE NOTEN?
Die Praxis des Notengraphikers

Das Buch vermittelt jedem, der beruflich oder privat mit der Materie zu tun hat, eine Fülle an Fakten und Anregungen. Darüber hinaus wendet sich das Buch an jeden, der sich irgendeinmal die Frage gestellt hat: „Wie entstehen eigentlich unsere Noten?"

104 Seiten, zahlr. Beispiele, brosch.
2. erw. Aufl. Best.-Nr. 09 583
ISBN 3-900035-96-2

JOSEF DICHLER
DER WEG ZUM KÜNSTLERISCHEN KLAVIERSPIEL

Dieses Buch ist längst zum Standardwerk der Pianisten geworden: es behandelt in umfassender Weise klavieristisch-pädagogische Probleme und bietet dem Klavierlehrer ebenso wie dem reiferen Schüler eine Fülle von Anregungen.

„Das beste klavierpädagogische Buch der letzten Jahre, das mir in die Hände gekommen ist. Hier spricht ein erfahrener Pädagoge über alle Probleme des Klavierspiels. Besonders wertvoll sind seine Ausführungen über das Üben." (Schweizer Musikpädagogische Zeitung)

264 Seiten, zahlr. Notenbeispiele, brosch. Best.-Nr. 09 500
ISBN 3-900035-10-5

JOSEF DICHLER
VERSTAND UND GEFÜHL
Intellektuelle und emotionelle Musik. Wesen und Grenzen ihrer Interpretation auf dem Klavier

Dichler untersucht mit wohltuendem Humor und in bildkräftiger Sprache die verschiedenen Publikumsschichten und ihre Hörfähigkeiten, stellt der architektonischen die gefühlsbetonte Musik gegenüber und erörtert eingehend die Möglichkeiten der verfügbaren Ausdrucksmittel.

80 Seiten, brosch. Best.-Nr. 09 511
ISBN 3-900035-11-3

DES DICHTERS SAITENSPIEL
Heimito von Doderer und die Musik

Doderers Abhandlung über den Violinvirtuosen und -pädagogen Julius Winkler, die im Reprint vorgelegt wird, wird ergänzt durch Beiträge von Engelbert Pfeiffer, Wendelin Schmidt-Dengler und Astri v. Stummer-Doderer, der Schwester des Dichters. Sie beleuchten das Verhältnis des großen österreichischen Romanciers zur Musik, deren Bauprinzipien ja in seine Romane Eingang gefunden hat.

Zusammengestellt und herausgegeben von HELMUTH PANY

40 Seiten, brosch., 3 Abb. Best.-Nr. 09 660
ISBN 3-900695-28-8

HARALD GOERTZ (Hrsg.)
MUSIKHANDBUCH FÜR ÖSTERREICH
Struktur und Organisation des österreichischen Musikwesens. Namen, Adressen, Information
Eine Publikation des Österreichischen Musikrates

Die dritte, verbesserte und abermals aktualisierte Auflage des bewährten Nachschlagewerks soll mithelfen, Kontakte zu eröffnen und Zusammenarbeit zu fördern. Ein unumgänglicher Führer für alle, die in Österreich mit Musik konfrontiert sind.

180 Seiten mit Beilage, geh. Best.-Nr. 09 560
ISBN 3-900695-25-3

HAYDN SCHREIBT BRIEFE
ausgewählt und kommentiert von **H. C. ROBBINS LANDON**

Der weltbekannte Haydn-Forscher legt eine Auswahl aus den Briefen des Meisters vor und liefert so ein lebendiges Bild seiner Persönlichkeit. Mit einigen in letzter Zeit neuaufgefundenen Dokumenten!

80 Seiten, brosch. Best.-Nr. 09 567
ISBN 3-900035-54-7

PETER HÖLZL
DER LEHRER JOHANN NEPOMUK DAVID
Aus dem Unterricht bei J. N. David an der Stuttgarter Musikhochschule

Der Autor, in Südtirol als Pädagoge und Kirchen- und Chorkomponist wohlbekannt, hat in seinen Vorlesungsmitschriften wörtliche Äußerungen und Aussprüche Davids zu Problemen des Kontrapunkts, der Harmonie-, Modulations- und Kompositionslehre festgehalten. Ein ungewöhnlich lebendiges Dokument authentischer Werkstattgespräche!

64 Seiten, brosch., zahlr. Notenbeispiele Best.-Nr. 09 596
ISBN 3-900695-12-1

Doblinger

MUSIKBÜCHER

PAUL KONT
ANTIANORGANIKUM
Beobachtungen zur Neuen Musik

Der Wiener Komponist Paul Kont (Jahrgang 1920) polemisiert nicht als ein „Konservativer" gegen „Revolutionäres"; Kont war im Nachkriegs-Wien „Avantgardist", und er ist es im Prinzip nach wie vor und über enggefaßte Dogmen hinweg. In geschliffener Prosa formuliert er seine geistreiche Analyse der aktuellen Musik-Situation.
Fragen, vor die sich ein neuer Komponist gestellt sieht (1952). Glasperlenspiele (1953). Kritik der neuen musikalischen Vernunft (1956). Antianorganikum (1966). Glossarium zur eigenen Schrift (1967).

92 Seiten, brosch. Best.-Nr. 09 515
ISBN 3-900035-15-6

ANGELA LEHNER-WIETERNIK
NEUE NOTATIONSFORMEN, KLANGMÖGLICHKEITEN UND SPIELTECHNIKEN DER KLASSISCHEN GITARRE

Ein Überblick über klang-, spiel- und notationstechnische Fragen der neuen klassischen Gitarremusik.
„Eine nützliche Ergänzung im nicht sehr üppigen Fachbuchangebot für die Freunde der Gitarre." (Musica)

110 Seiten, brosch., zahlr. Notenbeispiele Best.-Nr. 09 702
ISBN 3-900695-17-2

GÜNTHER VON NOÉ
DIE MUSIK KOMMT MIR ÄUSSERST BEKANNT VOR!
Wege und Abwege der Entlehnung

Ein vergnüglich zu lesender Lehrgang über die Abgrenzung von Stileinflüssen und Anklängen gegenüber dem Plagiat und dem Zitat anhand einer Fülle von Beispielen aus allen Bereichen der Musik von den Troubadours bis zur Gegenwartsmusik.

116 Seiten, brosch. Best.-Nr. 09 561
ISBN 3-900035-88-1

GÜNTHER VON NOÉ
DER VORSCHLAG IN THEORIE UND PRAXIS
Ein Ratgeber für den Interpreten

All denen, die ihr Wissen um den Vorschlag erweitern wollen, wird mit diesem Büchlein erstmals ein Leitfaden geboten. Der Autor geht nicht nur von den zahlreichen Lehrwerken des 18. und 19. Jhdts. aus, sondern sucht vor allem aus dem Notentext selbst Aufschlüsse zu erhalten.

540 Seiten, brosch., zahlr. Notenbeispiele Best.-Nr. 09 572
ISBN 3-900035-90-3

MAX SCHÖNHERR
LANNER – STRAUSS – ZIEHRER
Synoptisches Handbuch der Tänze und Märsche

Dies ist ein Handbuch ganz besonderer Art: es enthält die Anfangsthemen von 2062 Werken der klassischen Wiener Unterhaltungsmusik, welche von den Mitgliedern der Musikerfamilien Lanner und Strauß und von C. M. Ziehrer komponiert wurden, geordnet nach Gattungen und ausführlich kommentiert im Hinblick auf gesellschaftliche, literarische und politische Zeitbezüge.

540 Seiten, brosch., zahlr. Notenbeispiele Best.-Nr. 09 558
ISBN 3-900035-75-X

FRANZ SCHUBERT
BRIEF AN DIE FREUNDE
vom 8. September 1818

Faksimile, herausgegeben von Walter Obermaier. Englische Version von Paul Catty

Von den über 70 erhalten gebliebenen Briefen Schuberts ist jener an die Freunde in Wien ein schönes Dokument seiner Verbundenheit mit seinem Freundeskreis.

32 Seiten mit Beilage, geh. Best.-Nr. 09 548
ISBN 3-900035-57-1

JENÖ TAKÁCS
ERINNERUNGEN AN BÉLA BARTÓK

Als einer der frühen Interpreten von Bartóks Musik trat der Komponist und Pianist Takács 1926 in persönliche Beziehung zu Bartók. Seine lebhaft geschriebenen Erinnerungen sind mit vielen Briefzitaten durchsetzt.

136 Seiten, brosch. Best.-Nr. 09 556
ISBN 3-900035-77-6

FRANZ TRENNER
RICHARD STRAUSS
Werkverzeichnis

Das Oeuvre des Meisters in einem handlichen Nachschlagewerk zusammengefaßt. Unter den 298 Ordnungsnummern wird – neben dem ausführlichen Titel des Werkes – angegeben: Ort und Datum der Komposition; Fundort des Manuskripts; Widmungsempfänger; Verlag; genaue Besetzung; Aufführungsdauer; Ort und Datum der Uraufführung mit Interpreten; Anmerkungen. Im Anhang sind Incipits von Kompositionen abgedruckt, die mittlerweile neu aufgefunden wurden.

168 Seiten, brosch. Best.-Nr. 09 568
ISBN 3-900035-30-X

HERBERT VOGG
100 JAHRE MUSIKVERLAG DOBLINGER
Einiges zur österreichischen Musik seit 1876 und über ein Haus in der Wiener Dorotheergasse

„Ein stattliches Buch, das die bewegte Geschichte des Verlages aufrollt, aber nicht in Form einer langweiligen historischen Abhandlung, sondern in kurzen, blendend geschriebenen, oft unterhaltsamen Kapiteln, die sich wie ein spannender Roman lesen." (Österr. Musikzeitschrift)

232 Seiten, 280 Abb., Ln. m. Schutzumschl. Best.-Nr. 09 549
ISBN 3-900035-49-0

HERBERT VOGG
HELMUT EDER BEI DOBLINGER
Ein kommentiertes Werkverzeichnis

Eine langjährige Partner- und Freundschaft zwischen Komponist und seinem Verleger anhand von Briefen und Dokumenten.

148 Seiten, zahlr. Notenbeispiele, brosch. Best.-Nr. 09 585
ISBN 3-900035-97-0

Doblinger

GOTTFRIED SCHOLZ, geboren 1936 in Wien, studierte an der heutigen Hochschule für Musik und Darstellende Kunst, Wien und an der Universität seiner Heimatstadt. Er absolvierte mit Lehramtsprüfung aus Musik und Geschichte 1960 und erwarb das Doktorat aus Philosophie 1962. Seit 1962 lehrt er an der Hochschule für Musik und Darstellende Kunst, wurde später Hochschulprofessor für Musikanalytik und Leiter des gleichnamigen Institutes.

Er lehrte als Gastprofessor für Musiktheorie (Musikanalytik) an der Indiana University Bloomington (USA), an der Stanford University, California und für kürzere Zeit in Thailand, Hongkong und Japan.

Seine Forschungen und Publikationen konzentrieren sich auf die neuere Musikgeschichte, auf Analysen der Werke Joseph Haydns, W. A. Mozarts, Gustav Mahlers, Franz Schmidts und auf Kompositionen des 20. Jahrhunderts.

GOTTFRIED SCHOLZ was born in Vienna in 1936. He studied at what is now the University of Music and Performing Arts in his home city, and at the University of Vienna. He graduated in 1960 after passing the state teacher's examination in music and history, and went on to take a Ph.D. in 1962. Since that year he has been teaching at the University of Music and Performing Arts. Later he was named professor of musical analysis and head of the relevant institute.

He has taught as guest professor of music theory (analysis) at Indiana University in Bloomington, at Stanford University in California, and for shorter periods in Thailand, Hong Kong and Japan.

His research work and publications are devoted mainly to more recent musical history, to analyses of music by Joseph Haydn, Wolfgang Amadeus Mozart, Gustav Mahler and Franz Schmidt, and to 20th-century compositions.